過 目 雲 煙

—— 我的三十年菸草生涯

吳 尊 銓 著

文 學 叢 刊

文史哲出版社印行

國家圖書館出版品預行編目資料

過目雲煙－我的三十年菸草生涯/吳尊銓著
.-- 初版 -- 臺北市：文史哲,民 100.09
頁；　公分（文學叢刊；257）
ISBN 978-957-549-980-8（平裝）

855　　　　　　　　　　　　　100017755

文　學　叢　刊　257

過 目 雲 煙
─ 我的三十年菸草生涯

著　　者：吳　　　尊　　　銓
出 版 者：文 史 哲 出 版 社
http://www.lapen.com.tw
e-mail:lapen@ms74.hinet.net
登記證字號：行政院新聞局版臺業字五三三七號
發 行 人：彭　　　正　　　雄
發 行 所：文 史 哲 出 版 社
印 刷 者：文 史 哲 出 版 社
臺北市羅斯福路一段七十二巷四號
郵政劃撥帳號：一六一八○一七五
電話886-2-23511028・傳真886-2-23965656

定價新臺幣四五○元

中華民國一百年（2011）九月初版

ISBN 978-957-549-980-8　　08257

前　言

　　煙草企業可能是二十世紀最具爭議的一個行業，雖然它是「老鼠過街，人人喊打」的企業，但是企業本身獲利甚豐，對國家稅收的貢獻尤爲巨大。各國政府不是將之列爲專賣，就是抽取重稅，**政府與企業本身有著「既愛之，又恨之」的無奈。**

　　因爲各國政府對香煙進口施加重稅，**香煙自然而然地成爲走私販子的最愛。**煙草業本身還有一個最大的夢魘，那就是**「抽煙有害健康」**這個事實。**香煙工業是不是「日落工業」？香煙這個「民生用品」會不會成爲「過目雲煙」？**讀過此書的人，應該可以自下論斷。

　　筆者自從完成學業後，在美國的英美煙草公司工作了七年，在印尼的三寶麟煙草公司工作了二十三年，工作生涯涉及香煙設計、配方、原料購買、生產、銷售、外銷及開發國際市場。因爲職業之故，到過許多常人未到之處，看到不少太陽下罕見的趣事。

　　記得有位哲人說過：「每一個人的一生，都是一個故事；每一個人的一生，都可以寫成一本書」。不知道是不是受這句哲言的感召，多年來，我一直想寫一本書，將自己在菸草業的工作、東南亞生活的形形色色、到世界各地談生意光怪陸離的感觸，與世人分享。這個衝動發生在我坐越洋的客機時，發生在我乘坐奔馳的汽車時，發生在我下榻於國際大旅館時。唯受僱於人，人在

江湖，公事倥傯，「心有餘而力不足」，這個願望只能訴諸高閣。

　　二〇〇五年三月的一個清晨，在新加坡的辦公室，驚奇地知道，印尼林老闆將三寶麟煙草公司，以五十億美元的高價，賣給了一家美國煙草公司。聽了這個消息，心頭五味雜陳，大有**「眼見它起高樓，眼見它樓塌了」**的感慨，這時一個念頭閃過我的腦際，我寫書的願望終於可以達成了。

　　我不是一個有卓越成就的社會名人，但像我這樣的一個平凡人卻有一個不平凡的人生經歷，既然沒有資格寫「自傳」，又怕燕過不留聲，就將多年來為了工作而飄泊世界的所見所聞，**寫成這本不能算是「自傳」，不能算是「遊記」，也不能算是「趣聞」的雜記，書名叫「過目雲煙（Smoke gets in Your Eyes）」**。全書共二十章，章回以國家、地區隨著年代的不同來區分。除了文字的敘述，筆者還把多年來自己拍攝的相片夾雜在章回之中，以與讀者共享。

　　筆者相信**「歷史是縱的，地理是橫的」**，所以每到一個地方，都會嘗試著先了解當地的歷史，以作現實的反映。在本書中，筆者除了介紹菸草業在不同國家的消長，還詳述自己工作了二十三年的三寶麟煙草公司，為了發展新成品所做的努力及公司國際化的不易。

　　除了香煙本行，筆者更描述自己在東南亞及世界各地穿梭的見聞及經歷。書中有兩章描寫中國大陸的篇幅，一為「九十年代的神州」，一為「中國的崛起」，原因是大陸在短短二十年的改變，儼然兩個不同的中國。長年居住在海外的我，難免表露出自己對中華民族的感情與關懷，對兩岸政治的互動，只能力求中立，隔岸觀火。

　　筆者是半個工程師、半個科學家，不是一個能夠下筆千言的

文學家，寫「**過目雲煙**」一書是從練習漢語拼音開始，利用電腦打字，費時五年，一字一句打出來的。五年來，如果不是太太林宜貞、三位女兒、外甥彭偉皓、外甥女彭悅柔的鼓勵，友人張大正兄及妻弟林強教授的建議，我是不可能完成這部書的。

我曾經訪問過江蘇無錫的東林學院，深愛其門口所掛的對聯：「**風聲，雨聲，讀書聲，聲聲入耳；家事，國事，天下事，事事關心**」。讀萬卷書，行萬里路，希望本書所描述的親身經歷，能夠達到該對聯所冀求的萬分之一。

現在以這本書，衷心地與您分享，希望筆者三十載風雨的累積，爲您開啓另一個視點的窗口！希望筆者遊歷世界的體驗，爲您提供一份力量，去創造更多彩的人生！

無錫東林學院的對聯（2008）

過 目 雲 煙

我的三十年菸草生涯

目　　次

第一章　與煙草結下不解之緣

成為「煙民」的始末

　　我出生在台灣新竹吳厝，現在這個地方已改建爲「北門旺族公寓」。幼時的印象雖然模糊，記憶中，被村人稱爲「吳員外」的祖父，常在琴棋書畫之餘，抽著水煙，怡然自得。

　　稍長，看到父親每天晚飯後，不多也不少地抽一支「無濾嘴的新樂園」，數十年如一日，心中總覺得父親是幽默大師林語堂**「飯後一根煙，快活似神仙」**的奉行者。

　　我人生第一次抽煙，是上大學前，在成功嶺接受基本軍事訓練的時候。第一次離家，黃昏時分與戰友們一起聽著文夏唱的台語歌曲，隨著歌詞抽著「新樂園」，從煙霧中望著遠處的故鄉，別是一番滋味在心頭。

　　上了台大，因爲父親早逝，四年大學，只有第一個月沒有當家教掙生活費。花錢買煙是件大事，一個月只有在家教領錢當天，下決心「豬肝切五角」，買一包「濾嘴長壽煙」過過癮。

　　大三那年夏天，家教的學生考上高中，他父親在海關當差，高興之餘，送了我一條，我至今仍相信是，海關沒收的走私水貨──鼎鼎大名的「肯特洋煙（Kent）」及一罐「麥氏即溶咖啡（Maxwell Instant Coffee）」。從此，我打定了「寧缺勿濫」的主

意，喝咖啡、抽洋煙。可憐的是礙於手頭拮据，只能半年一度到圓環，以打牙祭為名，等侯著賣水貨的歐巴桑來到桌前，買她布包裹的 Kent 水貨。半年一條煙，對我來說，洋煙可是一件奢侈品。

　　大學畢業那年，在鳳山陸軍官校服役，當了十三個月的英語教官，每個月官校免費配給兩條「莒光牌」香煙，據說莒光牌的品質比長壽煙還要好。我賣了一條，自己留著一條，正式升格為「煙民」。

　　一九七一年，我到美國田納西州（Tennessee）的納斯維爾（Nashville）留學，人生地不熟，面對語言的壓力，常在實驗室與來自台大化學系同屆的黃兄，一面用中文聊天，一面抽著 Kent，喝著咖啡。這位黃兄後來回清華大學任教，他不僅是我的同窗，室友，還是我的「煙友」。

　　田納西州的范德堡大學（Vanderbilt University）有許多來自臺灣的職業軍人，他們拿的是臺灣國防部的獎學金。這些「老兵」非常節省，據他們說，在納城省吃節用了兩年，回台灣後，便可在鄉下蓋一棟透天的房子，住者有其屋，從此不會「唐山過台灣，心頭結一丸」了。

　　每到周末，老兵們會搭我的便車去超市購物買菜。有一次，**一位老兵告訴我，他一個月的花費 —— 房租二十五元，伙食二十元，香煙三十元**（當時一包香煙大概是五毛錢），其他零用三十元等等，每個月可以省下兩百多元（當時的一元美金可換新臺幣四十多元）。

　　我聽後，好奇地問他：「為什麼要花三十元那麼大的比例去買煙？」他直截了當地回答：「這邊沒有軍中樂園，太太又不在身邊，如果連煙錢都省了，那我就活不下去了。」想想，他說的

話也不無道理，花錢買煙總比花錢找心理醫生來的划算。從此，我記住了「**香煙雖不是民生必用品，但對煙民來說，有時比其他日用品來得重要**」。

進入美國菸草業

一九七六年春，我在康乃爾大學的化學系大樓，跟著鮑爾大教授（Professor Bauer）做著燃燒的動力研究試驗，突然接到布朗威廉遜煙草公司（Brown and Williamson Tobacco Company）的來電，邀請我到肯塔基州（Kentucky）路易維爾市（Louisville）去面試。布朗威廉遜煙草公司係世界最大的煙草公司 ── 英美煙草公司（British American Tobacco 簡稱 BAT）在美國的分公司。

當時我心裏估摸著，「香煙只是用紙將煙葉包成的玩意兒，何須研究發展？」到了公司的研究所，才知道自己太小看香煙業了。單只這家美國分公司，所裏就有近一百五十名的員工，其中不乏著名大學的博士及碩士，英美煙草公司在英國的研究總部，員工不下五、六百人。

參觀煙草化驗室時，看到許多紅外光（IR）、紫外光（UV）、Auto-analyzer 等分析儀器，連昂貴的核磁共振儀（NMR）都有了，儀器的數量比起大學的化學研究室有過之而無不及，看來煙草業的研究發展（R & D），比食品業、飲料業更為複雜。

香煙設計

打從一九六四年開始，美國公共衛生局（American Surgeon

General）就規定每包香煙盒上，需要打印「吸煙有礙健康」的警語。既然香煙的安全性引起公共衛生局的注意，對煙草公司來說，研發較安全的成品已經事迫眉尖。

誰都知道香煙的焦油含量（Tar）是煙草燃燒的衍生物，要控制香煙的焦油含量，首先要了解煙草燃燒的物理及化學變化。原來公司僱用我的目的，是要我應用濾嘴、煙紙及煙頭的通風技術來控制煙草的燃燒，以降低焦油的含量。這個工作就是所謂的「香煙設計」。香煙設計的最大挑戰是不能讓吸煙者覺得香煙的吸阻太高，整支香煙變得「索然無味」。

對學化學的人來說，水就是「H_2O」，煙草就是「一種含氮的碳水化合物」。當抽煙者吸煙時，煙頭燃燒部位的溫度可高達攝氏千度以上，煙草經過熱裂（一種「不完全燃燒」的現象）會轉換成氣体及煙霧（Aerosol），而這些化合物一離開燃燒的部位，溫度就會急降。換句話說，經過高溫熱裂的煙霧會立即低溫凝結於煙頭的下一個部位上。

當吸煙者再吸下一口時，這些凝結物會因燃燒而再蒸發，放出成千上萬大小不同的化學成份（可用儀器分析出來的已達數百種）。

聯邦商品監管委員會（Federal Trade Commission，簡稱FTC）是負責監管香煙對人體健康影響的機構。監管會採用一種人工抽煙機（FTC 20-Port Smoking Machine），一次可以同時抽二十支香煙，抽煙機每隔一分鐘抽一次，抽的時間以兩秒鐘吸入35毫升（cc）煙氣爲准。

這人工抽煙機是監管會經過多年的研究所發明的，抽煙的方式最接近煙民的抽煙習慣。監管會所發明的人工吸煙機，廣受世界煙草界的歡迎，成爲量計煙霧中焦油、尼古丁、一氧化碳必備

的機器。

　　根據不同分子量的分配，香煙燃燒的化學成分有：

- **輕分子量部分：無味無色容易擴散的氣體，含有刺激眼睛的成分。**
- **中分子量部分：是煙味、尼古丁的主要來源。**
- **重分子量部分：焦油、煙霧的主要成分。**

　　要控制這麼複雜的化學綜合体，本來就不是一件容易的事，更何況要去蕪存菁，一方面要減低香煙中對人体有害的成分，另方面要讓消費者吸到滿意的味道。在英美煙草公司的研發系統裏，我是提出用電腦設計香煙的第一人。

　　值得一提的是，好萊塢拍了一部電影叫「驚爆內幕（The Insider）」，劇中描述一位煙草公司研究所的副所長，將公司的研究文件偷放在女朋友家，準備將公司的機密透露給媒體，因而一路被追殺。這個戲劇中的公司就是布朗威廉遜煙草公司，故事中的副所長是在我離開後不久被公司僱用的。

　　他所洩漏的秘密，是公司利用氫氧化氨（Ammonia）來處理煙草。氫氧化氨可以改變煙氣的酸鹼性，讓煙草燃燒後產生的尼古丁（Nicotine,一種生物鹼），有效地被人體吸收。

　　為了這個事件，美國國會勒令全國大煙草公司的執行長到國會聽證。吵鬧了幾個月，煙草公司不知運了幾輛卡車的研究報告到聽證會當證據，事件才平息下來。好笑的是，一群應該是無所不知的國會議員，竟不知道煙草中含有尼古丁，因而大驚小怪。

　　其實，尼古丁之於煙草，就如咖啡因（Caffeine）之於咖啡或茶葉，有提神的作用。香煙對人體之危害，並不在尼古丁之多寡，而是在煙霧焦油中油煙（Soot）的多寡，由於油煙的顆粒甚為微小，一進人體的肺部，即很難消除，這就是煙民有「黑肺

（Black Lung）」的緣故。

國內的香煙走私

　　除了影響煙民健康的問題，美國國內的香煙走私也是令人瞠目結舌的大事。二〇〇八年，歐巴馬入主白宮，為了要增加國庫的稅收，調查了香煙走私的活動，報告中估計，**單只香煙在國內的走私，國庫一年就損失了五十億美元。**

　　美國是一個聯邦合眾國，每一個州有自主抽稅的權利，因而州與州之間對煙草抽稅有大幅度的不同：生產煙草的州如維吉尼亞，北卡羅萊納、肯塔基等州，煙草稅極低；不生產煙草的州如紐約、加尼福尼亞、佛羅里達等州，課稅極高。這就是為什麼在美國買一包同樣的香煙，在肯塔基州只要一塊錢，在紐約州就要花三塊錢的緣故。

　　香煙的體積小，重量輕，價值高，一直是走私販子的最愛。通常一部大卡車可以裝載八百箱的香煙，一箱五百包，如每包的差價以一美元計算，跨州跑一趟路，就有四十萬美元的差價。世間比這種利潤更大的生意，大概不會太多了，聽說美國跨州的香煙走私是黑手黨一手包辦的。

　　至於國際香煙走私，其運作手法遠比美國跨州的精彩，不是三言兩語可以道盡的。

神奇的煙草

　　走進路城希爾街（Hill Street）的布朗威廉遜煙草公司大廳，首先看到的是一尊很大的印第安人雕像，原來**煙草的種植與**

使用，始於美洲的印地安人。在人類史上，印第安人是天生的好農人，玉蜀黍（番麥）、番茄、馬鈴薯、煙草都是他們首先馴化養殖的。世界人口繼海權時代之後，有了大幅度的增長，據說是因爲美洲玉蜀黍及馬鈴薯的養殖擴展到歐亞之故。

煙草是一年生的草本植物，每年初春播種，夏末收成，一株煙草有十六片煙葉。因爲生長時間的不同，每片煙葉在成長過程中受到不同程度的光合作用，故有不同的化學含量。尼古丁與糖分乃是煙草中最重要的化學成分，也是煙草優劣的指標。

如果將一棵煙草從底部到上面的葉片分類：底下的葉片，尼古丁與糖分較低，品質最差，通常充當填充料；中間葉片的尼古丁與糖分的比例最佳，品質最好；最上面的葉片，尼古丁最高，但糖分偏少，是次等煙草。除了部位，煙草的優劣也深受種子，土壤，氣候、耕種技術（施肥，殺蟲等）、與採集後處理（烘乾，存放等）的影響。

資助意大利人哥倫布發現美洲的西班牙人，是將煙草帶到歐洲的始作俑者。煙草一傳到歐洲，立即成爲上流社會流行的奢侈品，當時的歐洲人相信煙草有神奇的治病功能，稱之爲「神煙（Divine Tobacco）」。

起先，歐洲政府及教會譴責吸煙的習慣，後來政府注意到煙草可以給財政帶來無盡的好處，便採取鼓勵的措施。有人打趣地說：「**香煙是今天世界上唯一合法的毒品**」，幾乎每一個政府爲了國民的健康，都想禁煙，但是礙於香煙對稅收的重要，又不願意積極去執行，政府對香煙這種又愛又恨的情懷，不知何時了？

煙草初期的使用，是磨成粉末泡在水中，讓癮君子塗在鼻孔下的嘴唇上，這樣一來，顏面的微血管會快速地吸收尼古丁，據說這「鼻咽」對尼古丁傳送的效率僅次於將尼古丁直接注射進血

管。

　　歐美流行的「鼻咽」風尚，在明朝中葉流傳到中國，景德鎮製作的精美鼻咽壺，是帝王、貴族及富商收藏的珍品。

　　讀者諸君只要是美國棒球的粉絲，一定看過許多投手邊咬、邊吐、邊投，好像台灣人咬檳榔一般，他們咬的東西不是檳榔，而是「口嚼煙」，其製做方法與後來流行的雪茄、煙斗及香煙截然不同。

　　歐洲人抽煙的習慣是由一位英國探險家華德拉雷爵士（Sir Walter Raleigh）在維吉尼亞與印地安人生活時學到的。經過華德拉雷的介紹，歐洲高階層社會率先流行抽「雪茄」、抽「煙斗」，一時抽雪茄、抽煙斗成為成功人士的象徵，男人味的表率。

　　二〇年代初期，用紙張包著煙草的圓桶形「紙煙（Cigarettes）」才剛問世，先為女士所喜愛。**讀者一定不相信，今天以美國牛仔硬漢作廣告、標榜大男人氣概的萬寶路（Marlboro），當初是為女士設計的**。香煙成為大眾化的商品，是因為第一次世界大戰時，軍隊配給香煙給美國大兵，香煙才開始流行。

「二手煙」的困惑

　　還記得六〇年代在臺灣看瘦皮猴 Frank Sinatra 及甸馬丁（Dean Martin）的電影及電視表演嗎？這兩位娛樂界的活寶，都是煙不離手的歌星。當時的觀眾，那一個不為瘦皮猴一面抽煙，一面唱 Stranger in the Night 及 My Way 的瀟灑作風所傾倒？

　　世事多變化，凡事有興就有衰，曾幾何時，當年瀟灑的男人味，竟變成今日反煙人士詛咒的「二手煙」。無疑的，二手煙在

關閉的空間裏（如在汽車或飛機內），會對人體產生危害，但是在一個開放的空間，二手煙的濃度是很難達到對人體有危害的劑量的。人們容易矯枉過正，如果二手煙對人體不好，那麼女士噴灑的香水也是化學品，對周遭的人也是不好。公允地說，「二手煙無罪，有罪的是曾經風靡眾生的香煙味」。

在反煙、排煙盛行的今日，雪茄酒廊到處可見，一支古巴製作的雪茄，可以貴得令人流淚，但是抽雪茄者大有人在，為什麼？因為雪茄意味著身份，這跟擁有一部賓士牌轎車，沒有什麼兩樣。

殊不知雪茄與煙斗所產生的二手煙，才是所有煙草成品中之最。抽雪茄及抽煙斗的人並沒有將煙氣吸入體內，他們只是裝模作樣、噴雲吐霧而已。

美國是煙草大國

世人只看到美國發達的工業與科技，忽略了美國的農業潛力，美國曾經以禁售小麥為名，逼使蘇聯在許多方面讓步。不像中國的三山五嶽，美國只有東邊的阿帕拉契山脈（Appalachian Mountains）與西邊的洛磯山脈（Rocky Mountains），其他的地方一片平坦，除了西邊幾州的沙漠之外，大多是肥沃的可耕地。如果讀者有機會到美國開車，經過依利諾州、印第安那州、德克薩斯州，看看那兒平坦肥沃的黑土區，就能了解我的話語。

美國地廣人稀，多數的農民擁有大片的土地，可以施行「粗放農作」，不像中國或日本的農民只擁有網球場一般大小的田地。記得七〇年初，我在范德堡大學當助教，有一位來自德州的女學生告訴我，她家有五千英畝的土地，每次放假回家，在自家

農場騎馬，早晨出發要到日落才繞完一圈。

　　由於教育的普及，農民有足夠的知識去利用大型的農耕機及小型飛機來噴灑農藥及肥料，**美國有許多農產品的品質居世界之冠，煙草就是其中之一。**生產煙草的後起之秀如津巴布韋（Zimbabwe）及巴西（Brazil），價錢上雖較有競爭性，但是品質上難望美國的項背。

　　因為三寶麟長年購買美國煙草，一九八五年「美國煙草協會（American Tobacco Association）」特別邀請我們到美國訪問。美國煙草協會，顧名思義，乃是美國煙農為了保護自己的權益，出資在華府設立的遊說組織。該協會安排我們到一家名叫「煙草機構（Tobacco Institute）」的公司訪問，原來這個機構也是煙草公司集資創辦的遊說公司，它的創立，旨在華府替煙草業當喉舌。

　　煙草協會安排我們訪問煙草大州維吉尼亞，當地電視臺的記者訪問我：「您對本州生產的烤菸品質，有什麼看法？」我直言不諱地回答：「**美國生產的煙草，品質執世界之牛耳，只是價錢太貴了一點。**」

美國煙草業的消長

　　布朗威廉遜煙草公司是喬治布朗（George Brown）與羅伯威廉遜（Robert Williamson）於一八九四年在北卡羅萊納州的云斯頓 —— 沙龍（Winston-Salem，North Carolina）合作創辦的，當時生產的成品是 Blood Hound 鼻煙、Sir Walter Raleigh 雪茄及 Red Juice 口嚼煙。

　　一九二七年，英美煙草公司買下了布朗威廉遜煙草公司，將總公司從北卡遷到肯塔基州的路易維爾市，並大肆擴張其生產設

備，準備生產時尚流行的紙煙。

三十年代到六〇年代是布朗威廉遜煙草公司的黃金時代，除了擁有 Sir Walter Raleigh 的產品系列，還成功地推出**世界第一個使用濾嘴的香煙總督牌（Viceroy），及酷牌（Kool）薄荷煙。**在美國經濟蕭條的年代，公司及時推出 Dubbed Wings 的廉價煙及自捲煙 Bugler Thrift Roll-Your-Own Kit，銷路扶搖直上。

美國煙民在二戰後，急速增加，到了六〇年代，幾乎有百分之四十的美國人抽煙，其中有百分之七十的美國黑人抽酷牌薄荷煙。當時煙草工業所定義的「標準煙民（Regular Smoker）」是一天抽兩包的老煙槍；低於兩包的，就只能算是玩票的煙客（Light Smoker）。

我加入煙草界時，美國有六家煙草公司，銷量最大的是生產云斯頓（Winston）及沙龍（Salem）的雷諾斯煙草公司（R.J. Reynolds）；第二大的是生產萬寶路的菲利浦摩利斯煙草公司（Philip Morris，簡稱菲摩）；第三大的就是布朗威廉遜煙草公司，擁有百分之十七的美國市場。

打從一九六四年起，每包香煙盒都印有「香煙有害健康」的警語，令人不可思議的是，抽煙者「視而不見」，美國香煙銷量從一九六五年的五千億支，增加到一九八〇年的六千五百億支。全世界的香煙總銷量也以每年百分之二的速度在成長。

香煙的快速成長與廣告有很大的關係，香煙公司花了大把大把的鈔票，先是從電臺、報章、雜誌入手，加上路邊的大型招牌，後來有了電視，更是如魚得水。我在布朗威廉遜工作時，公司為了一牌新煙巴克雷（Barkley）的上市，一年之間在廣告促銷上面，就花掉了一億美元。無疑地，香煙公司是廣告業的最大顧客，那一家廣告公司拿到大煙草公司的合同，就可衣食無憂。

　　廣告對民生日用品銷售的重要，可從美國菸草業的消長看出端倪。菲摩的萬寶路一以貫之地用美國牛仔當形象，帥氣十足的西部牛郎，終日口含根煙，趕著成群牛馬，一派硬漢作風。布朗威廉遜的酷牌薄荷煙廣告，時而用冰山、時而用瀑布、時而用小橋流水來象徵薄荷的冰涼氣味，但失之於一貫的風格。最差的廣告是雷諾斯的云斯頓，廣告內容是一位藍領階級的男人，手拿著香煙對著你看，風格上缺乏創意。

　　幾年下來，不同的廣告信息產生了不同的效果，萬寶路的銷路一馬當先，尤其在政府禁止香煙的電視廣告之後，萬寶路的牛仔在報章、雜誌、廣告牌上獨具風格，充分表現了動態與活力。菲摩因萬寶路的衝勁，幾年後一躍成為美國最大的煙草公司，超過了雷諾斯。

　　除了在美國的成功，菲摩的領導階層別具慧眼，早在七〇年代的後期，覺察到國內反煙風氣的成長，開始著手於公司的國際化，在瑞士成立菲摩國際（PMI），開拓比較不排斥香煙的海外市場，美國牛仔因而先入為主地深入世界煙民的心中，**如今菲摩已經超越英美煙草公司，成為世界最大的煙草公司**。我在印尼工作了二十三年的三寶麟煙草公司，就是被菲摩國際以總值五十億美金購買去的。

　　當菲摩國際大刀闊斧地開拓國際市場時，雷諾斯於一九八五年買下了「那必斯克食品公司（Nabisco Brands）」，買下後，改公司名為「RJR Nabisco, Inc.」

　　一九八八年，公司執行長拉斯強生（F. Russ Johnson）以研發人造煙草及低二手煙的計劃需要巨額貸款為由，將公司的資產作為抵押，向一家商業投資銀行 KKR（Kohlberg Kravis Roberts & Co）融資，公司同意貸方可以將貸款轉換成股權，此創新的

貸款方式叫「融資購併（Leveraged Buyout，LBO），KKR 因而有機會出資兩百五十億美元，買下了 RJR Nabisco 的經營權，在當時算是金融史上最大的融資購併事件。

該年十二月五日的時代雜誌以拉斯強生為封面，稱他主導的大戲為「貪婪遊戲（A Game of Greed）」，強生本可從中漁利一億美元，後來東窗事發，只拿到五千三百萬美元，繳稅之後尚剩兩千三百萬美元，強生本人可是「賠了夫人又折兵」。

KKR 買下 RJR Nabisco 的故事，可以在「Barbarians at the Gate」及「The Fall of RJR Tobacco」書中讀到。因為故事出奇，HBO 還根據書本所述，演了一部電視電影，劇中描述強生因為本身的貪婪，將公司拱手讓於一個不懂煙草生意的投機集團，難怪乎菲摩的生意蒸蒸日上，而雷諾斯轉而淪亡。

素以買斷大公司、加以經營、再將之切割拍賣的 KKR，不改本行，一九九九年以煙草公司面對許多訴訟為由，將煙草那一塊生意剔出，賣於他人。剩下的公司改名為「Nabisco Holding Corporation」，後來又把 Nabisco 賣給現在的主人 Kraft Foods.

老鼠過街，人人喊打

通常到百貨公司或超級市場買東西，香煙總是擺在結賬的櫃檯邊，如此不起眼的貨物，卻比任何物品賺大錢，這就是為什麼那麼多國家將之列為專賣的原因了。

自從「香煙有礙健康」的信息問世，煙草公司除了積極發展新的低焦油煙，還設法把煙草賺來的暴利轉投資到不同的企業，此即「企業多元化」——菲摩買了通用食品（General Foods）及米勒（Miller）牌啤酒，雷諾斯買下了那必斯克食品公司，英

美煙草公司買下了沙可仕第五街精品店（Saks Fifth Avenue）、擴爾超市（Kohl），還有紙廠、保險公司等企業。

　　菲摩的銷售能力很強，幾年的努力，就把米勒牌啤酒變成全國第二大牌，僅次於百威（Budweiser），但是論起利潤，米勒啤酒比起萬寶路香煙，恍如九牛一毛。曾經滄海難為水，煙草公司本來想要擠煙草的奶水來餵養與煙草無關的企業，結果卻不盡理想。

　　屋漏偏逢連夜雨，美國社會的反煙勢力排山倒海般地衝擊著菸草業，政府先是規定煙盒上需要印上四種不同的警語（每三個月換不同的警語），造成生產線上極大的不便，繼則規定電視的廣告時間，最後完全禁止電視的廣告。

　　對於廣告內容的規定也愈加嚴厲，不准雷諾斯的「駱駝牌」廣告採用卡通圖樣，原因是它會誘惑年輕的下一代抽煙。至於吸煙場所的規定，先是在餐館酒肆，分隔吸煙區及非吸煙區，接著禁止在空調的地方吸煙，禁止在公共場所吸煙，現在，在美國許多州，連酒吧都已成為「無煙酒吧」了。

　　今日美國的煙民就如罪犯一般，「老鼠過街，人人喊打」。無疑的，香煙已成為「日落工業」，再這樣下去，它可能會變成歷史的陳跡。

　　雪上加霜的是，煙草公司還要面對無休止的法律控訴，有來自個人的，有來自團體的（class action），有來自政府機關的，有來自保險公司的，人命關天，每一個控告，都是要求煙草公司賠款幾千萬甚或幾億美元。為了應付這些控訴，煙草公司雇用了大批的律師，兵來將擋，水來土掩，不是嚴陣以待，就是疲於奔命。

　　一九九八年，美國四大煙草公司終於與四十六州的州政府簽

訂了鼎鼎有名的「**煙草主要賠償協議**（The Tobacco Master Settlement Agreement，簡稱 MSA）」。協議中，**煙草公司同意在二十五年內捐款兩千零六十億美元，補償各州因爲抽煙所引起的醫藥費用**。煙草公司還答應資助反煙組織，同時關閉在華府設立的遊說機構及幾個反排煙組織。

　　最令人不可思議的是，四大煙草公司與四十六州政府簽了這天文數字的賠償協議後，煙草公司的股票反而大漲。大江東去擋不住，雖然我們這一代看不到美國菸草業成爲「過目雲煙」，但太陽終會日落，問題是何時而已。

第二章　從美國到印尼

不能接受的未來

一九八二年夏天的一個周末，我在家裏的後院除草，前一天公司爲資深研究員強生博士舉辦的退休酒會，隨著隆隆的割草機聲，一幕一幕地呈現在我眼前。強生博士畢業於德克薩斯州的萊斯大學（Rice University），在公司作了三十多年的研究，同事們很羨慕他功成身退，公司給他兩年的薪水當退休金，外加終生醫藥保險，強生博士從此不必朝八夕五地上下班，可以在家頤養天年。

與同事們的羨慕眼光不同，我仿佛看到了自己三十年後退休的情景，「難道從臺灣遠渡重洋，離鄉背井，奮鬥了大半輩子，他日竟要在路城像強生博士般退休終老？」這個結局是一個令我不能接受的未來。

除了上述的原因，我還是一個無可救藥的中華文化執著者，我希望我的下一代能夠有「雙語」的能力。當時大女兒已上幼稚園，回家滿口英語。我開始擔心她會變成「ABC（American Born Chinese）」，像香蕉般「外黃內白」。

人言：「讀萬卷書，行萬里路」，世界之大，足夠任我邀遊，既然不願意一輩子呆在一個國家、一個城市、一個公司，心懷「七年之癢」的我，決定尋找人生的另一個目標，天涯海角在所

不辭。

東南亞的就業機會

事有湊巧，就在這時候看到一本專業雜誌「煙草報告（Tobacco Reporter）」上的求人啓事：

> 「一家新加坡的公司正招聘有經驗的煙草化學家來設立品管研究室」

久聞新加坡治安良好，社會進步，又是一個多種族、多語文的國家，我立即投函應徵。

申請函寄出後不久，接到一通從新加坡打來的電話，打電話的是一位美國人叫瑪文，他操著美國南部的口音告訴我：「你申請的這一家新加坡公司在印度尼西亞（Indonesia）的泗水（Surabaya）擁有一家煙廠，你所申請的工作，地點是在印尼，不是在新加坡。」接著又問：「你還有沒有興趣考慮申請這份工作？」說真話，我自小在臺灣長大，唸完大學後到美國，一步都沒有到過東南亞，對新加坡或印尼的了解，只是從報章雜誌上看到的皮毛而已。雖是如此，我並沒有一口回絕，只使了一個緩兵之計，告訴他：「我會在一個禮拜後，回答你的問題。」

放下與瑪文交談的電話，我馬上打電話給一位球友的父親，詢問印尼的情形。張伯父曾經在聯合國的農耕隊任職，足跡遍及世界各地，目前退休住在路城。他聽了我的問題後，說：「既然泗水是印尼的第二大城，應該可以考慮到那邊工作。」一個禮拜後，瑪文再度打電話問我有沒有興趣，我的回答是：「有興趣。」這個回答讓我從美國平靜黑白的生活，走向浪跡天涯多彩的人生。

會不會是國際毒販？

一九八二年美國國慶當天，我們從南卡洛萊納州海邊渡完假，開了十六小時的車，半夜才抵達路城。隔天清晨一大早，被一通從維吉尼亞州打來的電話吵醒，打電話的人是曾經從新加坡打電話給我的瑪文。他說：「我們找了你整整一個禮拜，總是無法聯絡上。」我告訴他：「我們全家到瑪特爾海邊（Myrtle Beach）渡假。」他接著說：「我跟我老闆今天下午會從維吉尼亞飛到路城與您會面，你可不可以幫我們訂旅館，晚上一起用餐。」

下午六點半，我們在靠近機場的一家旅館大堂見面。瑪文是一位美籍彪形大漢，穿著卡其色的非洲獵裝（Safari）。彭先生是一位半百年紀的南洋華人，皮膚黝黑，不多言辭。

到旅館餐廳坐下，寒暄幾句之後，彭先生拿出一包花花綠綠的無濾嘴香煙，對我說：「這是丁香煙（Clove Cigarette），品嘗看看。」**我雖然已在煙草界工作了七年，讀過一些丁香煙的研究報告，卻從未見過丁香煙，一時懷疑這兩位一美一中的搭檔，會不會是國際毒販，假借丁香煙之名，要我到東南亞幫他們製造大麻煙？**

透過彭先生的解釋，才知道丁香煙在印尼煙草界所佔的重要地位。用餐時，我問起印尼的排華事件，由於阿貞對華文報紙的喜愛，我一直追問可否在印尼買到中文書籍的事情，大概彭先生難以描述，便爽直的說：「百聞不如一見，何不帶著太太一起到印尼看看，再談接不接受這工作的事。」

回家後與阿貞正在討論彭先生的邀請，彭先生又從旅館打來

了電話，他用福建話說：「如果太太與小孩不喜歡住在印尼，可以住在新加坡。」彭先生的熱誠如是，我們只好答應到印尼作初步的訪問。

初次下南洋

　　爲了要到印尼訪問，我們各請了五天假，加上兩個周末四天，共有九天的時間。我們從路城飛到舊金山，將兩位女兒交給阿貞的弟弟夫婦看管，便搭機經臺灣飛到新加坡辦理印尼的入境簽證。拿到簽證後，公司派瑪文帶路，一行三人從新加坡飛到雅加達，再轉機飛到泗水。

　　到了目的地，天色已暗，瑪文安排我們住在他本人在泗水的「行宮」，一家靠近市區的荷蘭式老房子，地面是褪了色的石磚，浴室的熱水時有時無，晚餐是僕人煮的西餐。當晚，阿貞鄭重地告訴我：「如果泗水只有這種住宅，我是不會考慮搬來住的。」

　　隔天清晨，我們到三寶麟煙廠（PTHM Sampoerna）參觀。這煙廠坐落在泗水市區的北邊，甚爲老舊，沒有煙草處理加工的設備，工人把煙葉與丁香放在地上攪拌，用手噴撒香料。**捲煙的生產線上，約有兩千名女工聚集一堂，每一個人以每分鐘 8 到 10 支的速度手捲著煙枝及包裝。**

　　七年前，我在美國加入菸草業時，製煙機的速度是每分鐘四千支，數年之後，速度增加到每分鐘六千支、八千支、甚或一萬支，速度之快，讓站在製煙機前的我們，只能看到製出香煙的影子。而同時間在世界的另一個角落，竟能看到這種手捲香煙的生產，真讓我不敢相信自己的眼睛。

　　彭先生說：「這家煙廠的前身是一家戲院，公司的創始人林

生地，原來自福建安溪。」福建安溪正是我新竹吳家的祖籍，無形中多了一份親切。

接著，瑪文帶著我們到泗水南部倫庫工業區（Rungkut Industrial Park）參觀正在大興土木的新工廠及緊鄰著辦公大樓空無一物的實驗室。我所應徵的工作，就是在三年內將此實驗室規劃、購買儀器、訓練技術人員，直到品管可以運作為止。

除了參觀工廠，公司還派了一位秘書，帶著我們參觀泗水的國際學校。泗水國際學校的水準不差，師生比率很高，老師可以關注到每位學生。我們又到一些高級住宅區參觀，才知道市區中不乏豪華現代的房子。我們在泗水逗留了整整一天，隔天就搭機飛回舊金山接小孩回路城。

人生的抉擇

回路城途中，心裏一直估摸著這人生重要的抉擇。如果我們常住美國，為了教育兩位小孩成年，一份薪水一定不夠用，夫婦都要工作；如果搬到泗水，家中可以雇傭人，阿貞可以不用上班，專心照顧小孩。但是比較生活水平，印尼的確是太落後了，雖說泗水國際學校的水準不差，硬把兩位女兒帶到印尼，犧牲了她們可以住在美國的童年，心裏又過意不去，真是「魚與熊掌，不可兼得」。

阿貞一直是「嫁雞隨雞、嫁狗隨狗」的良母，不願意提出她個人的想法，我本人靜極思動，心想「也許過了這個村，就找不到這個店」，就破釜沉舟地決定全家搬到印尼去。回到路城後，我向新加坡的公司提出薪水要求及附加條件，公司照單全收。

當我把想到南洋就職乙事告訴摯友統計林時，他以為是「吳

叔叔講笑話」，要與我打賭兩千元。兩千元對單一薪水養一家四口的上班族來說，可不是一筆小數目。我知道自己必贏，告訴他還是不賭為妙。

其實，林兄要與我打賭是有道理的，從臺灣來美的留學生，那一個人不想辦綠卡在美國找事住下來？那有人已經有家有室，有兩個女兒，有兩部汽車，一部鋼琴，不安安穩穩地在美國過日子，卻要到印尼去忍受那又排華、又落後的生活？連我岳父在臺灣聽到了我的決定，都說：「我這位女婿，腦袋有問題了。」

醉臥沙發君莫笑

為了準備到印尼工作三年，我們先變賣了一些「身外物」── 傢俱、鋼琴及擺飾品，其餘的寄放在出租倉庫，林兄答應幫我將房子出租。十一月中，我向公司提出辭呈，同事們非常驚訝，但知道我要回亞洲工作，紛紛地向我祝福。

路城的球友為了我們的離別，舉辦了一場惜別網球賽。摯友祝醫生也在自家辦了一個隆重的送別筵，當晚我心情特別沉重，一直為兩位小孩可不可以接受這麼大的變化而苦惱。

在祝家，老朋友們不斷地向我敬酒，盛情難卻，先是喝啤酒、葡萄酒，後來喝威士忌，不知誰人帶了一罐陳年的茅台，……王翰詩曰：「醉臥沙場君莫笑，古來征戰幾人回」，隔天酒醒才知道我是「醉臥」祝家客廳沙發，可憐祝太太，她一定笑不出來，由於我醉後嘔吐，她不得不換了客廳的地毯。

一九八二年十二月中，為了捕捉一個不可知的未來，我們一家四口離開了路易維爾，離開了肯塔基，離開了美國，踏上了往東南亞的征途。

第三章　在印尼上班的日子

與彭總攝於倫庫辦公室（1992）

三寶麟鼓樂隊參加加州
花車遊行（1993）

三寶麟的直升機（1993）

左圖：：印尼的第一低焦油丁香煙

右圖：：三寶麟的老牌「234」手捲丁香煙

丁香的花蕊切割成絲

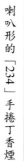

喇叭形的「234」手捲丁香煙

印度教的大廟（1983）

婆羅浮屠的一角（1991）

峇里島的獅舞（1983）

三寶壠的鄭和廟（1990）

蘇哈托總統參觀三寶麟的商展，他的左邊是哈比比
科技部長，右邊是當時的副總統（1993）

林天寶榮獲印尼傑出青年企業家獎（攝於泗水 1992）

萬島之國 — 印尼

從美國到印尼的路上，我們在台灣停留了幾天，母親很高興地說，「以後你們回新竹家，不用跨洋越海飛了十幾小時了。」母親高興的另外原因可見於她對我的囑咐：「聽說印尼的人工低廉，你們應該有機會再生個男孩，延續吳家香火。」同樣地，岳父母也接受我們的抉擇，只是擔心印尼排華的事宜。

印尼從東邊的伊利安佳亞（Irian Jaya）到西邊的蘇門答臘（Sumatra），東西橫貫的距離比從美國東部的紐約到西部的舊金山距離還遠。**印尼擁有一萬七千多個島嶼，是名符其實的「萬島之國」**，島嶼的數目隨著潮起潮落而改變，其中有六千多個島是無人島。

在這上萬個島嶼之中，爪哇島（Java）最為首要，執全國政經之牛耳。其他比較重要的島嶼，有西北邊與馬來西亞隔著馬六甲海峽遙遙相望的蘇門答臘 —— 世界最大的島嶼；爪哇之東的峇里島（Bali）及辣椒島（Lombok）；緊鄰菲律賓南端的蘇拉維希（Sulaweisi）；與東馬緊鄰的嘉里曼丹（Kalimantan）；還有馬陸鼓（Maluku），蒂文（Timur），極東的邊疆是伊利安佳亞（Irian Jaya）。

印尼的位置介於印度洋與太平洋之間，控制著東亞到歐洲及非洲必經的馬六甲海峽，也控制著亞洲到大洋洲廣大的海域。由於這超然的地理位置，冷戰時期，印尼曾是美國與蘇聯兩大集團的「兵家必爭之地」。就是到了今日，它的地理重要性仍使列強側目。

印尼的「爪哇人」與中國的「北京猿人」齊名，同屬人類遠

古的祖先。印尼的原住民與臺灣的原住民都是「南島語族群（Austronesians）」。歷史學家認爲南島語族群的祖先，早在數萬年前，從中國大陸的南邊乘著木筏或獨木舟漂流來台。這個喜愛冒險的族群，後來又從臺灣出發往南移民，他們的足跡遍及呂宋，菲律賓群島，印尼，馬來西亞等東南亞地區，最遠抵達巴紐（Papua New Guinea）。

一九九一年，全家到花蓮太魯閣旅遊時，我嘗試用馬來話與原住民交談，發現他們使用的字句，如「喝水（Minum）」，「吃飯（Makan）」，「歡迎（Selamat）」等等，均與馬來話相同。這個經驗告訴了我們，「**東南亞的原住民與臺灣的原住民原屬於同一人種**」。

印尼雖是一個多民族、多文化的世界第四大國，但是它的文明並不像印度和中國那麼悠久。印尼眾島受印度教及佛教的影響很大，八世紀時建有斯里偉加亞帝國（Sriwijaya Empire），十三世紀末建有馬甲巴義佛教國（Majapahit Empire）。

伊斯蘭教在八世紀時，隨著阿拉伯商人從蘇門答臘北端的亞齊（Aceh）進入印尼，如今印尼有百分之八十六的人民信奉伊斯蘭教，**如以人口計，印尼是世界上最大的伊斯蘭教國家**。

海權興起時，印尼淪爲荷蘭的殖民地，由荷屬印度公司（Dutch India Company）統治了三百多年。荷蘭的統治比英國的統治消極，沒有長久治理的打算，只是一昧地搜刮印尼生產的丁香，荳蔻，糖與咖啡，運往歐洲，換取巨利。當時印尼生產的咖啡，供應了世界百分之七十五的市場。

日本於一九四二年攻佔印尼，將印尼列入「大東亞光榮圈」。戰敗後，由蘇卡諾領導的革命份子於一九四五年的八月十七日，宣佈獨立。

英雄之城 —— 泗水

泗水位於爪哇島東部，建城遠在一二九二年，當時統治中國的元朝大汗忽必烈，派兵遠征爪哇，一路勢如破竹，但是該遠征軍打到泗水時為當地人所敗，無功而退。為了紀念這個勝利，當地人開始興建泗水這個城市。我們抵達時，泗水建城已有六百九十年的歷史。

抵達泗水隔天，公司讓凱薩琳小姐帶著我們到處找住處、看房子，經過市區的紅橋（Jembatan Merah）時，凱薩琳小姐興沖沖地告訴我們有關紅橋的故事。原來，一九四五年日本無條件投降後，馬拉博將軍（Brigate General A.W.S. Mallaby）帶領著聯軍，無視於印尼人的獨立意願，幫著荷蘭人登陸泗水以恢復荷蘭的統治。泗水的鬥士們堅決反抗，喊著「不自由，毋寧死」的口號，抵抗入侵者三個禮拜，才被聯軍強行佔領，此即**「泗水保衛戰（The Battle of Surabaya）」。在戰爭中，聯軍統帥馬拉博將軍在紅橋附近被殺，這就是泗水被稱為「英雄之城（City of Patriots）」的來由。**

我們決定在國際學校附近租用一家有前後院的平房。印尼租屋的方式算是一絕，以我們的租屋為例，公司與房東簽訂三年的租約，三年租金要一次付，房東拿了租金後，從此不見人影，直到三年期滿前的一個月，才又出現，詢問我們續約與否？

在美國或台灣，房客付房租是一個月、一個月地付，若有水龍頭或抽水馬桶壞了，房客會老實不客氣地半夜打電話給房東。當我把印尼租屋的方式告訴路城的朋友時，大家對印尼的房東羨慕不已。

燒烤鴿子頭

到了一個新的國度，首先要面臨的挑戰就是語言。當年初到美國時，英語雖說得不流利，但是看與寫倒是一點問題都沒有。此番到了印尼，我們連一句印尼話都不會說、不會寫，只好與當地人比手劃腳，動用身體語言（Body Language），真令人哭笑不得。

在未搬進住家前的一個禮拜，我們住在旅館，天天在旅館的餐廳用餐，這家餐館的菜單只用印尼文書寫，服務生聽不懂中文或英文，我只好用手指在菜單上循序點菜。有一天，服務生送來了一盤飯菜，上有燒烤的六個小雞頭，心想這麼小的雞就宰來吃，是不是太可惜？後來問辦公室的秘書，才知道它們是「燒烤鴿子頭」，是一道印尼華人喜愛的美食。

印尼菜中，我喜愛 Gado Gado（熱水燙過的蔬菜，加上花生醬及黑醬油的佐料），Tahu Telor（炸豆腐裹蛋），Soto Ayam（黃薑雞湯泡飯吃）及 Rawan（一種用本地藥材煮的黑色牛肉汁）。由於印尼的幅員廣大，中爪哇的菜肴較甜，連豆腐酸菜湯也是甜的；巴丹菜（Padang Food）較辣，讀者諸君哪天到印尼當不妨一試。

印尼菜受中國菜的影響很大，麵條叫「Mie」，豆腐叫「Tahu」，糕點叫「Kui」，都是閩南語的發音。**印尼人用右手抓飯吃，所以上桌的飯菜都不可能太燙**，這種用手抓飯的吃法，我住在印尼十二年，無論如何都學不會。

印尼人上大號，不用衛生紙擦拭，而是用左手及水沖洗，因此左手意味著「不潔」，如果你有東西要交給印尼人，一定要用

你的右手給予，如此基本的禮節在公共場所頒獎時，或在國際外交的握手場合，更形重要。

泗水的家居生活

雖說公司答應阿貞與小孩可以住在新加坡，但我不相信為了工作，與小孩、夫妻分離是一件值得的事情。第一次訪問泗水時，我們就特別注意國際學校的師資及設備，知道學校有良好的條件，才決定全家搬到泗水，這個決定後來證明是一件明智之舉。

為了工作或小孩的教育，夫妻兩地分隔，是現代人的一種夢魘，夫妻因而分手，家庭因之破碎的，不勝枚舉。通常開發中國家的女人，看到來自海外高薪的男人，都心存好感，希望透過男女關係來改變自己或家人的生計，而恰恰大部分到海外工作的男人也都在盛年，人曰：「**男人追求女人隔座山，女人追求男人隔層紗**」，落後地區的生活本來就乏味寂寞，所以婚外情就如乾柴烈火般地蔓延，燃燒了不少本應幸福美滿的家庭。有一個笑話說，大陸開放後，臺商到上海投資，**十個人當中有十一個鬧重婚及「包二奶」的事件。**為什麼多了一個？因為其中有一位仁兄，慷慨赴義兩次。

在泗水，搞婚外情的丈夫們，金屋藏嬌的有之，拋妻別子的有之，隱瞞家人的有之，最絕的是太太半睜著眼裝胡塗的有之，大概十個隻身在泗水打拼的男人，有九個著了此道，上演著「自作孽不可活」的悲劇。礙於篇幅有限，在此就不便詳述，他日有空定當以這些「可歌可泣」的故事為題材，為「天下無情人」著書立傳。

　　由於小孩唸泗水國際學校之故，我們認識了許多來自不同國度的朋友，其中有到印尼投資設廠的，有受僱於公司的，台灣人當中以榮工隊在泗水建造高速公路的員工爲最多。小孩下課後，有教書經驗的台籍太太們利用學校的教室，自辦中文班，教育下一代。因爲有許多台灣太太不精於英語對話，阿貞常常要替她們當翻譯，所以與學校的老師混得很熟，並常與學生的母親寒暄。

　　二女兒班上有一位印度同學，父親從事鋼鐵生產，美輪美奐的住家就在倫庫工業區附近，二女兒時常參加這位同學家舉辦的派對，我曾經下班後去他家接女兒幾次。二十年後，這位仁兄的鋼鐵生意越做越大，一度成爲世界上最富有的商人。前幾年，他女兒結婚時，花了幾千萬美金在巴黎的凡爾賽宮舉辦了一個「印度式的結婚」，報章雜誌都有大幅的報導。

　　有一位曾經住在泗水的舊識與阿貞在網上聊天，問道：「你女兒與如此大生意人的女兒同學，你們有沒有被邀請去參加她女兒的婚禮？」阿貞肯定地回答：「絕對不可能！」原來，有一次阿貞在國際學校蹱到這位大生意人的太太，看到她大腹便便，恭喜她又有喜了，想不到她的回答竟是：「我沒有懷孕，只是太胖而已。」

　　我們幾家打網球的同好，周末時常一起吃館子，大人玩撲克，小孩子玩電腦，捉迷藏。偶爾也一起到附近山區 —— Tretes，Batu，Bromo 去享受涼爽的天氣。如有長假，大夥兒一起到峇里島、辣椒島的海邊玩水、曬太陽、打網球或打高爾夫球。

　　住在印尼十二年，雖然犧牲了美式的現代生活，但也換得了不少已開發國家享受不到的樂趣。我們打網球時，僱有教練陪打暖身，球童撿球。打高爾夫時，傭人與司機會事先將球袋放在汽

車後艙，打球的主人一直要到站在第一個洞的發球處，才看到桿弟遞來的球桿。十八個洞，主人只顧揮桿，桿弟除了背球袋，還要幫主人找球。

林生地的故事

一九八三年二月四日，我到泗水北部的「林生地煙廠」向彭總報到。彭先生原是新加坡人，曾任新加坡警官學校的校長，也是當年李光耀親手選派的「反貪污」廉政警官之一。彭先生後來改行從商，五年前在新加坡的一間酒吧，經友人介紹，認識了三寶麟第三代的經營人林天寶，從此為林家做事，管理印尼的煙廠。

上班的第一天，彭先生告訴我一些創始人林生地的故事，才知道**華僑移民南洋的歷史是一部華人在海外奮鬥的血淚史。**

林生地的父親是福建安溪人，一八九八年因在家鄉生活貧困，帶著五歲的林生地與一位女兒，鋌而走險地從廈門坐船到檳榔嶼（Penang）謀生。到了檳城，正好遇上當地的政府與移民發生衝突，局勢很亂，只好逃離該地去印尼的泗水安身。**林生地的父親在買船票時，才知道自己的盤纏已用盡，只好將女兒托給一位檳城的福建家庭收養，自己帶著林生地坐船，經過海盜猖獗的馬六甲海峽，輾轉抵達泗水。**

抵達泗水後的六個月，林生地的父親便得了霍亂，死前將才五歲大的林生地交給一家住在伯久尼格羅（Bojonegoro）的福建人家庭收養。這個家庭做醬油生意，雖曰小康，但在荷蘭統治下，林生地並沒有上學的機會。林生地在義父家學會講「福建話」與「中國話」。

　　林生地十一歲時離開義父家，起先是在泗水的一家食堂打工，後來辭去食堂打工的工作，開始一連串的不同經歷，諸如騎著腳踏車沿街賣木炭；在來往雅加達、泗水的火車上賣食物、飲料；在荷蘭人的高級俱樂部當服務生，學會了荷蘭話。

　　十九歲時林生地與小他四歲的 Siem Tjiang Nio（簡稱沈娘）結婚，婚後住在簡陋的草皮木屋，沈娘在家門口賣糕餅幫助家用，林生地則到拉磨港（Lamongan）一家煙廠打工。在煙廠打工的時候，僱主已注意到他對煙草配方有獨到的才能。

　　林生地並沒有在煙廠工作很久，原因是拉磨港離泗水太遠。回泗水後，他們夫妻買下了一間小店，太太賣糕餅雜貨，林生地則騎著腳踏車賣煙草及丁香給雜貨店。

　　屋漏偏逢連夜雨，在兩夫婦胼手胝足建立家庭生下二男三女的同時，一九一六年的某日，沈娘因烤糕餅屋子失火，一夜之間房子化爲灰燼。透過朋友的幫忙，林生地夫婦得以重蓋房子，沈娘賣糕餅雜貨如舊，林生地也繼續沿街或到戲院叫賣糖果，茶水，煙草與丁香。

　　林生地在戲院賣零食飲料時，看到看戲的人一面看表演，一面還要麻煩地自捲香煙，就福至心靈地想出一個主意，先將煙草與丁香混合，用紙張捲好，在戲院試賣。試賣的成品甚受歡迎，有了這個良好的「市場調查」，他決定將它變成一個事業，開工廠生產丁香煙。

　　任何事業有了好主意而無本錢，計劃再好也只是「空中樓閣」。當林生地有開工廠的念頭時，正好有一家煙草商破產，急著要將存放多年的煙草賣出。對林生地來說，這是一個千載難逢的好機會，但是他手頭拮据，無法買下那批煙草，只好望空興嘆。

當他把心中的計劃告訴沈娘時，沈娘不慌不忙地從屋簷底下的竹筒內，拿出她多年積蓄的私房錢，交給林生地。林生地買下了那批煙草，開始雇工人捲煙，生產「234（Dji Sam Soe）」丁香煙。

後來事業發達了，一九三二年，林生地將自己曾在那兒販賣捲煙的戲院買下來，將戲院改爲「林生地煙廠」，這煙廠就是印尼丁香煙工業化的發源地。

Dji Sam Soe（234）的由來

印尼話「Dji Sam Soe」就是閩南話的「234」，二三四的總和是九（2+3+4=9），「9」是閩南人「賭天九」的最大數字。**據說林生地生平好賭，取「234」爲品牌名稱，有「勝算吉祥」之意。**

在數學上「9」是一個神奇的數字，任何數目乘以九，其值的數字總和一定是九的倍數，茲舉例如下：

$$9 \times 2 = 18 \qquad 1 + 8 = 9$$
$$9 \times 7 = 63 \qquad 6 + 3 = 9$$
$$9 \times 18 = 162 \qquad 1 + 6 + 2 = 9$$
$$9 \times 2007 = 18063 \qquad 1 + 8 + 0 + 6 + 3 = 18 \qquad 1 + 8 = 9$$

林生地以「9」爲吉祥數字，廠房的大小，原料的重量，成品的定價，車牌的號碼，均與「9」有關。

有一則故事說，三寶麟的會計師花了幾天幾夜完成月份財務報表（當年沒有 Microsoft Excel），林生地只花了幾分鐘看報告，就告訴該會計師數字有錯，發回重算，而每次他說有錯，該會計師一定能找到錯處，所以他的會計師兢兢業業，以爲他是一

位「神算」。原來他只將最後的數字加起來，看看是否是「9」的倍數而已，如果不是，就一定有錯。

Down with Chinamen!（打倒華人！）

上班第一天的下午，聽到許多工人聚集在辦公室的外面，一會兒呼叫，一會兒唱歌。因為不懂印尼話，我問坐在旁邊的瑪文：「到底發生了什麼事？」他仁兄故作緊張地告訴我：「工人在喊 Down with Chinamen!（打倒華人！）」

吵鬧許久，我聽到兩聲槍聲在離我不遠的窗戶外響起，印尼早有排華的事件，想不到這排華的事件竟在我上班的第一天來臨。俗話說，「賺錢事小，生死事大」，我開始後悔帶著一家四口到印尼來冒險。我急著跑到彭先生的辦公室問他怎麼辦？他笑著告訴我：「瑪文在扯你後腿，你沒聽到工人們一面唱歌嗎？這是印尼式的和平示威，不是排華事件，難道有一面排華，一面唱歌的事？」後來我才知道當時的工人因為不滿工會的頭子，故意借故休息，聚集不散，後來軍警到來，朝天開槍嚇走示威的工人。

在東南亞只要有中國移民聚集之處，就有排華事件的發生，表面上看起來好像是種族問題，其實不然，「**排華是社會經濟問題，而不是種族問題**」。

東南亞的華僑，大多來自中國沿海的省份 —— 廣東及福建兩省。第一批的華人是明末清初不願意剃辮子、怕滿清政府施行的「留髮不留頭」政策，而「乘桴浮於海」自我放逐到南洋的商人。第二批的華人是躲避鴉片戰爭、逃離戰亂的難民。最後一批則是因為滿清政府腐敗，人民無以維生，只好鋌而走險到南洋打工作苦力的人（林生地的父親，就是一個例子）。

大凡華僑到了一個陌生的地方，除了自身在外的花費，還要定期寄錢回家奉養留在故鄉的父母，供給髮妻及子女的生活，他們唯一的安全保障就是金錢。有句話說：「有錢不一定萬事皆能，沒錢則萬事不能。」中國人在異鄉省吃節用，勤奮努力，自然會累積些財富。

反之，原住民因為得天獨厚，天氣良好，有土地耕種，生活單純，容易滿足現況。如此幾代下來，**華人在經濟層面上遙遙領先原住民，社會遂產生了「兩極化」的現象。這種現象，如以現代經濟學眼光來說，華人是「重商主義」的商人，原住民是「重農主義」的農人。**

在工業社會，商人的收入一定好過農人，很不幸的是華人只佔全國人口的百分之五，卻控制著社會絕大部分的經濟活動，佔絕大多數的原住民反而成為被剝削的階級，難怪乎每次社會面臨衰退或蕭條，華人就變成「代罪羔羊」。

另有一派人士認為印尼人排華是屬於歷史性的，**在荷蘭統治時期，荷蘭人利用華人移民作他們的中間商，**向當地農人購買香料及農產品，在商言商，華人當然從中牟利，**這使本地人認為華人的行為是「為虎作倀」，從而敵視華人。**

我比較相信前一派的說法，因為我們住在泗水的十二年間，社會經濟日益改善，幾乎沒有發生過大規模的排華事件。一九九七年，亞洲發生了經濟風暴，造成印尼社會的動盪，雅加達的華人區遭本地人洗劫，婦女被強姦，華人才再度成為政治的「犧牲品」。

有資格成為世界共同語言

　　為了生活的需要，抵達泗水後，我們每個週末找老師上了三小時的印尼文（Bahasa Indonesia），半年下來，就懂得基本的當地語文。我們可以用印尼話講數字、月份、星期、左右、顏色等等，可以與當地人交談，可以叫司機轉左彎右，可以到市場買東西談價錢，可以享受當地的食物，可以多少了解當地的文化。

　　我的一位美國朋友，住在泗水多年，認為印尼話是「叢林語言」，不肯去學習，結果他本人只能出入泗水凱悅大飯店（Hotel Bumi Hyatt），自己禁錮自己，是愚笨中之最。

　　記得有一陣子聯合國的語文學家，想要尋找一種世界的共同語言，花了許多精力，結果眾說不一，整個計劃胎死腹中。對我來說，**印尼話應該有資格成為世界的共同語言**。我說這話絕對不是「語不驚人死不休」，印尼話絕對不是一個落後的叢林語言，在世界諸多語言中，印尼話可能是最科學，最簡潔的語言。

　　印尼話比馬來話文雅，是一種拼音的語言，不像中文那麼難學。它的名詞不像德文分雄性與陰性，不像英文分單複數；印尼話沒有時式 —— 不像英文分現在式、過去式、未來式和完成式等等。

　　印尼話可以將一個形容詞加上字頭字尾，變為名詞或動詞。它的發音固定，不像英文，「A」一下唸「耶」，一下唸「阿」。印尼話的字母與英文的二十六個字母完全相同，可以用國際通行的鍵盤打字，在電腦化的今天，不啻是一個天大的優點。

　　印尼是一個多種族、多語言的國家，為了避免族群對立，獨立後政府就實行「一個國家，一個語言」的政策，採用以馬來文

爲主的印尼話爲國語。這是一個非常明智的決定，政府雖然提倡印尼文，並沒有反對人民在日常生活中講爪哇話、峇里話或福建話。語言本來就是一種工具，一個明智的政府要下一代學習的語言，應該是對他們的未來及對國家社會最有用的語言。

聽到花草在成長的聲音

住在泗水，你會感覺到印尼天然資源的富庶，爪哇火山灰地質的肥沃，絕非其他國家可以比擬。我們所住的房子，家前家後長著木瓜、香蕉、椰子、芒果與楊桃樹。記得住在美國路城時，春夏一定要定期加肥料，草坪才能維持蔥綠，但住在泗水的十二年間，從來沒有買過肥料，園丁的工作只是砍樹割草，剪不斷，理還亂。**有人誇張地說：「在印尼你可以聽到花草成長的聲音。」**

爪哇與峇里兩島的稻米成長，沒有分一種、二種或三種的季節，而是四時皆宜。有一位臺灣來的訪客，看到稻田裏的農民，有的在插秧播種，有的在灌溉除草，有的在割稻曬穀，不禁搖頭讚嘆，連稱「印尼是農民的天堂」。

八〇年代初期，爲了幫助開發中國家發展農業，有一支台灣的農耕隊常駐泗水。農耕隊的經理因有種植煙草的經驗，告訴我，「如果印尼農民可以接受台灣的農藝技術，每公畝的土地可以生產兩公噸的煙草，而不是目前的七百公斤而已。如果印尼的牧農可以接受台灣的畜牧指導，引進印度山羊來養殖，則每隻羊生產的羊肉可以加倍。」問題是印尼的農人知識不夠，不願意接受新方法，台灣農耕隊只好無功而還。

印尼人喜歡吃糖，一杯咖啡有半杯是糖。托天之福，印尼優

良的土地與氣候除了生產稻米，還盛產蔗糖，如今印尼的糖已可自給自足。其他印尼的農產品如木材、棕櫚、橡膠、咖啡、可可、煙草、丁香都名列世界前茅。印尼地居熱帶，不生產大麥、小麥，所以迄今麵粉仍仰賴進口。

　　除了農作物，印尼的礦藏在世界上也是赫赫有名。印尼產金，產石油，產天然氣，產鐵，產煤。我曾經在加利曼丹看煤礦的開採，那裏都是露天煤，礦坑的旁邊排著卡車隊，礦工操縱著怪手挖原煤，上下六次就裝滿一部卡車，裝滿後的卡車不停地運走。印尼的礦工一定不了解為什麼中國的煤礦會崩塌，一次掩埋了好幾百個礦工？

　　現代的經濟以歐美發展最早，日本繼之，六〇年代有四小龍的崛起，如今是「四金磚 BRIC = Brazil，Russia，India，China）」佔盡風頭。有許多經濟學家預言下一輪的經濟成長國是「六隻靈貓（CIVETS = Columbia，Indonesia，Vietnam，Egypt，Turkey，South Africa）」。我想六隻靈貓之一的印尼，一定是以其豐富的天然資源為依歸的。

驚人的人口密度

　　傳說當年三寶大人七次下西洋，所到之地無數，離港時船員一個不少地回到船上（沒有跳船的），唯獨訪問爪哇島時是一個例外，可見爪哇是多麼誘人的一塊寶地。

　　由於天候及土壤適合人民生活，爪哇島的人口不斷增加，在我初抵印尼時，**印尼的人口超過兩億，其中有近半的人口居住在這佔全國百分之六點八的爪哇島上，**以平均來說，每平方公里上有八百五十人居住，密度之大令人咂舌。

　　為了減少爪哇島人口的壓力，政府曾大力鼓吹「國內移民（**Transmigration**）」，不幸的是這個計劃成果不彰。失敗的原因，一來是印尼人沒有美國牛仔當年開拓西部的拓荒精神及勇氣，二來是政府官員的貪腐，移民不能拿到政府資助的全部經費去從事墾殖。爪哇島的人到了外島，資助金用完了，生活又不習慣，就再回到爪哇的老家，抽丁香煙聊天過日子。

四季不分，只有乾溼季

　　印尼地處南緯四度，天氣屬熱帶型氣候，終年常熱，季節只有乾季與溼季之分。

　　雨季時，每天約下半小時到一小時的傾盆大雨，就像是老天在幫農作物、花草澆水一般。一天中的下雨時間，會隨著季節的前後而改變，季節初期是在中午；中期會移到下午、晚上；到了清晨下雨，雨季就快結束了。

　　有一位煙草供應商告訴我：「**如果英文月份中有「R」，就是溼季。**」我起先以為這是茶餘飯後的笑話，後來特別注意雨季的月份，真的如他所述，蓋「R」代表「Rain」之故也。 現在我們把月份列出：

　　　溼季：January, February, March, April, September, October,
　　　　　　November, December

　　　乾季：May, June, July, August

　　我們前後在泗水住了十二年，發現印尼（尤其爪哇及峇里島）最好的天氣是在七月及八月，原因是七、八月時節，太陽高照北半球，爪哇及峇里島偏在南半球，溫度較低，又值乾季之故也。

汽車座位上蹲點

　　印尼民生的落後，最明顯的是見諸於公共設施上。印尼有兩億多人口，其中百分之六十的人民居住在爪哇島，首都雅加達是全國最大城，位於西爪哇；泗水是全國第二大城，位於東爪哇。**直到今天，印尼還沒有高速公路連接這最重要的兩個大城**。爪哇如此，爪哇以外的島嶼，可以想象而知。反觀緊鄰印尼的馬來西亞，早有南北高速公路連接新加坡、吉隆坡，甚或到泰國。

　　已然二十世紀末期了，印尼人造路仍然是用人工在地面上排石頭，平時汽車只能用二檔或三檔行駛。開始上班的前幾年，從住家到工廠的路上，可以看到馬車、牛車、三輪車、腳踏車、摩托車、小型載客車、卡車與轎車，在坑坑洞洞的路上交織行進，這幅景象比起美國的高速公路，不啻天壤之別。

　　許多街道因為沒有挖排水溝，每逢下雨就成為水鄉澤國，汽車因排氣管進水而拋錨的比比皆是。有一次下班正值大雨傾盆，路上處處積水，水都流進我的坐車裏面，起先我只將腳提起，後來水位升高了，只好蹲在坐位上，眼看我的司機四平八穩地坐在駕駛座，半身浸在水裏，右腳仍然不敢怠慢地加油門，以免外面的水倒灌進排氣管，引擎熄火。

　　後來水位更高了，汽車的引擎還是熄了火，好在路邊有一批年輕人，一邊玩水，一邊幫人推車賺外快，我們花了錢請這些年輕人將車子推到路邊高地，司機與我成了道地的落湯雞。

停電七十二小時

停電在印尼是家常便飯，隨時隨地都會發生。因為政府供電設施不足，幾乎每一家工廠、商店、餐廳及有錢人家都要備有自己的發電機及擁有臨時照明的設備。

有一次，停電整整七十二小時，不巧的是，家裏的發電機正好故障，沒有配件修理，只好銷毀冰箱裏的全部魚肉。我們曾經請教過一些比我們早來泗水的老外，問他們停電時如何過活？他們的回答是：「一有停電，我們全家就住進凱悅飯店，飯店有大型發電機，晚上睡覺，仍然可以享受冷氣。」

泗水號稱有自來水，但是自來水只能用來澆花澆草，絕對不可以飲用，就是連用它來漱口及洗澡，也是令人膽戰心驚的事情，我們常常可以看到砂土或不明物體夾雜其中，有一次居然看到會動的紅色小蟲懸浮其間。

住在印尼的前五年，沒有瓶裝的水買，因此大部分私人家庭都要自己挖井，用電動抽水機打水，然後將井水煮到沸騰，才能食用。煮沸的水通常有股我平生最怕的味道，所以在辦公室我只喝咖啡，在家除了吃飯喝湯外，就喝啤酒解渴了。

既然井水需用抽水機打水，停電時，不止沒電還斷水，停電是不方便，沒有水喝則是大事。不知道當年我們全家如何在那種環境下生活過來？

五千元美金買不到電話

八〇年代，住在印尼的外國人，為了接收海外的消息，幾乎

每個家庭都擁有短波收音機。電話線的不足，令我們平時用慣電話的人更是傷腦筋，在印尼打電話是訓練耐心的一種好方法。

我們住的社區 Darmo Satelit，靠近國際學校，社區有兩三百家住民，但電話交換臺才有幾個，社區住民要打電話，必須先撥電話到社區辦公室，要求交換臺的人員代你撥號，如此僧多粥少，打電話讓人血壓高漲，難怪乎**當地的太太們，互相聯絡的方法是寫紙條叫司機送到對方家**。

如果打國際電話，社區交換臺則要聯絡市區電信局的交換臺代為轉撥。由於電信局通國外的線路不足，打國際電話需要排隊等候，通常需要等個一、兩小時才能接通。

有幾次由於公務的需要，必須與舊金山的辦公室聯絡（印尼與舊金山的時差夏天是十五小時，冬天是十六小時），因為不可能用社區的電話打國際電話，我必須在半夜十二點開車到辦公室，利用公司的專線撥號到舊金山。

三寶麟的股東們知道我的苦處，積極地幫我申請家庭專用電話，結果是一等幾年，最後接通了，**一個電話的安裝費換算成美金是五千元**。聽者可能不相信，因為有線電纜裝備太昂貴，落後的國家一直沒有經費去投資改善，**這種有錢買不到電話的情況，直到八〇年代後期手機問世後，才有了革命性的改善**。這現象也解釋了為什麼手機是歐美國家發明的，但是先在落後的國家流行了近十年，歐美人士才開始習慣使用它。

屋後的大耳朵

除了打電話的艱難，電視節目的簡陋，也是讓我們這些旅居印尼的外國人無可奈何之事。當時印尼只有一個電視臺——

TVRI，每天只播放幾小時，因爲我們聽不懂印尼話，所以只能看那些叮叮咚咚的地方舞蹈節目。後來 TVRI 進步了，下午五點鐘播放卡通節目 —— 這是女兒們的最愛，美中不足的是一到伊斯蘭教禱告時間（一天有五次），節目馬上停止，轉播禱告福音。

老闆的表兄，三寶麟的大股東待我不薄，知道我們沒電視看，掏腰包幫我們**裝了一個大耳朵，此耳朵直徑五公尺，**號稱可以接收到南半球的人造衛星節目。但不幸的是大多數衛星集結在北半球，我們花了如此大的氣力，**才能收到馬來西亞一個電視臺的節目，**算是聊勝於無吧！

沒有電視節目看，我們只好租借電影及連續劇的錄影帶。當時的 Beta 錄影帶體積很大，一部香港或臺灣拍的連續劇需要用一個大紙袋提拿。這些錄影帶的品質，由於多次的租用，影視效果非常低劣。多年後，雷射碟子問世，放播的品質才有了改善。

好笑的是，在印尼看「射鵰英雄傳」、「天蠶變」等中國古裝片，劇中的古人竟用英語對話。有人要問：「爲什麼錄影帶的古裝片，對話是用英語？**這要回歸到印尼政府排華的政策，除了錄影帶不准用中文對話，政府也不准印有中文字的刊物進口。」**

記得當年在台的妹妹知道阿貞嗜讀中文報紙如命，曾經偷偷地將「聯合報」郵寄到泗水家，半年後，這偷偷摸摸的舉止被當地郵局察覺，偷寄報紙之事不得不叫停。排除華文的法令，直到蘇哈托下臺，哈比比上臺後才解禁。

公元兩千年，瓦希德總統上任後，明訂中文合法，中國新年可以舞獅舞龍，出刊中文報紙，印尼本地人也開始流行學華語，這一切演變，不能不歸功於中國日漸強大的緣故。

感謝冷氣機及錄影帶的發明，如果沒有冷氣機調節室溫，沒

有錄影帶帶來的娛樂，我們真不知道在印尼的那段日子如何熬過來？

浮動的印尼幣

　　印尼的華人稱印尼幣（Rupiah）為「印尼盾」，它不停地對美金貶值。一九八二年九月我到印尼訪問時，一塊錢美金可換三百印尼盾，幾個月後我到公司報到，一塊錢美金可換四百五十印尼盾，短短的幾個月，印尼幣就貶值了百分之五十。**好在公司付我的薪水是美金，如果付的是印尼幣，我第一天上班，公司就減了我百分之五十的薪水。**鑑於上述，有錢的印尼人大多把印尼盾換成黃金或美鈔，存放在家的印尼幣只用來買米、買菜或零用而已。一九九五年，當我離開印尼時，一元美金可換兩千印尼盾。

　　由於印尼幣不穩定，存放印尼幣在銀行的利率一直偏高，我認識的幾位朋友經不起高利率的誘惑，將畢生的積蓄全都放在印尼幣，他們曾經告訴我：「印尼幣就是一年貶值百分之十，但是年利息有百分之二十五，那一種投資可以有百分之十五的賺頭？」話說得沒錯，他們存款簿上的數字不斷地增加，直到**一九九七年，亞洲金融風暴來臨，一夜之間印尼盾從兩千五百盾一美元，貶值六倍成為一萬五千盾一美元，如果以美金計算，存款一下子縮水了百分之八十五。**

　　我聽過一家在泗水很成功的企業，以做腰果生意起家，擁有食品工廠、餐館及高爾夫球場，該企業老闆以低利息告貸大量的美金，再將美金換成印尼盾放在銀行賺高利，一九九七年亞洲經濟風暴來襲，該企業宣告破產，所有資產一夜之間歸他人所有。

　　美鈔既然成了國際貨幣，偽造的美鈔也大行其道，為了防止

偽鈔，印尼的商店、銀行都只要收受容易鑑定真假的乾淨鈔票。泗水國際學校更加誇張，明訂每年學生繳交的學費必須是銀行剛發行的新鈔票。

有天時地利，獨缺人和

印尼的幅員廣大，人口眾多，土地富庶，資源充足，除了是東南亞國協（ASEAN）的龍頭老大，還絕對有條件成為世界一等強國。但事實上，印尼的國計民生卻每況愈下，這到底是為什麼？**中國人常說，「一個國家的興盛，需要『天時、地利、人和』的配合」，印尼擁有上好的天時與地利，但是獨缺人和**。獨缺人和最明顯的現象是缺乏領導人才及貪污舞弊的盛行。

缺乏領導人才的主要原因，要歸罪於荷蘭三百多年來實施的「愚民政策」，人民之中鮮少有治世能才脫穎而出來領導這麼一個泱泱大國。

要改進人才短缺的現象，第一步要改善的是教育制度。表面上，政府實行小學六年義務教育，但是學校經費不足，老師一個月的薪水不過六十美元，學生要自購上課的書本。如是一來，許多家庭負擔不起，小孩子成為義務教育的落網之魚。

緊連著泗水國際學校的本地學校，已算是泗水的一個好學校，但是校園沒有操場，學生上體育課要在街邊道路上進行。泗水有幾家大學的校園只有幾棟建築，儼然像是個學店或補習班，一點也沒有學術氣氛及鼓勵求知的環境。

我為公司雇用了幾位唸本地大學的技術人員，他們的資質並不比在國外受訓的差，奇怪的是她們大學唸了八年，還是拿不到畢業文憑，後來才知道原來是大學教授人數不齊，無法開課讓學

生完成拿學位必修的課程。

Uang, Rui, 錢，Money

　　殖民地時代，統治階級的荷蘭人，不願也不會與印尼土著談生意，所以利用華裔作中間商，華人為了生存，常用金錢打通關節，買通地方上有影響力的人士，以獲得最大的利益。原住民耳濡目染也學會了此種惡習，**印尼人的貪污文化，老一代的華商是難辭其咎的。**我的控訴絕對不是空穴來風，**就是到了今天，印尼本地人要買通自己本地人，大半要透過華人的手腳。**

　　八〇年代時，印尼貪污舞弊的泛濫，已到無可復加的田地，一個外國人剛抵印尼國門，通過移民局時，就可感受到印尼貪污的盛行。

　　我對印尼官員的貪污行為深惡痛絕，從來不賣移民局官員的帳。有一次，從雅加達離境，移民局的辦事員以為我是本地華裔，用印尼話向我要錢：「minta uang」，我裝作不懂印尼話；他接著用福建話說：「Rui，Rui」，我不理他；他心想我可能是臺灣人，忙用普通話說：「錢，錢」，我照樣不理；後來他大概是看到我的美國護照，恍然大悟，竟用英文說：「Money，Money」，我還是不給，最後他沒有皮條，看在美國護照的份上，讓我過關。

　　拿臺灣護照的人，就沒有像我一樣的幸運，他們通常被海關人員請去「喝咖啡」。喝咖啡者，就是將你帶到一間特別的房間，問東問西，沒事找事，目的無他，揩油是也。如果你沒有時間跟他耗，就談價給錢，花錢消災。

　　有幾次，我看見帶著生意樣本過關的臺灣商人，索性夾一張百元美金於護照內，這樣一來，他們不會被請去喝咖啡，商品也

不必付關稅。有一位臺商更誇張地告訴我：**「我去印尼從來不辦簽證，百元美鈔就是我的簽證。」**

八〇年代末期，由於「天安門事件」的發生，許多臺商受到李登輝「南進政策」的感召，想要回到印尼設廠，印尼政府知道此事，派外交部長組團到臺灣招商，台灣政府借機埋怨「印尼海關官員請台商喝咖啡」的事情，有好一陣子，政府明令海關反貪，尤其對臺商禮遇，但是「新官上任一把火」，時間久了，火也滅了，一切回到原點。

平常我出差旅行，機票都由公司派專人購買，機場的進出也有公司的職員代為處理。有一次赴雅加達公幹，辦完事想提早回泗水，到了機場發現公司的代理不見了，而我的回程機票就在他手上，只好自己到印尼航空賣票處再買一張。

當時排隊買票的隊伍並不太長，排在我前面的有二十多人，心想如果這班飛機搭不上，下一班應該沒有問題，晚一點到家吃晚飯罷了。

排著排著，兩小時過去了，只有七、八個人買到票，我開始感到奇怪，平常來往雅加達及泗水的班機，每小時就有一班，算是快捷，難道今天飛機出了問題，無法準時飛行？又等了個把小時，排在我後頭與我寒暄的本地人不耐煩，離開隊伍隊走了。又等了近一小時，還是七、八個人買到票，我的前面還有五、六個人在等候，眼看就是最後的一班飛機了。

突然間排在我後面的一位乘客到櫃檯指著辦事人員破口大罵，我的印尼話不太高明，急著問旁邊的華裔：「他在罵什麼？」回答是：「罵印航的售票員貪污舞弊。」「他是什麼人？」「一位法務部的法官。」拜這位法官的「拍案驚奇」，不久他買到票，我買到票，連排在我後面的三十多個人都買到票。

　　登機後，看到了排在我後面曾與我寒暄過的仁兄，我問：「你也上機了？我以爲你放棄回泗水了？」他說：「我沒有放棄，你們繼續在那邊等，才是放棄。我到離印航櫃檯約兩百公尺的地方買票，價錢雙倍，但總比回市區住旅館便宜。」我又問：「又不是大假日，何來黃牛票？」回答：「**這不是黃牛票，這是印航辦事人員爲了多賺點錢搞的花樣，公票私賣罷了。**」

　　回到泗水已是半夜，接我的司機在機場苦等了不下六小時，我告訴他買不到機票的事，他覺得很奇怪，告訴我：「每班來自雅加達的飛機都幾乎是空機。」想想，印尼航空公司的職員可以私賣機票舞弊至此，其他的政府機關，可以想像而知了。

僕從如雲的苦衷

　　由於印尼人工低廉，一般中等收入的家庭都僱有傭人。這些被僱的傭人多半來自鄉下，有專門看孩子的奶媽（又稱Nurse），有專門開車的司機，有專門割草種花的園丁，有專門煮飯做菜的廚子，有專門看門的警衛，其他的就是打掃房間，早晚在院子澆水的普通傭人。傭人之中，司機及奶媽因爲有專業常識，屬於高級幫傭，薪水較高；好的廚子難找，所以廚子的薪水也比普通傭人高。一九八三年，一位普通傭人的月薪在十五到二十美金左右，雇主包吃包住。

　　許多住在美國的友人，聽到我們家「僕從如雲」，羨慕不已，其實僕從如雲亦有其難言的苦衷，人工低廉會反映在服務的品質上，所謂「一分錢，一分貨」，絕對不是讀者諸君想象的物美價廉、服務到家。印尼的傭人有的不會看鐘，有的不會寫字，有的工作一個禮拜就想家要回鄉下，有老傭人與年輕的傭人不和

吵架，麻煩層出不窮。

　　在東南亞常聽到主人虐待傭人之事，其實主僕雙方都可能有錯。傭人做事不專心、隨時打破東西是司空見慣的事，我們多年來收藏的古玩，仿製的唐馬陶碗，景德鎮的蛋殼瓷器，賽普勒斯人送的彫有希臘神話的瓷盤，就連日用的杯子碗盤，那一件不是「體無完膚」、無一倖免？

　　我親眼見過一位女傭在為盆栽澆水時，眼睛不看花盆，以致水流四溢，植物卻得不到半滴雨露。住在印尼十二年，我們對這些莫名其妙之事，總是「一笑置之」，身處異鄉為異客，得饒人處且饒人，沒有一丁點幽默感，是不能在印尼存活的。

　　住在印尼多年，所僱的人不管是司機，警衛，園丁或普通傭人，幾乎沒有一個不曾向我們貸過款、借過錢。起先我以為是這些低收入的人，總有旦夕禍福，意外開銷在所難免，所以有求必應。後來住久了，才知道這是當地社會的大陋習，**人民沒有「量入為出」的觀念，台灣話說：「賺了了，吃了了」**，如此生活方式，財物無法聚斂，何以計劃將來？

　　舉公司於印尼放大假時（Idufitri）發紅包為例，**大凡大假過後，生產線負責人最擔心的問題，就是大部份的工人，在紅包還沒花完前，不回來上班。**這種不懂「夏藏冬用」，沒有儲蓄觀念的陋習，會不會是因為印尼地處熱帶，沒有寒冷冬天凍死人之故？或是當地食物充足，**不必「積穀防飢」**，生活太容易所致？

司機百態

　　住在印尼十二年，雇用了許多位司機，其中**有一位連排檔都不會換**，但是有空就洗車，車子保持得很麗亮。有一次搭他開的

車到馬蘭（Malang）出差，在路上車子熄火 N 次，最後一次是在十字路口的正中央，我不得不「揮淚斬馬謖」，當場叫他明天不必來上班。

印尼人甚為謙虛，不敢直來直往地向主人請假，有一位司機向阿貞請了三天假，理由是「父親過世」，誰無父母？當然准假。數月之後，這位喪了父親的司機，再度請假，理由又是「父親過世」，阿貞的記性不差，提醒他這個理由曾經被用過，他仁兄倒是不慌不忙地回答：「他老人家上次沒有死成。」

又有一位幫我開車的司機，**早晨在十字路口紅燈停車**，綠燈亮後，車子仍然不動，我覺得奇怪，往右一看，**竟發現他老兄睡著了**。我生氣地告訴他這種錯誤行為的嚴重性，差點抄他魷魚。離開印尼後第二年，有一位同事告訴我，這位司機因車禍身亡了。

剛到印尼時，看到馬路兩旁有賣水果的，賣小吃的，賣衣服的，其中有擺著瓶瓶罐罐的攤子，不知裏面是賣什麼膏藥？我問本地人，才知道那是在賣汽油、柴油。我好奇地問，「這些汽油、柴油從何而來？」回答是：「當然是司機從主人車子偷來的！」正是古今中外，「那只貓兒不吃腥，那個司機不揩油？」

印尼的汽車主人倒是「魔高一尺，道高一丈」，他們告訴我：「你要規定司機加油時寫下加油量及車裏碼表的公里數，你將所行公里數除以加油量，再比較一下汽車平均每公升汽油應該行走的公里數，就可以知道你的司機有沒有偷油外賣了。」我聽了這方法之後，即仿效不誤，雖然我沒有每次計算，但是恐嚇的功能總在，我相信我的的司機對賣汽油的路販貢獻不大。

專事敬禮的退休少校

印尼政府管制槍械，所以社會上發生的搶案不多，但是偷竊事件則是層出不窮。**印尼的住家大部分設有籬笆或圍牆**，我住的家也不例外，但是院子裏的煤氣桶經常不翼而飛，看來小偷的神通不亞於水滸傳裏的「鼓上蚤」時遷。

有一次，幫我們裝修房子的包商將車子停在家門口，進來與我們討論一下地板瓷磚的顏色，前後只有十五分鐘時間，回到車子，發現車門被打開，車子裏的音響設備通通被拆走。

更好笑的是有一天，來自馬來西亞的配方師打著赤腳來參加我每週五清晨主持的生產計劃會議，他尷尬地說，「我的幾雙鞋子放在門口外的鞋櫃，昨天晚上被小偷悉數光顧了。開完會後，我要到百貨公司買鞋子。」鞋子有尺寸大小的不同，難道小偷的腳大小與他的相同？爲這位小偷計，我希望我的這位同事沒有香港腳！

鑒於上述的小偷事件，加上可能發生的排華事件，同事們紛紛建議我僱用家庭警衛。透過公司人事主任的推薦，我們僱了一位甫從軍隊退休的少校。他仁兄禮貌奇佳，動不動向人行軍禮，害得我本能地用成功嶺及在陸官所學的軍禮回應。

究竟「禮多人不怪」，他的多禮令我幾位來自國外的訪客羨慕不已，有一位朋友認爲**「只有敬禮這件事，就值回票價」**。有一天，我起個大早準備去打高爾夫球，竟然看到他仁兄在警衛室端坐不動，起先我擔心他老兄勞累過度、心臟麻痹，走近時卻聽到鼾聲大作，你說「這票價值不值得」？

各位可不要小看此君，他仁兄不知道已經有幾房太太，到我

家上任第二個月，便向我們告貸了兩個月的薪水，原因是要再娶。

世界最貴的香煙 ── Dji Sam Soe

　　世界香煙的種類，不外乎英式烤菸型（以三五牌爲代表）與美式混合型（以萬寶路爲代表）兩種。印尼人通稱英式與美式的香煙爲「白煙（White Cigarette）」，意指「白種人的香煙」，與印尼本地生產的丁香煙（Clove Cigarette，或稱 Kretek）有別。

　　丁香煙是印尼人的驕傲，我曾經在國際機場的免稅店，買過 555（三個五名牌煙）當禮物送給我的司機，想不到他回絕了，「我只抽丁香煙，不抽白煙」。印尼人喜愛丁香煙，難怪**丁香煙佔了市場的百分之九十**，跨國煙廠如英美，菲摩與樂福門生產的白煙，加起來還不到市場的百分之十。

　　當我剛受聘三寶麟時，印尼有上百家的煙廠，其中排名前面的七家煙廠（號稱「七姐妹」），總產量佔了全印尼丁香煙產量的百分之九十。七姐妹中以鹽倉（Gudang Garam），針牌（Djarum），芋頭（Bentoel）爲最大。**三寶麟的產量不大，但生產的是丁香煙的極品「234」。**

　　一九八九年我第一次拜訪印尼丁香煙的龍頭 ── 鹽倉，老闆蔡道興（Rachman Halim）請我吃午飯，飯後開著他的羅斯洛伊士名貴轎車，帶我到倉庫及工廠參觀。我盛讚他們工廠的規模，他卻說：「**我們的生產量大，賺的是印尼盾；你們的生產量小，但賺的是美金**」。

　　鹽倉老闆的話基本上沒錯，在八〇年代中期，一包二十支裝的總督牌或萬寶路香煙在美國還賣不到五十多分美金（每州售價

不同，因爲州稅不同），「234」一包十支，市面售價約美金一元，如果換算成白煙的二十支裝，則是美金二元，**「234」丁香煙在當時的確是世界最貴的香煙。**

　　在印尼的煙民眼中，「234」香煙的地位無可比擬，它象徵著成功與富有，送「234」香煙給政要或朋友，受禮者會覺得是一種榮耀。後來中國的上海煙廠也學三寶麟的市場策略，生產少量的「中華牌」香煙來保持高價，受禮者感到無比榮耀，這就是中華牌「抽的人不買，買的人不抽」的來由。

　　印尼的香煙買賣，分支零售佔了相當大的比例。有一些煙民買「234」，香煙抽完後保留煙盒，以便裝比較廉價牌子的煙支在裏面，這種「打腫臉，充胖子」的舉止，意味著「234」在印尼丁香煙市場的崇高形象。

丁香煙的沿革

　　印尼有「香料王國」之稱，丁香原產於馬陸谷島（Maluku Island），**丁香的藥物功能早見於明朝李時珍編的「本草綱目」。**我們煮茶用的五香，其中有一香就是丁香。

　　丁香煙的發明，傳說是在一八八〇年代，有一位住在中爪哇（Kudus, Central Java）的人賈馬利（Haji Jamahri），將丁香混合煙草，做成香煙，抽了之後對氣喘有特效，賈馬利將此秘方當藥方在藥店銷售，藥名爲「Rokok Cengkeh」，即「丁香煙」之意。

　　上述傳說，讓我想到可口可樂的故事。原來可口可樂也是藥店賣的一種咳嗽藥水，後來變成世界上無人不知、無人不曉的飲料。丁香煙也是在藥店賣的藥煙，透過工業界的推廣，終於變成印尼家喻戶曉的香煙。

　　丁香樹必須種植在熱帶排水容易的山坡上，種植五年後才會開花，七年後生產的丁香才適合於丁香煙的使用。用在丁香煙的丁香，其實是丁香的花蕊，丁香的藥效成分是丁子香酚（Eugenol），一般丁香的好壞取決於丁子香酚的多寡，丁子香酚存在於未開的花蕊中，花一開後，丁子香酚就消失了。

　　丁子香酚是丁香油（Clove Oil）的主要成分，由於它在藥理上有局部麻醉的藥效，牙醫常用它來作止痛劑，所以一般看過牙醫的人，對丁香的味道一定不陌生。

　　由於丁香煙深受印尼煙民的喜愛，而丁香樹的成長期很長，故在六〇到七〇年代，印尼雖曰香料王國，丁香仍仰賴進口，來源是非洲的桑其巴（Zansibar）和馬達加斯加（Madagasga）。後來，靠近菲律賓的美那杜（Menadu），中爪哇及峇里島農民開始種植丁香樹，進口的數量才顯著減少。

丁香煙的工藝

　　丁香煙所用的主要煙草叫「生切菸」，它與世界上通用的菸草截然不同。世界的煙草種類繁多，由於不同的烘乾及發酵過程，基本上可分為三大類：

　　1.烤菸（Flue-cured），採集的葉片用熱氣烘乾，再存放一年時間，任其發酵，才可切割制絲使用。煙草中的糖分較高，最代表性的是維吉尼亞煙草與中國的煙草。

　　2.白勒菸（Burley），採集的葉片先常溫吊掛陰乾（Air-cured），再存放發酵至少一年時間，才可切割制絲使用。煙草中幾乎沒有糖分，最代表性的是肯塔基煙草（Kentucky）。

3.香料菸（Oriental），採集的葉片在太陽下曬乾（Sun-cured），再存放發酵約一年時間，才可切割制絲使用。煙草中的糖分介於上列兩者之間，最代表性的是土耳其煙草（Turkish）與希臘煙草（Greek）。

與上述的方法完全不同，印尼農人採集了葉片之後，先存放在屋內幾天讓葉子的顏色變黃，接著用手工切成細條，再放到太陽下曬乾，這種生切菸絲（印尼話叫「Rajangan」）的作法，據說來自中國雲南的某部落。令人不敢相信的是，中國的煙農已經採用急速烘烤的方法，而在二十世紀的今天，印尼農人還是樂此不彼、一成不變地使用古老的方法，製造生切煙絲。生切菸的味道介於烤菸與曬煙之間，是丁香煙的主要成分，也是丁香煙有別於白煙的一個主要原因。

丁香是一種極具味道的成分，除了有香味外還有辣味，所以許多煙廠的配方使用大量的香精來掩蓋丁香的辣味。據我所知，世界上諸多香料公司對印尼的丁香煙工業最為重視，**因為賣給印尼丁香煙工業的香料，遠遠勝過賣給其他國家香煙界的總和。**

在印尼的香煙界中，三寶麟使用最少的香料，三寶麟標榜自己是「道地的煙草公司」，相信「香料之於丁香煙，就如胭脂花粉之於女人，如果女人天生麗質，就不用畫蛇添足去化妝。」因此三寶麟寧可花本錢買最好的煙葉與丁香來做原料，不願意用香料來掩飾劣質煙草與丁香產生的不良味道。

論及香煙製造工藝的難度，美式混合型比英式烤菸型複雜，而印尼丁香煙比美式混合型更複雜，原因顯而易見，英式烤菸型的配方只採用急速烘烤的烤菸，美式混合型的配方混合了烤菸、白勒菸與香料菸，而丁香煙除了需要多種不同煙葉的混合，還需要將丁香與混合好的煙葉巧妙地再混合。

「234」的魔力

　　初次量計「234」牌丁香煙的焦油含量，竟然是六十毫克有加，令我大吃一驚。當時先進歐美國家生產的香煙焦油量已經是低於二十毫克了。

　　怪就怪在抽「234」時，口感很平順，量計的焦油量雖高，但實際上的煙味並沒有太強的感覺。根據實驗結果，我臆測其原因如下：

　　　　丁香煙有近百分之三十的丁香在內，丁香不含尼古丁，所以「234」沒有像白煙一般有著很濃的煙草味道。

　　丁香在燃燒時，會產生大量的丁香油及丁子香酚，按照國際香煙界對焦油的定義，丁香油屬於焦油的一部分，難怪以國際的標準，量計的「234」焦油量甚為巨大。如果將丁香油獨立定義，不列入焦油的成分，則「234」的焦油含量就會大幅減少到低於四十毫克。

　　丁香燃燒的速度比煙草緩慢，一支「234」丁香煙可以抽上十七，八口，比白煙的七，八口多兩、三倍，所以它每抽一口的平均焦油量與普通白煙的焦油量相伯仲，只是丁香的燃燒使味道變得更濃烈而已。

　　「234」的丁香煙每支重一點五克（比白煙重兩倍），製作非常結實，有些抽「234」的人都會先將煙支按摩一番再點火，在沒有濾嘴香煙問世的年代，**「234」結實的煙支本身就帶有濾嘴的功能**，換句話說，該香煙在當年沒有濾嘴的年代，就具有濾嘴的功能，難怪味道廣受歡迎。

　　由於手捲煙的製造過程，捲出的「234」香煙成喇叭形，吸

嘴的地方直徑小，燃火的地方直徑大，這是香煙最理想的設計。
如果製煙機可以每分鐘製造一萬枝這種喇叭形的香煙，世界上就不會再看到今天圓筒狀的香煙了。如果您是位癮君子，一定知道香煙在點燃後的前幾口，總是缺少味道，而後幾口則味道太濃，喇叭形的香煙正好解決了這個問題，它的前幾口燃燒的煙草較多，所以味道較足；最後幾口，燃燒的煙草相對較少，所以味道不會太濃，難怪「234」抽起來口口順暢。

剛抵泗水時，聽到市面上許多人說「234」的配方含有鴉片在內，所以抽它的人非常忠實，這完全是無稽之談。了解了上述技術層面的原因，就可以知道「234」有其廣受煙民喜愛的理由，成功決非偶然。

三寶麟的改革

與三寶麟簽約的工作，對曾經在國際煙草公司研發室工作了七年的我，本是駕輕就熟之事。購買了多種的檢驗儀器後，我認為要訓練好技術人員來操作，對公司的未來才有貢獻。

像多數亞洲的家庭企業一樣，三寶麟自成立以來，用的人都是親信，一直到我加入之前，公司還未曾雇用過擁有化學學位的職員。上班的第一個月，我迫不及待地為公司在報紙上登廣告徵求人才，幸好當時的印尼是「人多於事」的時節，一時收到許多申請函，其中有本地著名大學的畢業生，還有不少畢業於德國與澳大利亞的留學生。短短三個月，我為公司僱了十幾個主修食品、化學及工程的大學畢業生，這批新秀後來成為公司生產機械化的中堅。

一九八三年八月二十七日，是三寶麟公司的廠慶，也是倫庫

新工廠開幕的日子。大老闆林天寶於廠慶前幾天，由彭總陪著到實驗室來視察，這是我第一次與比我小一歲的大老闆面對面談公事的開始。林老闆於八〇年代初期，在美國投資設立了幾家電腦公司，大部分時間呆在舊金山，一個月回到泗水不到一個星期，回泗水時，大部份時間住在舊煙廠，而我為了品管實驗室的設立，已在倫庫新工廠上班，所以六個月來甚少會面。

林老闆對我正在設立的實驗室很有興趣，廠慶當天，帶著父親林瑞麟、姑姑及親戚們到實驗室來參觀。從林瑞麟臉上滿意的笑容，可以看出他對剛接手幾年的兒子讚許與信任。

有人說：「**東南亞的華僑，愈往南愈富有。**」這句話是說，越南、泰國的華僑比柬埔寨、寮國、緬甸的華僑富有，馬來西亞、菲律賓的華僑比越南、泰國的華僑富有，而最富有的華僑，是印尼的華僑。

我們常聽到一些印尼「富可敵國」的華僑，生活奢侈，花錢養女人、買名車，不然就是花在生日的擺闊及兒女婚嫁的鋪張上。林家雖然富有，但在第三代的領導下，肯花錢設立煙草實驗室，從國外聘來專家，從基本上著手改進，這種遠見不是一般人所有的，三寶麟公司後來有很大的成就，其成功絕非偶然。

峇里島渡假

未到印尼之前，早已看到許多有關峇里島的報導及雜誌，**有許多老外不知道印尼這個國家，但是知道峇里島這個旅遊勝地。**到了印尼之後，第一個大假日 —— 回教過年（Idufidri），我們就迫不及待地要往峇里島走。由於我們的印尼話尚未流暢，彭總特地派秘書陪我們同行。

從泗水到峇里島的丹巴剎（Denpasar）開車需要七小時，原因是在爪哇東部的 Banyu Wangi，必須搭輪渡過海才能到峇里島。平時汽車在輪渡的上下費時兩個小時，到了大假日，輪渡費時更多，我們在渡口排隊就花了五小時，這使我懷念起在美國汽車旅行的輕而易舉。

Banyu Wangi，印尼話的意思是「香味之河」，地名的來源與一位貞淑的王妃有關。相傳古代有一位多疑的部落首長出征回來，懷疑他的妃子不貞，這位妃子為了證明自己的清白，跳入了當地的河裏自殺。據說妃子跳河後，河水便帶有香味，「香味之河」因而得名。

當我在緬懷「香味之河」的同時，我們搭乘的汽車正排長龍等候搭輪渡，由於路邊食堂的洗手間設備簡陋，「小解」一事成了大問題，男的遊客可以就地解決，女士們只好用陽傘遮著，在「香味之河」小解。不知跳水的妃子地下有知，會不會大為光火？

峇里島位於爪哇島的東部，辣椒島（Lombok）的西部。初到峇里島的人，看到家家戶戶的大門入口都設有神壇，一定很驚訝，原來**島上的人信奉印度教**，相信人與神是住在一起的。**峇里島因此被稱為「眾神之島（Pulau Dewasa）」。**

印度教信奉三大神明 —— Brahma 是創造者（Creator），Vishnu 是保護者（Protector），Shiva 是破壞者（Destroyer）。**在這個百分之九十的人民信奉伊斯蘭教的國度裏，獨樹一幟的峇里島印度教文化奇蹟般地被保存下來，這代表著印尼政府及人民對宗教的包容** —— 峇里島上的人吃豬肉，烤乳豬還是一道名菜。

我們第一次到峇里島時，整個禮拜遊覽不同的景點，到海神廟（Tanah Lot）看日落，到印度大廟（Besaki）看七級浮屠，到

金達瑪尼火山（Kintamani）看火山湖，到蝙蝠洞看蝙蝠，到天然猴園看猴子（差點被猴子拿去眼鏡），還參觀了前蘇卡諾總統的別墅（Istana Sukarno），觀賞帶有印度教風味的獅舞（Barong Dance）。

　　在山區的路上，除了可以看到綿延不斷，美不勝收的蔥綠梯田，還可以看到本地的婦女們光著上身用頭頂著東西走路，或光著身軀在河邊洗澡。在庫達海灘（Kuda Beach）可以看到許多來自澳洲的遊客，男男女女在大太陽下行日光浴，坦胸露背、玉體橫陳，有的還一絲不掛。有一次在海灘看到幾位來自日本照脫不誤的年輕女人與一群海灘男寵打情罵俏，聽說她們在日本受嚴厲的禮教束縛，到峇里島要空前解放。

　　黃昏後，漫步庫達海灘的幾條街道，朦朧的燈光下，酒吧、餐館林立，到處有賣衣服的，賣木雕的，賣音樂膠帶的小店，偶有海風吹來，讓人有身處世外的感覺。

　　除了景物，峇里島的木雕堪稱世上一絕，木材本來就是印尼的特產，有白色的橡木，有會沉入水中（比重大於水）的黑檀木，有香味四溢的檀香木。峇里島的木雕設計帶有東西文化交會的風格，加上印度教 Ramayana 的神秘色彩，藝術層面很高，我到過許多國家，卻相信沒有一個國家的木雕可以與峇里島相比。

　　峇里島有許多國際五星級的旅館，其中之一的大凱悅飯店（Grand Hyatt Hotel）除了有旅館專用的海灘，游泳池就有七、八個。兩千年時，我們住的旅館到處警備森嚴，聽說有一位從中國來的要人下榻於此，我猜他就是現在的中國領導人胡錦濤。努沙度窪（Nusa Dua）小島上的 Hotel Nusa Dua，是雷根總統於一九八六年到印尼訪問時所住的旅館。

　　由於旅遊業的需要，許多峇里島人會說英文，旅館服務生的

態度良好，讓您覺得賓至如歸。到了峇里島的台灣遊客，一定聽到過一條膾炙人口的國語老歌「峇里島」，歌詞是「那島上風景美麗如圖畫，誰都會深深地愛上它」。歌詞沒錯，自從一九八三年第一次到峇里島，我們全家人就像歌詞所唱的一樣「深深地愛上它」，我們每年都去峇里島渡假，甚至搬到新加坡居住後，也不例外。

除了每年渡假外，筆者常到峇里島開會，考察市場及購買丁香，訪問峇里島的次數不下五十次。奇怪的是，每次到峇里島，總會發現一些新的去處及活動。

有一年，我們發現在海邊吃烤魚的地方 Jembarang，遊客們可以一面看落日，一面吃燒烤海鮮，享受隨著浪潮吹來的徐徐海風，穿著蠟染衣料的樂師們彈著吉他，唱著印尼情歌。落日之後，整個沙灘充斥著萬家燈火的景象，令人心曠神怡。

或有一年，我們發現印尼式的香精油擦按摩，服務一流，價錢合理。或有一年，我們到高山湖邊打高爾夫球，溫度約二十五度，有杆弟幫您背球袋，該球場曾是名列世界第十四名的好球場。

林瑞麟在峇里島的煙廠

三寶麟的第二代經營者林瑞麟在峇里島開了一間煙廠，公司名叫「巴拿馬煙廠（P.T. Panamas）」。林瑞麟是三寶麟創始人林生地的第二個兒子，他在上海念中學，北平念大學。有其父必有其子，他本人也精通多種語文。唸完大學後在泗水開了一家手捲煙的工廠。一九五三年，母親沈娘認為父子同地方開捲煙廠有點不妥，便資助他到峇里島開煙廠。

我第一次到峇里島渡假時，特地抽空到工廠訪問，當時工廠

還在生產巴拿馬牌手捲煙。幾個月後公司決定將它關閉，原因是峇里島不出產生切煙，處理好的煙絲必須從爪哇運到峇里島，而峇里島又是「眾神之島」，假日特別多，手工捲煙產量不大之故。

三寶麟的歷史並沒有人們想象的平順，日本人佔據爪哇時，林生地及兩位兒子均被捕入獄，一九四五年的八月二十七日林生地被釋放，回到他的泗水工廠，發現工廠沒水沒電，百廢待舉，但還是舉家慶祝戰後餘生，並選定當天為三寶麟的廠慶紀念日。

林生地重建他的煙廠，「234」也廣受市場歡迎，但是到了一九五四年，共產黨的工會勢力變大，林生地曾經為了保護他的助手而坐牢。隔年他的愛妻死於癌症，本人也於一九五六年因心臟病過世。

由於林生地的兩個兒子各有自己的事業，工廠遂由女兒女婿管理了三年。林瑞麟的大哥瑞華有一次到工廠，發現工廠設備零亂，生意不振，幾近破產，遂要求二弟林瑞麟從峇里島回來管理泗水的煙廠。

林瑞麟為人和藹，精於用人，加上他的語言能力，工人們對他很敬重，稱他為「主席（Chairman）」。為了減低成本，林瑞麟專心於「234」及巴拿馬牌香煙的生產，成品運輸及配送均由代理商負責。**在他的經營下，三寶麟起死回生了，「234」又回復到丁香煙極品的地位。**

林瑞麟在六十歲之年，要求他的第二兒子林天寶接手，他本人住在新加坡，經營「Agasam Stables」，該馬廄頗負盛名，有好一段時日，擁有名馬六十多匹，僱有世界名馴馬師及騎師多人。林瑞麟於一九九四年過世於新加坡。

由品管到成品開發

前文我曾經提到印尼丁香煙的工業化，始於二〇年代林生地創辦的三寶麟煙廠；而丁香煙市場的擴大，應歸功於六〇年代崛起的鹽倉蔡家；丁香煙之能不敗於白煙，則應該歸功於七〇年代芋頭牌公司首先推出的濾嘴丁香煙；至於在今日注重健康的社會裏，三寶麟開發出低焦油丁香煙則是讓印尼丁香煙足以與跨國大公司匹敵較勁的大事。

我與三寶麟簽定的三年合同，大概於一年內就完成工作的大概：品管實驗室已有儀器可以自動量計煙葉的濕度、尼古丁及糖分；實驗室也擁有符合國際標準的自動抽煙機；還有先進的設備，可以量計香煙的焦油、丁香油、尼古丁及一氧化碳；可以說品管的技術層面，已大致就緒，剩下的只需訓練足夠的經理人才而已。

有一天，與林老闆在辦公室三樓打完乒乓球，他近乎開玩笑地對我說，「你應該將所簽的三年合同撕掉」。從此我就在沒有合同的情況下為三寶麟工作，直到二〇〇五年，林老闆把公司賣給菲摩國際為止，前後幾近二十三年。

開發新產品的艱辛

隨著時代的變遷，濾嘴香煙成為世界煙草界的主流，歐美先進國家的香煙幾乎百分之一百是濾嘴煙。「234」在手捲丁香煙市場雖強勁，但它是沒有濾嘴的香煙，根據時代的走向，手捲煙遲早會被濾嘴煙所取代。三寶麟如要維持在丁香煙界的超然地位，

一定要發展高級的濾嘴丁香煙。

　　我在三寶麟的工作，第二年起就不再局限於品管的範圍，而是致力於濾嘴煙產品的研發。公司推出了幾個新牌，如「234 Filter」，「Panamas Filter」，「Sampoerna Universal」及「Dji Sam Soe Filter」等，採用傳統的香煙尺寸，傳統的三寶麟配方，都是全軍覆沒。有好大一陣子，我們開始懷疑濾嘴煙的消費者，只喜歡加香料的丁香煙，不喜歡不加香料三寶麟傳統的濾嘴丁香煙。

　　從失敗中學到教訓，分析多項原因，才知道這一連串的失敗，非成品之罪，罪在銷售網絡環節的矛盾及成品的定價。

　　三寶麟在第二代林瑞麟的經營時，為了減低成本，工廠只注重香煙的生產，產品的運輸，銷售均由全國五大代理商負責。由於「234」成為極品丁香煙，銷售的利潤極高，所以代理商，大盤商甚或雜貨店只對「234」這一名牌有興趣，對於推銷三寶麟的新產品，只是敷衍而已。

　　為了解決銷售的問題，一九八六年，林老闆與五大代理商開會協商，提出了兩個辦法，第一是要求代理商讓三寶麟控股，第二是讓三寶麟買斷他們的銷售公司，結果五大代理商選擇了後者。這樣一來，三寶麟可以不必經過代理商的手，直接將新產品推銷到市面。林老闆的這個決策非常睿智，以印尼這麼龐大的市場，靠代理商各別的財力，是無法發展出統一管理的運輸及銷售網的。

　　推出新產品失敗的另一個原因是價位的問題，三寶麟煙廠所用的原料比別的廠家貴，所以新牌的價位只能比市面上其他品牌高。如是一來，消費者寧願抽市面上已受歡迎的濾嘴品牌，不願意花較多的錢購買三寶麟的新牌來嘗試。此時三寶麟的新牌濾嘴

煙，像是走進了死胡同，沒有競爭力。

　　為此，公司上下絞盡了腦汁，我心想**既然無法改變原料的價格，何不改變香煙的尺寸？**如果將香煙的直徑變小，則所用的煙草及丁香原料將會減少，成本減低了，新煙的定價就可以與其他市面上的品牌競爭。除了減低成本，**直徑小的香煙還可以降低香煙的焦油量，這對未來開發低焦油、低尼古丁的丁香煙，鋪了一條可行的道路**。當我把這個「一石二鳥」的主意告訴林老闆時，建議馬上被批准，三寶麟「獨尊牌」（Sampoerna Exclusive）濾嘴煙就這樣誕生了。

　　值得一提的是「獨尊牌」香煙的煙盒圖案，並沒有請專門的廣告公司來設計。記得有一天，林老闆拿了一本英文風水書，書上列舉著幾種號稱「陰陽配置得體的圖案」，要我試著將幾個圖案印在煙盒上，「獨尊牌」的煙盒，就是根據書上的一個圖案設計出來的。

無日無夜的生產

　　一九八八年初，三寶麟「獨尊牌」在中爪哇上市，銷路扶搖直上，公司的產能沒法滿足市場的需要。原來三寶麟工廠從來沒有用機器大量生產過，所以機器老舊，人員沒有臨場的經驗，生產的組織結構也尚未建立。眼看著等待了數年新牌上市的成功，公司上下都很興奮及著急。

　　當時研究所的人員雖沒有大規模生產香煙的經驗，但是他們年輕易學，可塑性很高，我將研究所的全體人員投入新牌的生產，也就是如此，這批新人日後成為三寶麟公司發展的主力。

　　當時三寶麟工廠只有五組老舊的製煙機及包裝機，由於新產

品的尺寸特別，製煙機及包裝機均需要改裝才能投入生產。可憐的是，工廠只有機械技師三人，除了日以繼夜地三班趕工，他們還要在生產的廠房就地改裝機器。

由於全廠職工的齊心努力，三個月內，我們從起先的日產五十萬支香煙（五十箱，每箱一萬枝裝），增加到兩百萬支，四百萬支，最後到達八百萬支，這才稍能滿足中爪哇市場的需要。

爲了鼓勵員工的生產，連續三個月，我在每一班的生產時間都到工廠露臉打氣，第三班的時候是在午夜。管理生產的主任蘇伽曼一天工作超過二十小時，大家任勞任怨，這種合作無間的精神是三寶麟公司的一種無形資產。

新煙的擴展

當公司的老闆及家族爲新牌的成功高興時，生產的員工卻注意到高速的製煙機不能接受土法處理的煙草，以致捲煙效率低而煙絲的耗費高。國際上一般煙草的處理，是將存放在倉庫一到兩年的各種煙草，先用蒸氣處理使之軟化，再加以切割烘乾，依照配方混合多種的煙草，再噴入香精。處理好的煙絲，需存放在有空調的槽櫃內數小時，讓它乾燥平衡，才能放進捲煙機製造煙支。

老式三寶麟的煙絲處理，沒有加蒸氣的設備，生切煙絲由農民切割，大小尺寸不均一，丁香又是與煙草不同種屬的異物，混合起來的質量很難均勻。**這種土法的煙絲處理，在製作手捲煙時不會成爲問題，但是在高速制煙時，問題就一一顯現，使得產品的成本加高，生產困難。**

「爲何三寶麟的產品享有盛名，而煙草處理的設備竟如此簡陋？」這要回溯到印尼當時的環境及第二代領導人的經營理念。

二戰時，林瑞麟本人與父親坐過日本人的牢，戰後印尼社會不時發生排華事件，所以像大部分的印尼華裔，沒有在印尼作長期投資的打算。而要擁有適當的煙草處理裝備，需要買土地，建工廠及倉庫，買機器，訓練人才，這些都是重資本的長期投資。林瑞麟是一位腳踏實地的企業家，從來不與銀行打交道，如此重大的投資，資金從何而來？因此之故，三寶麟在煙草處理方面的投資，該做的反而沒有做了。

五年前加入公司時，我就曾經寫了一份建議書，力促老闆注意這個問題，現在由於機制煙生產的需要，事迫眉尖非做不可，就再提出一個需要十公頃土地的煙草處理計劃，交給林老闆考慮。想不到林老闆決定在距離泗水約三十公里的班達安（Pandaan），買下一百五十三公頃（1+5+3=9，三寶麟的幸運數字）的山坡地，建造一個「三寶麟香煙工業園」。老闆的這一個決定，是林氏家族破天荒的驚人之舉，後來事實證明，這「畢其功於一役」的決定，是極為高瞻遠矚的。

危機帶來商機

三寶麟在印尼的丁香煙界能脫穎而出，絕對不是偶然。除了印尼廣大的市場，林老闆本人還不惜自己掏腰包在美國，日本，香港及新加坡設立丁香煙進口及銷售公司，積極地推銷丁香煙到全世界。

一九八四年十二月四日，洛杉磯時報（Los Angeles Times）登載了一位十七歲高中生西斯洛（Tim Cislaw）因吸丁香煙致死的報導。美國亞特蘭大的疾病控制中心（Centers for Disease Control）也發現了十二個類似的病例。一時美國的煙草界談丁

香色變，紛紛將丁香油從香料的配方去除（在這之前，幾乎所有名牌的香煙配方中都含有微量丁香油）。丁香煙在美國七十年代後期到八〇年代初期，每年的銷量以倍數成長，但是自從洛杉磯時報報導了西斯洛案件，丁香煙在美國的市場銷量便呆滯不前了。

為了了解丁香煙與白煙對吸煙者產生的不同健康影響，三寶麟與針牌兩大煙草公司共同出資讓英國有名的漢丁頓研究所（Huntington Research Institute）作深入的研究，結果證實**「丁香煙絕對沒有比白煙更為有害人體的健康」**。其實，由於丁香煙的燃燒緩慢，燃燒的過程比較接近「完全燃燒」，所以產生的一氧化碳遠比白煙所產生的低。

從七〇年代開始，世界衛生組織（WHO）對香煙的排斥，不餘餘力。新加坡政府於八〇年代後期，明令所有香煙的焦油含量必須低於十五毫克，方可在新加坡出售。**為了遵守新加坡政府的規定，我們將已成功的「獨尊牌」香煙加以改革，創造出印尼第一個低焦油的丁香煙「A Mild」**。這個香煙在新加坡的丁香煙市場搶了先機，成為唯一合格的進口丁香煙，從此三寶麟壟斷了新加坡丁香煙的市場。

三寶麟鼓樂隊與直升機

三寶麟的成功，不僅是品質的優良，品牌的創新，傑出的廣告及行銷手法，更是值得一提。

加入公司時，曾經問彭總經理為何在倫庫的新工廠中間築有一道圍牆，彭總告訴我：「圍牆的西邊是創始人林生地的煙廠 —— P.T.H.M. Sampoerna，生產「Dji Sam Soe（234）」手捲煙；

圍牆的東邊是第二代林瑞麟在峇里島創辦的煙廠——P.T. Panamas，生產 Sampoerna A 系列的香煙。第三代的掌權者林天寶為了便利公司的經營及品牌的行銷，將兩家煙廠合併，成立了「三寶麟煙草公司」。

在香煙業，品牌是很奇特的一種資產，品牌的知名度常常大於生產它的公司的知名度。舉例來說，誰都知道「萬寶路」香煙，但是它的生產公司——菲摩卻不太聽聞。三寶麟與「234」的關係也如上述，林家的兩家煙廠合併之初，市面上只知道有「234」，不知道有「三寶麟」。

林老闆的第一步行銷策略是讓消費者知道「234」就是「三寶麟煙草公司」的成品。做了一段時間的廣告，三寶麟的名字，**開始在消費者的腦中留下「三寶麟煙草公司=234 高品質」的印象。**

為了建立公司的形象及員工的團結，林老闆決定讓全公司員工穿制服，制服的原料採用一種印尼特製的蠟染布料（Batik）。一九九一年的廠慶，看到一支由員工組成的鼓樂隊，吹著印尼的進行曲，非常熱鬧，林老闆靈機一動，從美國請來幾位職業的鼓樂師，將平時在廠裏吹吹打打的鼓樂隊，變成為一支半職業化的鼓樂隊（Sampoerna Marching Band）。

這支鼓樂隊，除了在國內幫助新品牌的上市遊行，還數度代表印尼參加在加州巴薩迪納（Pasadena）舉行的新年玫瑰花車大遊行（Tournament of Roses），為印尼在世界舞臺上爭到光彩，也替三寶麟拿下了國際的知名度。這種行銷的創舉，花費比用在電視廣告低，但是對國家及公司的形象，大有助益。

為了提高公司的知名度，除了建立一支鼓樂隊，老闆還買了一部全新的印尼國產直升機，僱了一位空軍退役的飛行員，到處

飛揚。這直升機可用來運載到全國各地購買煙草的人員，也可用來接待公司的訪客，往來於倫庫總公司與班達安工廠之間。

公司爲了擴張國際事業，九〇年初曾經邀請一位從巴西來的訪客，此君姓楊，原是台灣人，與我一見如故。帶他到班達安工廠參觀，開車一趟路需時一小時半，搭公司的直升機，十五分鐘即可。

我們抵達班達安，花了一小時參觀工廠後，要回泗水時，發現天氣有「大雨欲來風滿樓」的趨勢。上直升機前，我特別問駕駛員，「天氣變壞，飛行會不會有問題？如有問題，我們可以坐轎車回倫庫辦公室。」駕駛員胸有成竹地說，「我有三十年飛行經驗，沒問題！」

直升機升空後不久，大雨傾盆，眼前一片黑暗，我注意到駕駛員非常專心，似乎是冷汗直冒，**我們在這堆烏雲中掙扎了約五分鐘，才脫離了險境，這五分鐘應該可以算是人生中最長的五分鐘**。直升機降落後，我們倆一語不發，楊先生臉色發白地說：「我須要喝兩口威士忌壓壓驚！」我送他到飯店後，他叫了威士忌，舉杯對著我說：「慶幸我們九死一生，我真的以爲我們會魂斷爪哇呢！」後來我到巴西聖保羅訪問，楊兄也僱了一部直升機載著我們飛到他的郊區工廠訪問，這大概不是「以牙還牙」吧！

推出低焦油丁香煙

有一天，林老闆在我的辦公室，看到爲新加坡市場設計的「Sampoerna A Mild」，他抽了幾根，覺得味道及煙盒設計都不錯，決定要將它推出到印尼市場。他的這個決定，讓行銷部的經理感到震驚，原因是當時印尼市場充斥著高於三十毫克焦油含量

的丁香煙，而 A Mild 的焦油含量卻低於十五毫克，不到市場平均焦油量的一半，市場恐怕不能接受。

另外的一個原因是如果以低焦油含量爲 A Mild 作廣告，怕會影響焦油含量爲丁香煙之冠的「234」銷量，「234」可是三寶麟最大的收入來源。爲了要說服林老闆收回成命，彭總與行銷部主任要我這位「A Mild 之父」飛到雅加達，向林老闆痛陳厲害。

大概是在晚間八點左右，我抵達了林老闆在雅加達所住的 Mandarin Hotel。一進大門，就看到老闆在二樓的咖啡廳與一位親戚聊天，我馬上上前打招呼，打算效仿中國歷代舌將，遊說君王，讓他放棄行銷低焦油丁香煙的念頭。

想不到一坐下來，就看到林老闆手握著 A Mild，劈頭問我：「A Mild 的產量能有多少？我們應該多訂一些機器，以便滿足市場的需要。」談話時，我一再暗示老闆「234」對公司的重要，他卻說：「**234 在印尼市場上已經獨樹一幟，它代表的是丁香煙中的極品。三寶麟的 A Mild 是賣給新一代注意健康的煙民，如果它上市成功了，不應該會影響 234 既有的銷量。**」說完他的決定，套用他的一句口頭禪「不要浪費時間！」我們三人坐上賓士轎車，直奔夜總會，卡拉 OK 去了。

「A Mild」上市後，起先銷路平平，但是幾年後銷路不脛而走，越來越受消費者的歡迎。競爭者如鹽倉、針牌、芋頭等大公司，起先不把「A Mild」的上市當一回事，後來發現市面上暱稱 A Mild 爲「阿蜜」，深受新一代的煙民所喜愛，才急著要跟進，但是先機已被三寶麟佔盡了。

幸好我是一位不成功的說客，沒有妨礙了「阿蜜」在印尼市場的誕生。由於「阿蜜」的成功，三寶麟除了擁有傳統的手捲丁

香煙「234」，還擁有了新一代的低焦油丁香煙「A Mild」，前景無限美好。林老闆這種乾坤獨斷，敢於冒險的作風，令我終生佩服。

印尼發展之父

印尼人稱蘇卡諾總統為「印尼的國父」，稱蘇哈托總統為「印尼發展之父」。住在印尼十二年，每年到了九月底，都可看到電視播放有關一九六五年「九三十事件」（The G30S/PKI Affair）的影片，蘇哈托在該影片中表現得非常睿智及英武。

蘇卡諾是一位革命家，二戰日本投降後，領導印尼獨立，脫離荷蘭的掌握，許多聽過蘇卡諾演講的人都說「蘇卡諾的演說極具說服力，頗能振奮人心。」相信他的口才，一定不亞於中國的國父「孫大炮」。

革命家的一個通病，就是太理想化，中華民國的國父孫中山如是，印尼的國父蘇卡諾也如是。蘇卡諾當上第一任總統時，正值美俄冷戰時期，蘇卡諾一下子反美，一下子反帝國主義，又要農民與工人組成第五縱隊（The Fifth Force）。

他的這些忽左忽右、搖擺不定的政策，造成軍中派系的分裂及不滿。一些親共的高級校官如文頓（Untung），拉蒂夫（Latief）決定先下手為強，在六五年的九月三十日晚上，逮捕並屠殺了六位軍中高級將領，其中有陸軍總長亞尼（Yani）及納蘇森（Nasution）。

九三十事件發生的時候，蘇哈托統領陸軍武裝最精銳的特種部隊「Kostrad（The Strategic Reserve）」，地位僅次於陸軍總長。政變不久，蘇哈托發動屬下的雄師，閃電般地平定亂事，取得實

權。

大權在握之後，蘇哈托的軍隊大肆屠殺印尼的共產黨及親共的官員及百姓，有許多印尼華人，無端地被指控爲共產黨而喪生。這時有大批華人逃離印尼，決定回大陸祖先的老家，但是到了香港，才知道大陸也在鬧文革，誰願意「逃離狼窩，再入虎穴」，只好淪落在香港，成爲政治難民或輾轉到臺灣依親。

據說在這掃共的行動中，被殺的人數不下百萬人，好萊塢曾在一九八二年，拍了一部「The Year of Living Dangerously」的影片，讀者可以從這影片體會到當時印尼社會的動蕩與不安。

蘇哈托以英雄之姿逼蘇卡諾交出政權，自己在一九六七年當上了印尼的第二任總統。上臺後，實行「新政」，巧妙地運用權勢，削弱其他政黨的影響，強化自己的政黨 Golkar Party，一口氣連選連任地當了七任總統，統治印尼長達三十二年，直到一九八八年的「五月暴動」才被迫下臺。

有關一九六五年印尼發生的「九三十事件」，國際上有許多不同的說法，不少記者及政治學者從多方面進行研究，報導之中以「康乃爾報導（Cornell Paper）」最有名。康報說印尼共產黨（PKI）並沒有直接參與當晚的恐怖行動，逮捕高級將領是軍人之間的權力鬥爭。出事的當晚，蘇哈托曾與拉蒂夫會面。

如果上述屬實，則印尼的蘇哈托與中國清末的袁世凱幾乎同出一轍，只是蘇哈托比袁世凱高明幾萬倍。兩人都是中途倒戈，出兵平亂，蘇哈托幹了三十二年的總統；袁世凱向慈禧太后通風報信，害死了「戊戌六君子」，自己才作了「八十三天皇帝夢」，袁大頭地下有知，一定大呼「時也！命也！運也！」生錯國家，奈何！

蘇哈托的政權可以維持這麼久，應該歸功於七○年代初期的石油荒，印尼以豐富的石油產量，名正言順地成爲世界石油輸出

國組織（OPEC）的成員。油荒後，一夜之間每桶石油漲了好幾倍，這種從天上掉下來的黑金，使蘇哈托的政權得以穩固長存。印尼一直維持石油輸出國組織會員國的身份，直到公元二〇〇八年，石油從出超變成入超，才被 OPEC 除名。

　　由於石油外銷大量的收入，印尼政府從來沒有實行外匯管制，豐富的天然資源，使非油工業的出口大幅增長；印尼遼闊的幅員與低廉的勞工，吸引了不少從事勞力密集工業的外國投資；外資的進入造就加工業的興起，人民的生活逐漸改善，難怪乎大部分的人民敬愛這位 Pak Harto，感恩戴德地稱呼他為「印尼發展之父」。

貧富不均的縮影 —— 雅加達

　　雅加達位於爪哇島的西北部，當地華人稱之為「椰城」，是印尼的首都及最大城，也是印尼金融、商業、運輸的中心，如以人口計，雅加達是世界第十二大城。雅加達於一六一九年為荷蘭人所佔領，荷蘭人稱它為巴塔維亞（Batavia）。現在使用的雅加達之名，是日本人在二戰期間佔領雅加達之時採用的名稱。

　　蘇卡諾哈達國際機場（Soekarno-Hatta International Airport）的興建，是蘇哈托政權少有僅見的建設，一九八五年開始使用。從機場搭車到市區，如果交通順暢，開車只需三十分鐘。

　　坐在到市區的車上，可以看到幾所大學諸如 Trisakti University，購物中心，一接近市中心，則高樓大廈林立，儼然一座國際大城市。與市中心的摩天大樓及五星級旅館成了鮮明對比的郊區，則是髒亂的窄小住屋，缺水缺電，街上的排水溝塞滿了垃圾，排水不良，甚至發臭。**市郊與市中心的天壤之別，讓人**

想起「朱門酒肉臭，路有餓死殍」的描繪。

有一年，我帶著風水大師李教授到雅加達看三寶麟辦公室的風水，李教授看到椰城的河水發黑發臭，感嘆地說：「**一個國家的水質如此，當政人一定貪污舞弊，上下其手，印尼遲早要出大亂子的。**」想不到李教授的話一語成讖，雅加達於一九九八年爆發了空前的大動亂，強人蘇哈托因而下臺。

有一次到椰城辦完公務，偷得浮生半日閑，與一位同事到仰名已久的「迷你印尼（Taman Mini）」參觀。車子抵達目的地時，看到停車場滿地丟棄的紙屑、汽水瓶，塑膠袋隨風飛揚，與其說是停車場，不如說它是一個垃圾堆，真讓旅客望而卻步。

本來「迷你印尼」是蘇哈托夫人爲了提倡印尼的多種族、多文化而建立的遊覽區，園中有爪哇廳，蘇門答臘廳，峇里廳等等陳列館，介紹各地不同的文化與風情，應該是帶家人遊玩的好去處，但是由於它的髒亂，住在印尼的十二年，筆者從來沒有動過帶家人去遊玩這個地方的念頭。

三保宮進香

三寶麟新的濾嘴丁香煙上市初期，公司派我到中爪哇市場去了解市場的需要。我早有到三保宮進香及參拜婆羅浮屠大佛塔（Borobudor Temple）的宿願，這次公務正是大好機會。

三寶瓏（Semarang）的中文名因紀念三寶公而命，是印尼的第四大城。城中的大覺寺供奉著許多的神祇，從釋迦摩尼到福德正神，鄭和的三寶大人雕像也位列其中。從老華僑口中得知，每年的農曆六月二十九日，三寶瓏都會舉辦紀念三寶大人的慶祝活動，將在大覺寺的鄭和神像迎到郊外的三保宮進香，過完香後

再送回大覺寺，活動一直延續到隔天。這個慶祝活動是紀念三寶大人登陸三寶壠的日子，所以參拜者不僅是華僑，還夾雜著許多當地人。

三寶公鄭和是雲南人，原姓馬，他從小就去勢當太監，深得明成祖的信任，賜姓鄭。鄭和從公元一四〇五年到一四三三年的二十八年間，前後出使西洋七次，其中到訪爪哇六次，除了三寶壠，足跡遍及杜板（Tuban），新村（Gresik），泗水及馬加巴驛（Majapahit）。

三保宮地處三寶壠的市郊，地方廣大，廟門上書寫著「德綏威服」四個金字，**最內處有一個山洞稱「三保聖洞」，洞內供奉著三保本尊**。廟祝告訴我們，三保宮即將要大翻修，相信翻修後的三保宮將會更莊嚴肅穆。

對於三保公七次下西洋的原因，有許多不同的傳說，其中之一是明成祖以「靖難」為名，從北京興師打到南京，逼侄篡位，建文帝從此失蹤。成祖風聞建文帝可能逃到南洋，所以從永樂三年起，派鄭和六次到南洋找尋建文，以免後患。但是根據最近史學家的研究，這個理由似乎不太可能。

史學家認為中國因為幅員廣大，歷代道統以天國自居，視其鄰國都是藩屬小邦，只要他們尊奉中國為「天國」，就可以和平共存。朱元璋滅元之後，一反蒙古人的高壓手段，採取「柔遠人，則四方歸之，懷諸侯，則天下畏之」的外交政策。成祖即帝後，國強民富，派鄭和下西洋宣揚國威，是將朱元璋既定的國策付諸實行而已。

鄭和的寶船艦隊，舟師兩萬八千人，浩浩蕩蕩開下南洋，一定讓南洋諸小國以為是天兵下降，帶兵的鄭和，儼然天神，難怪乎中爪哇有個三保宮，紀念當年艦隊停船之處。

永樂一朝，鄭和陸續六次下西洋，完成宣揚國威的外交使命，使得南洋許多國家的朝貢絡繹不絕。永樂帝好大喜功，對朝貢的藩屬採取「厚往薄來」的外交政策，所以到他晚年，長期的超額透支，使得國庫空虛。永樂帝過世後，他的下一代勉強讓鄭和再下一次西洋，宣揚國威之舉，就從此打住。

鄭和停止下西洋的五十年後，西歐人才開始用簡陋的帆船，發現好望角，或順著季節風到達印度，哥倫布終于在一四九二年發現新大陸。歷史當然不能重寫，但是身為中國人，我為明帝國自動放棄「稱霸海上」的機會而惋惜。

世界最大的佛塔

未到達印尼以前，就聽說世界「**最大的佛塔 —— 婆羅浮屠）**」**建在世界最大的伊斯蘭教國印尼裏**。此番有機會到中爪哇，我們特意從三寶壟經日惹（Jogyakarta）去參拜婆羅浮屠。

婆羅浮屠大佛塔是公元八百年中爪哇的塞連德拉斯皇朝（Sailendras Dynasty）所建立的，當時的塞連德拉斯皇朝與印尼有史以來最強大的斯里偉加亞帝國比鄰，兩個佛國關係和睦，互相通婚，國力鼎盛，全國上下篤信佛教，大佛塔的興建前後花了七十五年的時間。

十四世紀後，伊斯蘭教取代了佛教，成為大部分印尼人民的信仰，大佛塔因此被棄置。五百年後，英國人湯姆斯勒霍士（Sir Thomas Raffles）在一八一四年，重新發現了這個佛塔，只是經過了幾百年的廢置，已是亂石一堆。

一九七五後，透過聯合國教科文基金會（UNESCO）的資助，經過八年的努力，大佛塔才從廢墟中重新建立起來。拯救婆

羅浮屠大佛塔，可不是一件易事，原來的大佛塔沒用一滴水泥，據說聯合國教科文基金會聘請專家，利用電腦的拼圖技術，依亂石上的雕刻圖樣拼湊而成，重蓋的佛塔也沒用一滴水泥。

大佛塔位於日惹北方四十公里的馬格蘭（Magelang），佔地一萬五千一百二十九平方公尺，原高四十米，重建後高約三十五米，底下六層由六個長寬一百二十三公尺的正方形平臺重疊而成，平臺牆上刻的石雕，栩栩若生地記載著佛祖一生的事跡。

佛塔的第七層到第十層是圓形建築，最上面第十層是一個圓頂大佛塔，周圍有七十二個佛身置於有窗洞的小佛塔中。**登上大佛塔，才知道它建築的神奇與偉大，難怪位列世界佛塔的前茅，也是「世界七大奇跡之一」。**臺灣彰化的八卦山大佛，江蘇無錫的靈山大佛，比起婆羅浮屠大佛塔，簡直就是「小巫見大巫」。

地方上流行的傳說，「如果你伸手進窗洞，可以摸到佛祖的金身，就有好運道」。信不信由你，本人五短身材，伸手進窗洞竟摸到佛祖的肩膀。不知道下次拜訪，可有同樣的運道？

印尼的兩億多人口中，百分之九十信奉伊斯蘭教，是世界上最大的伊斯蘭教國。婆羅浮屠大佛塔迄今矗立於印尼的確難能可貴，這代表著印尼政府及人民對宗教的寬容。

幾年前的阿富汗塔利班回教政權（Taleban），將國內兩座山石雕刻的大佛像炸毀。這兩座佛像一座高一百二十五英尺，一座高一百七十五尺，建於第四、五世紀（中國的南北朝時），迄今已有一千五百年的歷史，是人類的文化遺產。佛家說「不是不報，時候未到」，炸毀佛像不久，發生震撼世界的「九一一事件」，美國為了報復恐怖分子炸毀紐約的國貿大廈，攻襲阿富汗訓練恐怖分子的基地，結果塔利班政權隨之而亡，算是一種「現世報」。

參拜了婆羅浮屠大佛塔，在回泗水的路上，經過了在臺灣久享盛名的梭羅河，這條河因為一條歌叫「梭羅河畔（Bengawan Solo）」而聞名全台，印象中此河應該與高雄愛河相似，極富羅漫蒂克氣氛才對，**哪知到了這夢寐以求的梭羅河畔，竟發現一河髒水，藝術家的歌聲、歌詞仍然在耳，但現實無法與夢境一致，令人嘆息。**

部落莫火山（Gunung Bromo）

到過印尼旅遊的人，一定知道峇里島；到過爪哇旅遊的人，一定知道中爪哇的婆羅浮屠，但位於東爪哇的部落莫火山，這個世界級的景點，卻鮮少有人知曉。

部落莫火山是一個活火山，火山口一直噴出帶有硫磺味道的白煙，時大時小。居住泗水多年，早有到部落莫火山一遊的心願，但礙於語言及安全的問題，一直未償如願。機會終於來了，有十多位公司同事，要到部落莫火山看日出，我馬上參加。

既要看日出，一定要趕個大早，如果是從泗水出發，則需要早上兩點啟程。為了不趕這個大早，大夥決定於前一天晚上，先到公司創始人林生地在特雷特斯（Tretes）所蓋的三寶麟別墅住宿。隔天早上，我們從特雷特斯經過菠儸博林口（Probolingo），一路開車上山，到達附近的一個停車場，時間約為早上四點半。停好車子後，大夥騎馬上山。

因為是大清晨，高山氣候冷峭，遠處一片雲海，近處霧氣濃密，騎馬時只能看到馬首，不見馬身，我們隨著牽馬師的指引，在像似沙漠的路上摸索著前進。抵達火山口的山腳下，不能騎馬上山，只好徒步爬上火山口。

　　此時正值黎明前的黑暗，氣溫寒冷，大家圍在一塊，靜靜地等待著日出。當太陽的第一道光芒，從遠處的地平線升起時，大家才打破沉默，高呼不斷，興奮不已地慶祝光明終於戰勝黑暗。赤道的太陽火力真強，日出十五分鐘後，大家都要脫去夾克、外套，部落莫火山又恢復了它白天的高溫。

　　站在火山頂，可以看到底下巨大的火山口，不停地噴出白色濃煙與硫磺，讓人心生恐怖。按照東爪哇的風俗，每年的某月份，本地的祭司要將活生生的牛羊，從山頂上丟入這火山口，以祭拜這裡的火山神以確保地方的安寧。可憐的牲畜，為了這種莫須有的迷信，無端地成為火山的祭品。

　　從部落莫火山頂上，遙望附近群山，可看到幾個火山口，現已成為碧綠的湖泊。俯瞰山腳下我們來處，草木不生，儼似沙漠，我們今天早上可是踏著雲霧的沙漠，騎馬一步一步走來的。

　　部落莫火山如在美國，早應列入國家公園的管理系統，但它地處印尼，部落莫火山周圍百里沒有像樣的旅館，路上沒有衛生設備，連火山頂上瞭望火山口的地方，都沒有安全欄杆的設備，美玉尚未被雕鑿，風景區仍未被開發，真是可惜！希望有一天部落莫火山會像美國的大峽谷，成為世人皆知的旅遊勝地。

神奇的燕窩

　　有一次，到泗水南邊約六十公里的馬蘭市視察煙草存放的倉庫，看見不少的燕子，我告訴倉庫管理員：「讓燕子在倉庫裏飛來飛去，是絕對不可的。請立刻想辦法，趕走這群燕子。」信不信由你，他老回答說：「燕子多了，可以生產燕窩。」

　　何謂燕窩？**燕窩就是燕子的口水，以營養學的觀點來說，燕**

窩應該含有大量的動物蛋白質。燕子為了傳宗接代，在牆壁、木柱或山壁上，花了三十五天的時間，細心地用口水一層一層地黏造一個小窩，準備下蛋於其上，並在這口水黏成的小窩上，孵育它們的幼鳥。

李時珍的《本草綱目》中，稱「燕窩甘淡化，大養肺陰，化痰止咳，補而能清，為調理虛勞之勝藥」。中藥學家也咸認燕窩可以幫助女性滋嫩養顏，促進小孩食慾，是一種老少咸宜的食品。

起先我對《本草綱目》燕窩的敘述，只是半信半疑，後來機緣湊巧，阿貞做起燕窩生意，常有燕窩碎片留在家中。三女兒自幼由奶媽帶養，不喜歡吃飯，每餐總要讓奶媽追著餵。阿貞就將燕窩碎片燉冰糖，一天讓她吃兩湯匙，一個月過後，三女兒胃口大增，體重增加了。

有了這個「補而能清」的實例，我們不得不相信燕窩的妙用。後來有一位來自馬來西亞的太太，也為她兒子不吃飯菜所苦，阿貞將此秘方告訴她，不出幾個月，她的兒子食慾大增，成為一個小胖子。

誰都知道燕子是一種候鳥，當北半球天氣變冷時，它們會成群結隊地南飛到赤道附近的東南亞島嶼避寒。在諸多燕子種類中，有一種金絲燕（Aerodramus fuciphagus）只在東南亞逗留，它們的體形比一般燕子小，秉性強悍，常侵入其他燕子的住所，趕走異類，自己據地為王。這種燕子，有一種怪癖氣，到了生殖期，為了傳宗接代，便會在山壁或屋樑築巢孵蛋。

人曰：「螳螂捕蟬，黃雀在後」，聰明的人類竟會想到採取燕子孵蛋後棄置的小巢，加以清理、曬乾、使之成為最名貴的佳肴。物以稀為貴，既然不是每一隻燕子都可以生產燕窩，而會生

產燕窩的燕子又是候鳥習性，只在東南亞地區築巢孵蛋，東南亞的燕窩就成為世界上絕無僅有的珍品，目前每一公斤的賣價，至少在美金兩千元以上。

有許多保護動物的協會反對人類將燕窩及魚翅當食品，認為人類吃燕窩，燕子便會絕種，其實不然。如果說，反對以魚翅當食品，擔心鯊魚被殺絕種，那還有一些道理。反對以燕窩當食品，擔心燕窩會絕種，那是對燕窩的來源不了解的緣故。

燕窩生意的始末

在煙草倉庫裏看到燕子的當晚，我突發奇想與阿貞商量起做燕窩生意。阿貞是一位生化研究的高手，看了別人如何浸泡燕窩，如何用夾子挑燕窩上的雜物，如何用電扇吹乾燕窩，自己實習幾次，技術已經了然於胸。印尼人工不虞匱乏，剩下的問題，就是如何購買燕窩了。

我們第一次購買燕窩是利用周末時間，帶著滿袋的印尼盾，到中爪哇的一位同事家探買的。**燕窩雖有家燕，洞燕與血燕之分，但它們都不可能是人工養殖的**，家燕是野生的燕子來家中屋子築的巢，洞燕是野生的燕子在山壁築的巢，有人說血燕是老燕子最後一次的築巢，口水中帶有血絲之故，但也有人說是燕子吃了不同的食物所致。**年輕的燕子築的燕窩，小而單薄；中年的燕子，築的燕窩，大而渾厚，價錢有天壤之別。**

我這位同事家一定是風水奇佳，不知為何，外處覓食的燕子，每天定時回到他家築巢孵蛋。幾年前，他家的年產量從十幾公斤變成兩百公斤了。如果以每公斤五百美元計算，他家一年有十萬元美金從窗外飛進來，在中爪哇的小鎮上，這筆錢可算是一

筆財富，他們夫妻倆可以搖腳仰臥，不必擔心吃穿了。我問他：「爲什麼要在公司賺那一年不到一萬元美金的工作？」他回答說：「燕子是活的，那一天它們看我家不順眼，不來做巢了，我們豈不是要喝西北風？」

在蘇門答臘，爪哇，峇里島，加利曼丹的海邊，到處都有建築得麗亮的空屋或倉庫，目的無他，就是等著燕子來築巢做燕窩。**有的主人知道燕子怕熱，定時在屋頂噴水；有的裝置鳥叫的音樂，期望能得到燕子的共鳴。**目前燕窩的價格，一公斤至少在兩千美元以上，如果一家能年產五百公斤，則是淨利百萬美金的生意，你說這些引誘燕子來築巢的伎倆，值不值得？

阿貞的燕窩生意甚爲紅火，因爲從來不摻假，得到許多老主顧的讚許。一九九五年我們搬離泗水時，有吃慣阿貞燕窩的顧客，拿著現金要求她繼續做，但阿貞因爲身在新加坡，鞭長莫及，「貞媽牌燕窩」只好從此作罷。

林紹良的第一桶金

東南亞的首富林紹良是一位慧眼識英雄的傳奇人物，他的深謀遠慮只有戰國末年的呂不韋可以相比擬。早在五〇年代，林紹良便在三寶壟結識了一位名叫蘇哈托的陸軍團長，這位團長官運亨通，十年後以靖難爲名，推翻蘇卡諾的統治，黃袍加身，幹了三十二年似乎像帝王的總統。

有蘇哈托當靠山，林紹良的 P.T. Mega 於一九六八年獲得政府特別批准的丁香進口權，當時另外一家丁香進口商爲 P.T. Mercu Buana，爲蘇哈托同父異母的弟弟所擁有。許多人說：「**林紹良的第一桶金即來自丁香**」。

　　這個特許狀開了蘇哈托王朝「私人專賣」的先例，林紹良憑著與蘇哈托的關係，除了丁香進口，更拿到了麵粉等諸多進口專賣權，企業越演越大，蓋水泥廠，搞汽車進口，發展食品工業，開銀行，終至富可敵國。

TO-SHI-BA 的家族

　　光陰似箭，日月如梭，到了八〇年代，蘇家的長子希起（Sigit），次子班邦（Bambang），三子托密（Tommy）已經長大成年，成為雅加達鎮上的小霸王，人稱「蘇家的 **Toshiba**」，蓋 **To** 者 Tommy，**Shi** 者 Sigit，**Ba** 者 Bambang 是也。

　　一人得道，雞犬升天，他們三個兄弟加上三位女兒，憑著父親是當朝總統的身份，擁有印尼大半的企業。有一次，一位來自國外的供應商打趣地告訴我，「我從新加坡到印尼訪問，上至天上飛的（航空公司），下至地上住的（五星級旅館），手中拿得（手機），眼睛看的（電視臺），汽車燒的（汽油），手指帶的（金礦），莫不在蘇氏家族的掌握之中。」

　　財富是一種不厭其多的東西，「富比士（Forbes）」雜誌曾經報導，蘇哈托的家族擁有一百六十億美金的家產，位居世界第四大富人榜。蘇家家族的身價，班邦是美金三十億，托密與希起各八億，杜圖七億，表姐妹蒂忒也有七千五百萬。妻子在許多公共工程的公司，擁有百分之十的股份，有「百分之十夫人（Mrs.Ten Percent）」的臭名。

　　單就在峇里島，班邦擁有 Sheraton Laguna Nusa Dua，Bali International Resort Hotel，托密擁有 Four Seasons Resort Hotels，希起擁有 Bali Cliff Resort，Nikko Bali Resort and Spa，杜圖擁有

Nusa Dua Beach Hotel，蒂氙擁有 Ramada Bintang Bali Hotel 及 Radisson Bali Hotel Sanur。我到峇里島 N 次，對上述飯店甚為熟悉，它們都是五星級的國際大旅館，幾乎每家旅館都擁有私人的海灘，豪奢的程度自不待言。

蘇氏家族聚斂之大，使菲律賓馬可仕家族的貪贓變成「小巫見大巫」，歷史上大概只有中國的貪官和珅可以相比。據說和珅的聚斂可抵當時政府十年的稅收，和珅伏法後，民間流傳「和珅跌倒，嘉慶吃飽」，看來和珅的聚斂終究歸返政府之手，但是在印尼，蘇氏王朝覆亡後，政府迄今無法從蘇家擠出全部贓銀，蘇氏家族仍然逍遙法外。

我聽過蘇家三公子托密坐牢時，牢房設有冷氣、沙發、健身房，活像是住行宮的故事，起先我不太相信，最近看到新加坡報紙大事報導印尼牢獄的黑幕，諸如罪犯可以付錢「僱人代牢」，應該在印尼坐牢的人，竟然出現在新加坡打高爾夫球，富有的女經濟犯可以在牢房作臉部按摩等等，才真正相信印尼的政府比當年的滿清政府更腐敗、更無能。

借到銀行不敢追債

印尼地大物博，人口眾多，是世界上不可多得的資源大國。生意人只要做對一行生意，便可大賺其錢，但是「人心不足蛇吞象」，大都印尼的企業家不思擴展自己的母業，卻「吃在嘴裏，看在盤裏」，妄想著發展自己不熟悉的事業，一心要建立多元性的「企業王國（Conglomerate 或 Group Enterprise）」。

經濟學家凱恩斯曾說：

「如果你欠你的銀行經理一千鎊，你受他的擺佈；如果你欠

銀行經理一百萬鎊，他受你的擺佈。」

　　印尼的企業界有不少老闆是凱恩斯主義的奉行者。他們利用擴張企業為名，向多家銀行貸款，私底下則透過自己的私人公司或代理，以超出市場價格買地、買機器，價格的落差或回扣先放在自己的口袋，再試著執行貸款的計劃。

　　如果計劃施行有點眉目，便以需要更多資金為由，再向銀行貸款。如是反復幾次，老闆本人富甲天下，屬下的公司卻不停地告貸，整個集團靠借貸過活。

　　由於告貸的金額非常龐大，銀行怕借貸的公司倒閉自己血本無歸，除了不敢追債，還要不停地貸款給該公司，以債養債。最明顯的例子是一家號稱要成為世界紙業龍頭的公司，負債達一百五十億美元，亞洲金融風暴期間，貸款的銀行只能低聲下氣，接受該公司提出的修正還債時間表。

　　萬一告貸的公司真的周轉不靈，老闆便拍拍手，一點也不覺得羞恥地將「爛攤子」交還銀行去處理，反正老子的口袋已裝滿了鈔票。

　　有一位住在東爪哇的朋友，臺灣師大陶瓷工藝系畢業，因為太太是印尼籍，所以住在印尼幫一家生產地磚的公司做事。此君的前後幾個老闆都是「借到銀行不敢追債」的奉行者。我這位朋友每兩、三年換一家公司，或換一個老闆。老闆們各個三妻六妾，富甲一方，而他本人因為常換公司、工作，永遠拿不到資深的經歷，六十幾歲了，退休無望，「遇人不淑」，奈何？

公司第一次上市（Go Public！）

　　成功地建立了公司的信譽，成功地推出了濾嘴香煙的品牌，

這是三寶麟躋身大煙廠「機不可失」的時刻。迫於市場的需要，公司不能不大力投資購買高速印刷機、製煙機、包裝機及大型煙草自動處理的生產設備，總投資額需要上億美元以上。對三寶麟來說，一時之間要籌足這樣的數字，不是向銀行貸款，或變賣股權，就是「公司上市（Go Public，又稱 IPO）」。不像大多數借到銀行不敢追債的印尼老闆，林老闆決定走公司上市一途。

八〇年代後期，雅加達証券市場（Jakarta Stock Exchange）一片榮景，許多大企業陸續上市。籌備公司上市期間，有一次陪著老闆到 Club Deluxe 夜總會唱卡拉 OK，公關經理帶來了幾位坐檯子的小姐讓我們挑選，隨行的同事看到其中的一位小姐，驚問：**「小姐您為何不在原來的公司當秘書？」回答很妙：「原來工作的公司上市了，姑娘我也決定 Go Public。」**

阿基理斯的後腳跟（Achilles' Heel）

通常印尼未上市的私人公司，總有幾本帳簿，一本是報稅用，一本是老闆本人用；如果是合資公司，可能還會有一本供合資股東看。許多印尼朋友告訴我：「政府的審計人員到公司查賬時，常會教公司如何造帳來漏稅，好處大家『二一添作五』分了」。這種皆大歡喜的作帳陋習，是政府收不到稅金的主因，普羅大眾因而成為貪污舞弊的受害者。

印尼公司的上市事宜，由財政部的証券管理局（BAPEPAM）監控。大凡要上市的公司，需要呈上前五年的財政報告。三寶麟是一個賺錢的公司，交出一個漂亮的五年財政報告，問題不大。

根據証券管理法的規定，初次上市的公司需要準備一份「上市公司說明書」，書中要描述公司的規模，生產流程，機器廠房

的設置及下幾年度預估的銷量，利潤及擴充計劃。上述資料，是三寶麟公司從來沒有的，為了準備上市，有關生產資料，預測銷售的工作，全落在我的肩膀上。

在公司準備上市的當兒，也是三寶麟工廠生產的高峰期，筆者除了要盯著泗水工廠的生產，還要幫公司準備上市的資料，以滿足雅加達証券管理局的需要，足足有半年時間，馬不停蹄地穿梭於泗水與雅加達這兩大城市。

公司上市後，需要更多專業的人手，在面試一些工作申請人時，曾告訴他們：「我在公司上市時間，曾經工作從六點到六點，你們想加入三寶麟，有這種心理準備嗎？」他們說：「我們也有過工作十二小時的經驗。」我再告訴他們：**「是今天的早上六點到明天的早上六點，二十四小時，不是十二小時。」**

不知道為什麼雅加達証券管理局的局長蘇巴利，起先對公司所提出的銷售預估及擴充計劃，深表懷疑，最後老闆要我本人親自向蘇巴利解釋。不知道是不是因為蘇巴利認為我是一位科學家，不會吹牛；不然就是我對香煙工業的看法及見解，說服了他，幾次見面之後，蘇巴利言聽計從，主動支持三寶麟公司的上市。為此，林老闆曾打趣地說：**「吳博士是蘇巴利的阿基理斯的腳踝」**。按：阿基理斯是希臘神話中出名的鬥士，生下來時，母親抓著他的腳踝，浸入聖河，所以全身刀槍不入，但母親手握的腳踝地方，因為沒有浸到聖水，所以成為他的致命弱點。

三寶麟公司上市的承包商是日本的山一投資銀行（Yamaichi Investment Bank）。第一波上市為兩千七百萬股（佔總股份一億八千萬股的百分之十五），每股售價印尼幣一萬兩千六百盾。**公司於一九九○年八月二十七日正式上市，該日正好是公司第四十五年的廠慶。**當時美金一元可兌換印尼幣一千盾，公司的總市值

相當於二十二億六千八百萬美元。

丁香私人專賣

三寶麟公司在雅加達順利上市後，雅加達正蘊釀著一個驚動世界的「丁香私人專賣」醜劇。此劇中的主角就是蘇家五虎中的托密，這位小霸王眼看著丁香煙的市場越來越興旺，要出手來分一杯羹了。

丁香原生產在印尼的馬陸鼓群島，殖民地時代，荷蘭人將之運到歐洲，賺了大筆財富。印尼獨立後，丁香煙廣受印尼人的喜愛，由於丁香煙使用大量的丁香（含量佔百分之三十以上），印尼反成了丁香的輸入國，當時主要來源是非洲的桑其巴及馬達加斯加。上文提到林紹良的第一桶金，即來自丁香的進口專賣。

到了六〇年代，印尼本土的孟那都，峇里島及中爪哇的農民，看到丁香價格的高漲，開始種植丁香樹。八〇年代初期，本地生產的丁香已漸漸取代了進口的丁香。生產丁香的孟那都農民，比印尼一般農民富有，每年收成後，可以包飛機到世界各處旅遊。當時丁香的供求及買賣，農民及煙廠的關係，已達到了穩定的平衡。

一九九一年，托密的魔掌伸到了丁香業界，他老大聲稱為了穩定丁香的供求，祭起「替天行道」的大旗，成立了「丁香管制及貿易協會」（BPPC），表面上要為農民請命，提高農民的收入。新成立的協會規定煙廠與農民不能直接交易，只能透過這個組織來做買賣，違者重罰。

這個吃人的協會，以每公斤五千盾的價格向農民買進，以每公斤一萬盾的價格賣給煙廠，當時市面交易價格是七千五百盾。

丁香業界一年使用的丁香總量估計是八萬公噸（80,000,000 公斤），如以差價每公斤兩塊美元計，一年丁香管制及貿易協會的獲利在美金一億五千元以上。

有人問：「托密從那裏弄來的巨額金錢做此買賣？」答案很簡單，他向印尼的國家銀行貸款，銀行敢不賣當今總統兒子的帳嗎？**難怪托密回答記者的問話時得意地說：「我可以隨時與總統見面，你們能嗎？」**

在托密實行丁香私人專賣時節，有許多中小型的丁香煙廠，買不起高價的丁香，被迫關門或減產。農民們因為被剝削了賣價，任丁香樹自生自滅，不殺蟲，不施肥，有的甚至砍伐丁香樹，改種其它作物。托密一人的貪婪，導致多少工廠倒閉？多少工人失業？多少農民失去了收入？真是其罪可誅呀！

有一次，老闆告訴我：「我每天早上睡醒，就繳了政府美金一百多萬的稅。」丁香煙業所繳的稅排名全國第二，僅次於石油工業。如此重要的工業，政府居然容許托密一手遮天、倒行逆施，難怪有一個笑話說，印尼的財政部長在國際經濟會議中信誓旦旦地聲稱，「印尼將永遠會是一個開發中的國家。」

從橫向擴張回到縱向發展

不知道是不是耳濡目染、有樣學樣，三寶麟公司成功地上市後，野心勃勃的老闆也準備打造一個多元性的「三寶麟企業集團」，計劃宏圖遠遠地超越了經營煙草公司的範圍。為了實現這個理想，林老闆不想利用貸款來擴張，而是採用變賣股權來籌資。

三寶麟煙草工廠的擴建從一九八八年開始，公司上市則在一

九九〇年。初次上市時，公司只賣了百分之十五的股權。因為三寶麟是公認的藍籌股，老闆估計股票上市之後，股值應該會大漲，屆時再以更好的價格賣出百分之十的股票，來作為發展其他企業的資金。

想不到這如意算盤竟因為海灣戰爭（The Gulf War）的爆發而成為泡影。戰爭一開始，印尼的股市便一蹶不振，一場遠在天邊的海灣戰爭，竟大大地影響到印尼的一家菸草公司？世界越變越小，所謂「牽一髮而動全身」，這可是經濟全球化的苦果。

公司上市後的幾個月，僱了大批號稱「高能力」的專家，磨刀霍霍地要發展地產，藥劑，食品，運輸，食用水，甚至開銀行等等的企業。

三寶麟一直以煙草事業富有而聞名，但在多樣企業擴展過程中，對新行業不甚了解，用人難免失當，因此公司上市後幾年，手頭反而變得拮据，連最基本的煙草母業，也是捉襟見肘。俗話說：「一支草，一點露」，大抵「一種人吃一種飯」，一個公司經營一種行業是上天注定的，世界上有多少公司想「撈過界」，擴展到其他行業，結果都是鎩羽而歸，一事無成。

三寶麟經過了幾年橫向擴張的努力，終於決定把經營重點回歸到煙草母業的縱向發展。

大衛與巨人（David and Goliath）

擁有丁香煙的極品「Dji Sam Soe」及新牌低焦油「A Mild」，三寶麟在丁香煙的工業界已經立於不敗的地位。但是丁香煙在當時世界煙草界，只是局限於印尼一個國家。「丁香煙世界化」遂成為三寶麟縱向發展的第一要務。

人類的胃口是很難改變的，將抽白煙的煙民變成抽丁香煙的煙民，是一件不容易的事情，改變的過程一定是漫漫長途。三寶麟要躋身國際，成為世界級的煙草公司，除了丁香煙，一定要發展白煙。當時歐美先進國家的市場早被世界重量級的煙草公司（英美，菲利普.莫利斯，樂福門等）所壟斷，孫子兵法說「知己知彼，百戰不殆」，三寶麟以後生的面孔要與這些跨國大公司拼鬥，宛如「大衛與巨人」，勝算不大。

鑒於上述的考慮，我們絞盡腦汁，最後決定下列三個發展方針：

●進軍開發中國家的市場（中國，蘇聯，越南，緬甸等國家），首先透過貿易進到市場，如有可能設廠並開發在當地的品牌。

●為了發展國際行銷網路，三寶麟願意與國際貿易商或煙廠合作，共同開發國際品牌。

●積極發展丁香煙的國際市場，尋找願意代理丁香煙的進口商並與其合作，建立行銷網路。

由於三寶麟產品廣受印尼煙民的歡迎，印尼本土的員工忙著應付市場的需要，上列三項進軍國際的重任，就落在我的肩上。俗話說「塞翁失馬，焉知非福」，由於這個重擔，我在今後的十五年才有機會走遍世界各地，到過許多人未到過的地方，看到許多人不敢相信的事情。

蘇哈托的下臺

從一九八三年到一九九五年，我們住在印尼的十二年間，蘇哈托政權拜石油加價及天然資源外銷之賜，人民生活改善，社會

穩定，排華問題好像是煙消雲散了。

　　可惜「好花不常開，好景不常在」，這位印尼發展之父不能好好管教自己的子女與太太，太太有「Mrs. Ten Percent」之稱，兒女則成為「蘇家五虎」，賺遍天上的（如航空公司）、地面的（如大旅館）、地下的（如金礦）生意，其中丁香私人專賣，即為一例。

　　印尼的經濟經過三十多年的成長，社會開始有了中產階級及白領階級，這批人比較會不平則鳴，蘇家無止境的搜刮，使得蘇卡諾的女兒麥加娃蒂（Megawati）的政黨漸漸地得到人民的擁護，學生開始反政府示威，民怨已露端倪。

　　一九九六年蘇哈托到德國訪問，遭到印尼留學生的反對示威，回國後公然在報紙上說：「如果你們這些留學生不喜歡我的領導，大可不必回印尼。」我不敢相信一位國家元首會在公開場合講出這種話。

　　最離譜的是蘇哈托當上第七任總統後，任用他的高爾夫球伴鮑伯哈桑（Bob Hasan）當工業部長。當記者問鮑伯哈桑：「在你任內，有何工業的政策會改變？」這位比鮑伯霍伯更幽默的鮑伯哈桑很老實地回答：「我不知道工業部長究竟是幹什麼吃的？」

　　俗話說：「權力就如鴉片，一上了癮就很難放手。」如果當年蘇哈托當了六任總統後就光榮下臺，豈會有一九九八年三月**宣誓為總統，五月二十一日自動下臺一鞠躬**的下場？蘇哈托下臺後，托密的「丁香私人專賣」終于告了一段落，蘇家牽扯的貪污訴訟接連不斷，為了權錢，留下了一世的臭名。

「五月事件」的可怕

　　一九九七年席捲亞洲的經濟風暴是蘇哈托下臺的導火線。風暴之前，兩千五百印尼盾可換一元美金；風暴之後，要花一萬五千印尼盾才可換一元美金。住在雅加達的同事告訴我，風暴發生後，通貨膨脹達到令人不可思議的程度，**百貨公司及超級市場每兩小時播放新的價格，有些進口的貨物，兩小時內就加價百分之二十**，購買者深怕貨物加價到自己付不起，便大肆搶購，先到的太太一下子買了十幾罐奶粉，後到的太太有嬰兒嗷嗷待哺，但買不到奶粉。

　　奇怪的是，社會如此紛亂恐慌，哈托伯還一味地往歐洲跑，當他不在雅加達時，一些政界及軍界的陰謀家利用這個機會製造事端，圖謀政變。正好此時學生示威，軍警開槍打死了四位大學生，憤怒的群眾因而佔據了國會大廈，反對黨抓住這時機，逼使哈托伯下臺。

　　當雅加達動亂達到高潮時，我在新加坡的家裏看 CNN 播放的新聞，其中有一段影片拍攝到一群本地人毆打一位華人的情形，那位可憐的華人求助無門，任由本地人毆打，後來跳下大水溝，生死不明，印尼華人這下子又成為代罪的羔羊了。

　　我們常聽到在波斯尼亞或在非洲，為了消滅別個種族，故意強姦該種族的婦女，此即所謂的「種族滅絕（Racial Cleansing）」，領導這種活動的人都要受到國際法庭的審判。**這次印尼發生的動亂，就有大規模強姦華裔印籍婦女的事情**。有一位同事，家有兩位女兒，事情發生當天，將女兒送到本地人司機家避風頭，才躲過此劫。事後，他在新加坡買了一套公寓，太太、

女兒從此住在新加坡，不敢再回雅加達，他本人則周日搭機到雅加達上班，周末回到新加坡家。

強姦華裔婦女之事已經被證實是政府軍部的陰謀，如此大規模的強姦及燒殺，背後一定有一個深不可測的黑手，指揮著下屬到華人區犯此滔天罪行。不公的是，印尼這位黑手迄今仍然逍遙法外，沒有受到國際法庭的制裁。

「五月事件」發生後的幾個月，我回雅加達總公司開會，從機場到市中心，一路上看到街上的商店、購物中心，牆壁殘破，玻璃滿地，破壞的景象就如龍捲風過境。到過中國城的同事告訴我，該區被破壞的程度，只能重建不能復修了。

一九九八年五月的動亂，並不局限於雅加達，反對政府的風潮席捲全國，暴民四處為虐，泗水也不例外。泗水附近有一家大紙廠，僱用了上百個來自臺灣的經理、工程師、會計師等，這家公司包了一部長榮客機，幫助所有台灣員工撤離印尼逃回台灣，不少住泗水的台灣商人、家屬也搭此機逃命。

有一位太太描述他們如何半夜乘車從市區到機場，如何手上拿著大把印尼盾，見到軍警就塞，看到成群暴民就灑，如此這般逃到機場上了長榮的飛機，一直等到飛機起飛，才知道自己揀回了一條性命。聽了這些亡命追魂的逃難經過，真慶幸我們三年前就離開了泗水，逃離了這個劫難。

我雖然是個科學家，但相信「頭上三尺有神明」，冥冥之中有神明的眼睛在看著我們，「五月事件」發生之前，很少聽說火山爆發或地震，自從一九九八年印尼人對華裔做了有計劃、大規模、傷天害理的種族滅絕事件之後，便災禍連連，一連串的火山爆發，不停的大地震，二〇〇四年的聖誕節發生了大海嘯，一夜之間二十多萬印尼人死於洪水海浪，種什麼因，結什麼果，這會

不會就是所謂的天譴？

「三猴」時代

一九九八年五月二十一日，蘇哈托下臺，副總統哈比比（Bacharuddin Jusuf Habibie）接任，成為印尼第三任總統。哈比比是一位太空工程師，哈托伯最喜愛的「藍眼小孩」，哈托伯專誠從德國請他回國創辦萬隆飛機製造公司，想不到飛機沒製造出來，卻成為印尼的總統。

強人蘇哈托下台後，政治權力真空，不同的政黨如雨後春筍般地崛起，一時政黨林立，選舉的結果由瓦希德（Wahid）領導的國家覺醒黨（PKB）拿到多數票，瓦希德成為印尼的第四任總統。瓦希德原名 Abdurrahman Wahid，又稱「古斯杜爾（Gus Dur）」，當選之前就有嚴重的糖尿病，眼睛幾近失明。他上任後，很少呆在印尼，整天在國外視察，終於在二○○一年的七月二十三日被國會轟下臺，副總統美加娃蒂接任總統之職。美加娃蒂當總統一直到二○○四年十月二十日，由現任的宇多尤諾（Susilo Bambang Yudhoyono）接任為止。

蘇哈托下臺後的六年時間，歷經了三位總統走馬燈似的轉換，當時印尼的政局紛亂，雅加達整天有政黨遊行、群眾示威。其實這些示威遊行的群眾，大多是一窮二白的老百姓，他們不知道政黨是什麼，政見是什麼，只要你付我錢夠我一天的吃住，我就穿上你發的衣服，戴上你發的帽子，拿著你發的旗幟，上街搖旗吶喊去。

「非禮勿視，非禮勿聽，非禮勿言」一直是中國人珍惜的人生哲學。如果你曾經到過峇里島，一定也看過聰明猴子「不看、

不聽、不講」的木雕。印尼政治紛亂的時節，雅加達流行著這麼一個笑話：「哈比比不聽人忠告，是不聽的猴子；瓦希德眼睛近瞎，是不看的猴子；美加娃蒂不會講話，是不講的猴子。」從一九九八年蘇哈托下臺，歷經了三位總統統治的六年時間，可不可以說它是「三猴時代」？

第四章　稱霸世界經濟的日本

初抵日本

日本曾經統治台灣五十年，身爲台灣人的我，一直希望了解被中國人稱爲「蕞爾小國」的日本，如何能在二戰後短短二十年間，從廢墟中重建家園，並於一九六四年舉辦東京世運，成爲亞洲唯一的已開發國家？

初次抵達日本是一九七一年從台灣到美國留學途中，日航班機免費招待我們在東京停留一夜。當時有一位旅居東京的朋友帶著我們遙看東京鐵塔（號稱比巴黎的艾菲爾鐵塔高），到新宿鬧區溜達，東京一夜，霧裏看花而已。

第二次到東京是兩年後，回台灣與阿貞結婚，搭日航班機回美國，我們又免費在東京停留了一夜。那時我已知道認識中國字的人，在日本是不會迷路的，因爲日本字的平假名就是漢字。

我們坐地鐵、逛百貨公司，雖然短短一個早上，卻足以感受到東京人口的壓力。洶湧的人潮擠得車廂門無法關閉，地鐵公司專設推擠乘客的服務員（Pusher），沒有親眼看見，是很難相信的。好笑的是，我們在地鐵及百貨公司溜達時，時有日本人向我們問路。

從明治維新到軍國主義

日本人的祖先，是不是秦始皇時派往蓬萊仙島找長生不老藥的徐福，應該讓史學家與考古學家去研究，我們暫且不提。日本人自稱他們是天照大神的子孫，一八六八年登基的明治天皇，是天照大神的第一百二十四嫡孫。

日本自十二世紀源賴朝創立「鎌倉幕府」之後，一直是皇權旁落，幕府治國，直到「德川幕府」末年，才「大政歸還」明治天皇之手。

日本萬世一系的天皇體制，與中國的「改朝換代」、「有德者居之」的政治思想迥然不同，就是到了今天，仍尊重天皇的存在，實施「君主立憲」。

十九世紀，列強的洋槍大炮抵達東亞時，中國人與日本人的反應完全不同，中國人把發展北洋艦隊的經費用來蓋頤和園，為慈禧太后作壽；日本人則花了國家百分之五的預算，派遣政要、學者到歐美考察，積極從事西化，發展工業，「明治維新」。

日本人在表面上非常和善，很注重禮節，女人講話還用敬語。不知道為什麼這麼多禮的民族，竟會發動殘酷至極的侵華戰爭？對這問題，我有如下的看法：

（一）地理的因素

日本由本州，九州，四國，北海道四大島所組成，方圓三十八萬平方公里。大部分是不可耕地，而人口超過一億。這種人口密集的壓力，使他們朝思夢想著侵略臨近遼闊的中國版圖。

（二）經濟的因素

日本自明治維新之後，工業突飛猛進，但本身缺乏工業生產的必需原料，如石油，金屬，橡膠，木材……以當年弱肉強食的國際道義，加上日本軍國主義的盛行，訴諸武力向中國及東南亞諸國掠奪，成為最便捷的方法。

（三）歷史的因素

日本從明治維新開始，國力日強，而滿清帝國在慈禧太后的控制下，歷經「鴉片戰爭」、「英法聯軍」、「八國聯軍」，國勢一厥不振。甲午戰後，清廷割讓臺灣，從此日本人認為「近水樓臺先得月」，他們在中國得到的利益，應該比他國能得到的多。

（四）人文的因素

中國人「一片散沙」的習性，日本人打從心底瞧不起。有人說：「一個日本人，像一條豬，三個日本人在一起，像三條龍；一個中國人，像一條龍，三個中國人在一起，像三條豬」。日本人以為豬與龍沒什麼好比，才冒然發動全面侵華的戰爭。

敗給了中國的文化

侵華初期，日本軍閥以為六個月就可消滅中國，結果打了八年，中國在蔣介石的領導下，敗而不降，「以空間換取時間」，撐到美國在長崎及廣島投下兩顆原子彈，日本無條件投降為止。

有人說，「日本二戰的失敗，在於發動珍珠港事件，惹怒了美國」。我則認為日本的失敗，是野心太大發動全面侵華戰爭，

其敗是「敗給了中國五千年的文化」。

中國的文化淵遠流長，不像古埃及或古羅馬的文化雖盛極一時，但歷久而衰亡。起源於黃河流域的中國文明就像一塊大磁鐵，幾千年來融合了多種民族的文化，成為世界獨一無二未被中斷的文明。

中華民族肩負著這悠悠歷史的使命，在受到外力欺凌時，民心會凝聚在一起，不惜一切去捍衛自己的祖國及文化。

記得恩格斯在「反杜林論」中指出：

> 在長期的征服中，比較野蠻的征服者，在絕大多數情況下，都不得不適應征服後存在比較高級的「經濟狀況」，征服者會被所征服的一方同化，而且大部分甚至還不得不採用被征服者的語言。

日本人想學蒙古人與滿洲人全面入侵中國，他們應當慶幸這侵略戰爭沒有成功，因為如果成功了，也許今天只有中國的倭朝，而沒有日本這個國家 —— 大和民族可能會像入侵的蒙古人及女真人被中華文明所同化。

福岡的溫泉

一九八四年的夏天，為了購買生切煙絲的烘乾機，我們訪問一家位於福岡的農業機械公司。

福岡位於九州的北部，人口約一百五十萬，是日本開發較早的一個港埠。公元五十七年，東漢光武帝劉秀曾經冊封福岡附近一個日本國王為「漢委奴國王」，這個封璽到今天仍保存於福岡歷史博物館中。

農機公司的社長田中先生，安排我們住在一間極富日本傳統

的鄉間溫泉旅店，房間都是榻榻米。用飯時，女老闆從廚房端來飯菜，放在臨時安放的矮桌上，我們盤腿坐在榻榻米上吃飯，女老闆不時到房間招呼，親切地敬酒。晚上睡覺前，女老闆會到房間鋪床，儼然女主人一般。

田中先生大我十幾歲，英文說得還算流利，當他知道我不是印尼華人而是臺灣人時，就自然而然地聊起日本佔領台灣及侵華的往事。田中先生說他本人沒有參加過太平洋戰爭，但是他知道日本軍閥在二戰期間所犯下的暴行，為此深表歉意。

納粹在二戰時對猶太人所犯的罪行，德國政府已經公然道歉，而日本政府到了今天還不肯像田中先生般向中國人民道歉，除了不承認「南京大屠殺」，還在教科書中篡改歷史，**日本政府的愚昧，使中日兩國的人民永遠有個打不開的心結。**

不到日本，不知道日本人的可悲，福岡平民的住屋就是幾個榻榻米的大小，難怪乎日本男人下班後，寧願待在辦公室加班，不願回家呆在狹窄的鴿子籠。**日本全國的面積相等於加州的大小，人口一億兩千萬，是美國人口的一半，這種人口的壓力，令人窒息。**

吃飽飯後，田中帶著我們去洗溫泉，不知道他是故意裝醉，還是真的糊塗，我們猛然走進「女湯」，一時鶯聲四起，田中先生不慌不忙地鞠躬道歉。人生第一次在旅館的「男湯」洗浴，三個大男人全身赤裸，你看我，我看你，令人難以適應，但田中先生倒是泰然自若地有說有笑。聽說泡溫泉會讓人上癮，我認識的幾位台灣朋友，每年總要到日本 N 趟，目的無他，就是泡溫泉而已。

富士山石鐵板燒

一九九〇年，公司順利地在雅加達上市後，為了吸取更多的國際資金，承包商山一投資銀行為三寶麟在東京及倫敦舉辦了賣股大會（Road Show）。我們幾位職員在林老闆的帶領下，浩浩蕩蕩地從椰城飛抵東京的成田國際機場。從機場到市區約有六十公里，由於公路大塞車，竟然開了兩小時。

當天晚上，山一的總裁宴請我們一起用膳，這是我平生參加最正式的日本餐宴。山一體諒我們這群不習慣盤腿而坐的訪客，特別安排我們在一家極富日本傳統的餐館，坐在椅子上吃「鐵板燒」。

晚宴在一間獨立的包廂舉行，主客十個人一字排開，坐在橢圓形桌子的一邊，每個人都可以看到室外日式花園那朦朧的燈架，潺潺的流水。**每個人的餐桌上擺著一塊厚約七、八公分，直徑約四十公分的富士山石**。廚子一面將石頭烤熱，一面讓我們吃一碟一碟的小菜、生魚片，飲著日本米酒，**宴席中偶而聽到主客互相敬酒的聲音，沒有中國人飲酒的喧嘩**。火熱的石板上燒的是山珍海味，其中有「百聞不如一見」的「神戶牛排」。日本的東西奇貴，平常人很少自己掏腰包吃「鐵板燒」，這一餐「富士山石鐵板燒」一定所費不貲。

經濟稱霸世界的年代

八十年代是日本經濟稱霸世界的時代，日本的大商社買下了矗立在紐約的摩天樓，買下了好萊塢的製片廠，更買遍了古今世

界名畫，除了將整船整船的汽車運到美國，還在美國田納西州開設汽車生產線。

　　許多歐美學者、評論家對於日本稱霸世界經濟的原因有許多不同的論述，我這外行人卻簡單地認為：

● 二戰結束後，盟軍擔心日本捲土重來，再次發動戰爭，禁止日本整軍經武。在美國的保護傘下，**日本政府沒有國防的花費，可以一心一意地發展國內經濟及國際貿易。**

● 日本的科技在亞洲一直是首屈一指，經歷了二戰的非常破壞，產生了徹底的新建設。以汽車工業為例，日本新蓋的工廠，採用最新的技術及最有效率的操作流程，製造出來的汽車，當然遠勝於美國底特律老舊機器、老舊生產線製造出來的成品。

　拜七〇年代的世界油荒之賜，日本車搶佔了美國小車的市場，**到了二〇〇八年，號稱汽車之王的美國通用汽車，終於將「世界最大汽車生產公司」的寶座，拱手讓於日本豐田汽車。**

● **日本在基礎科技上雖落後於美、蘇，但在應用科技上遙遙領先**，除了汽車工業可以與美國一爭雄長，日本的電視機，音響設備，手提攝影機，照相機等民生工業，幾乎是世界獨步。

● **團結是日本人特有的文化，日本商社的發展是兼併式，商社的生意越做越大，**集團公司大到擁有多元的工廠、運輸、地產、貿易，甚或銀行，所謂「團結就是力量」，日本商社擁有的超凡競爭力，比其他國家的私營企業雄厚。

●不像歐美公司的經營方式，日本公司很少裁員，員工視
公司為家，公司容易累積經驗與技術，雇主與勞工的
關係比歐美的公司融洽。

八〇年代日本經濟雖不可一世，但是到了九〇年代中期，卻
演變成「泡沫經濟」，許多經濟學者認為是日本於一九八五年與
歐美國家簽訂「廣場協議（Plaza Accord）」，日幣升值所致。

由於日幣升值，東京的地價飛漲，商社自我膨脹，無限制地
向銀行告貸，收購世界知名的摩天大樓及公司行號，似乎想利用
經濟的力量征服世界。問題是日本的經濟模式，嚴重地倚靠外
銷，容易受到國際情勢的影響。外銷市場一旦受挫，公司資金調
動便成了問題，公司向銀行的貸款便成了銀行的呆賬。

雪上加霜的是，日本的銀行不肯像歐美的銀行坦承虧損，不
肯採用長痛不如短痛的做法，以快刀斬亂麻的方式，一次把呆賬
從賬簿報銷掉，所以多年來，日本的工商界一直生活在泡沫經濟
的陰影下。

日本有一億兩千萬人口，國內消費市場龐大，世界第二大經
濟國的地位，直到二〇一〇年的八月才被中國所取代。

日煙的無人工廠

日本菸草公司（日煙）屬於國營企業，九〇年代初期的專賣
局自滿於國內市場的需求，沒有民間企業擴張的衝勁，三寶麟幾
次與日煙商談合作的計劃，都是無疾而終。

後來日煙發現自己在國際上的落後地位，才奮起急追，成立
了日本煙草國際公司（Japan Tobacco International）。一九九九年
以八十億美元的高價購買了雷諾斯國際公司（RJR International），

一躍成爲世界第三大的跨國煙草公司。

兩年後，日煙國際又收購了奧國煙草（Austria Tabak）。二〇〇七年，更以九十四億英鎊購買了英國最大的煙草公司珈拉赫（Gallaher），所以今天除了美國以外，其他各處的云斯頓及沙龍薄荷煙，已是日煙的產品了。

有一年，我應邀參觀關西全自動的煙廠，人生第一次看到真正的「無人工廠」，工廠裏的機器人任勞任怨地搬運包裝紙、紙箱、香煙紙及鋁紙。讀者大概不相信，機器人自己會「量力而爲」，如果覺察到體力不夠，會自動走到休息處充電休息。

從東京到京都，可以從市區直接搭乘子彈號，又快又舒服，不必趕著兩小時前抵達機場，通過安檢等手續。京都工作之餘，日煙專員帶我們到歷代天皇的都城遊覽，除了皇宮，還有神社、寺廟，建築都相當宏偉，美中不足的是京都地小人多，每個建築的腹地都窄小得不成比例。

櫻花的啓示

有一年路過東京，抵達時已是櫻花季末，但是從殘留樹上的大片花朵，可以想像出幾天前櫻花盛開的盛況。櫻花是日本的國花，一棵櫻花樹開花雖是耀眼，但遠比不上一大片花樹一起盛開來的絢爛，日本人相信團隊的精神，大概來自櫻花的啓示！

每年早春櫻花季時，東京上野公園擠滿了賞花人士，朋友同事三五成群，坐在樹下一起賞花，一起喝 Sake，櫻花何等美麗？賞花人士何等灑脫？但是櫻花的季節很短，只要一颶風或下雨，盛開的櫻花就一夕成爲落花，**大和民族的國魂與櫻花相似，日本人認爲一生若犯了錯，不能再絢麗，就「切腹自殺」，這種**

人生觀多少帶點哀愁。

　　毋庸置疑地，日本人比中國人西化，表面上採用太陽曆，不過農曆年，吃生菜、牛排，喝咖啡、威士忌，但是骨子裏他們還是道道地地的東洋人。有一位本地人帶我到一間高級的俱樂部喝酒談生意，那個俱樂部讓我這個中國人進入，卻不准白皮膚的洋人進入。

　　外國人與日本人談生意，如果沒有透過本地中間人的引薦是很難成功的，原因並不是日本人不喜歡說英語，也不是日本人不喜歡與外國人來往，而是日本人很內向，他們相信團隊，多一個人或單位介入，多一份保險，日本傳統的商業及社會圈子，就是這樣地牢不可破。

第五章　歐洲的誘惑

漢堡妖精打架

三寶麟煙草公司的製煙原料及機械，大多來自歐洲——製煙機及包裝機來自英國、德國、意大利，香精來自法國、荷蘭、瑞士，香煙紙則來自西班牙、法國。

一九八四年夏，浩尼機械公司（Hauni）邀請我們到漢堡（Hamburg）參觀正在開發中的丁香煙高速製煙機 Proto-K。我們搭乘新航班機，抵達法蘭克福（Frankfurt），這是我人生第一次踏上歐洲的土地。

德國自鐵血宰相俾斯麥統一全國後，便走向軍國主義的道路，發動兩次世界大戰。二戰後，德國被盟軍佔領，分為東德與西德，東德由蘇聯托管，西德由美國為首的北約托管。八〇年代的西德就像日本一樣，在短短幾十年間，利用進步的工業潛能，迅速地恢復了社會的安定與繁榮。我在臺灣念化工時，鑒於德國機械及化工業的進步，曾經選修了兩年德文，想到德國留學。

通常國際機場都設有免稅店，引誘轉機的旅客購買煙酒及化妝品，但是在法蘭克福轉機時，我看到的第一家商店，竟然是性愛專賣店，店裏所賣皆是與性愛有關的雜誌與道具，旅客也可以投銅板看偷窺性愛表演。雖然我住在美國多年，飽受西方文明的

熏陶，但看到國際機場設有如此的商店，還是嘖嘖稱奇。

　　隔天，我們到浩尼機械公司見證那一分鐘可以生產一萬支白煙的新製煙機。幾年後，三寶麟成功地推出阿蜜牌低焦油丁香煙，為了生產的需要，購買了十餘部這種機器。

　　晚飯時，招待我們的經理說：「德國人一向以勤工作、尚玩樂（work hard, and play hard）自豪，在漢堡這個地方，除了我們的機械公司有名，離譜吧（Reeperbahn）紅燈區也是舉世聞名。到了漢堡，沒有到離譜吧一遊，就是枉到此地。」主人的話沒錯，離譜吧迄今仍在，是漢堡旅遊的一個大景點。主人既然如是說，我們就客隨主便，恭敬不如從命了。

　　到了目的地，看到不少坦胸露背、穿著長靴的阻街女郎，來往穿梭於遊客間招徠生意。我們在街旁漫步時，可以從洞開的窗戶看到半裸的女郎，坐在房間的床鋪上，擺出各種姿態，引人上鉤。如果遊客禁不住誘惑走進房間，該女郎就會把窗簾拉上，與嫖客進行那人類最原始的交易。

　　地主帶我們走進一間小劇院，裏面有一個小舞臺，我們坐下後，各叫了一杯德國黑啤酒。不久，節目開始，舞臺上走出一對男女，先是用德文講一些笑話，男的馬上脫掉外衣外褲、內衣內褲，女的也不甘示弱，脫得一絲不掛，兩人坦誠相見，眾目睽睽下，在離我們不到五公尺的舞臺上，真刀真槍地做起愛來。

　　近約十五人的觀眾中，以男人佔大多數，但也夾雜著幾位女仕，男的穿著紳士服，女士打扮得體，好像是到紐約百老匯看音樂劇一般。我真佩服歐洲人見怪不怪、有說有笑，看到精彩處，還拍手叫絕。

　　表演大概歷時十五分鐘，這十五分鐘可能是我人生中感到最奇怪的十五分鐘。想想亞當與夏娃在伊甸園吃了禁果後，就開始

摘下無花果的葉子來遮蔽身體，如今臺上的兩位大男女，竟然赤身裸體在觀眾面前大幹起來，一點羞恥心都沒有。

風車王國

　　荷蘭又稱尼德蘭（Netherlands），是一個低地小國，國境大部份的土地低於水平面，需要建築堤壩擋住海水才賴以生存。**除了盛產鬱金香，荷蘭可是今日銀行業及公司股票的創始國**。更耐人尋味的是，這個蕞爾小國在海權時代竟能跋涉萬里到地球的另一端，佔領臺灣三十多年，統治印尼三百多年。

　　由於荷蘭長期統治過印尼，所以它是印尼僑胞最多的國度。為了將丁香煙國際化，我們嘗試著在歐洲找出一個突破點，荷蘭自然而然地出現在我們外銷的雷達網上。兩千年初，我們飛到阿姆斯特丹與一位印裔荷籍商人見面，討論進口丁香煙事宜。

　　阿姆斯特丹是世界數一數二的轉運港，市區運河交錯，我們乘坐小艇，繞阿姆斯特丹運河一周，從艇上看到市區的商業大樓及岸上人家的起居，還看到不少長住小艇的嬉皮。

　　阿姆斯特丹的市區有一家別開生面的性博物館，展示人類性愛的歷史，從史前到今日，千奇百怪的做愛道具，加上有關性愛的圖畫，令人好笑咂舌。阿姆斯特丹是一個罪惡之城，許多來自金三角的毒品，就是經由此處銷售到歐洲各地的。

　　阿姆斯特丹的 Rijksmuseum Amsterdam，館內珍藏著十七世紀荷蘭最著名畫家林布蘭（Rembrandt）的繪畫。林布蘭以畫人物肖像（自畫像）及聖經故事而聞名。

　　此次到阿姆斯特丹，收穫不差，三寶麟的丁香煙終於外銷到歐盟，雖然量件不大，但羅馬不是一天造成的，外銷丁香煙到荷

蘭的生意一直維持到公司易手，才告終止。

風景如畫的瑞士

瑞士以終年積雪的阿爾卑斯山，美麗如畫的湖光山色，聞名全球。一九九四年，三寶麟接手了一個代工生產白煙的生意，為了天大的產量，我們飛到日內瓦與一家瑞士香煙工廠協商加工事宜。

瑞士是一個山城小國，由於地理的關係，大部分的人民會說英文、法文、德文，百年來一直保持中立。此地的銀行以秘密戶頭聞名於世。俗話說，「誰都不願意跟自己的口袋過不去」，連納粹也不例外。**瑞士雖位於德國坐榻之側，二次大戰時，希特勒卻容它酣睡，整個歐陸，戰勝國也好，戰敗國也好，均受到烽火的洗禮，只有瑞士是一個例外。**

瑞士以鐘錶聞名於世，十支世界名錶有九支是在瑞士製造的。招待我們的煙廠代表，除了帶我們參觀他們自己的煙廠，還驕傲地帶著我們訪問當地的鐘錶博物館。瑞士的人口雖少，但是不乏能工巧匠，是一個不能被人忽視的國家。

吃在意大利

報章雜誌不時報導威尼斯（Venice）正以每年幾公分的速度沉入海平面。如果你到威尼斯，沒有坐一種狹長平底的小船（Gondola），聆聽意大利男高音在運河上高唱情歌，那麼你就是枉到威尼斯了。意大利人喜愛引頸高歌，世界上唱歌劇最有名的男高音 Lucia no Pavarotti（逝於 2007 年九月六日），就是意國

人。

意大利人除了擅長唱歌，還擅長烹飪，意大利菜在世界上普受歡迎，意大利的葡萄酒可與法國的葡萄酒一爭高下。意大利人最歡樂的時光就是花在餐桌上。

一九九四年，為了尋找工廠幫忙我們生產東南亞名煙，我們拜訪了意大利煙草專賣局。熱情的地主邀請我們吃晚餐，地點是在地中海邊的一個漁村，黃昏的落日加上地中海蔚藍的海水，情調一級棒。先是飯前酒，開胃菜，再來是 Pasta（一種加上番茄汁，蚌殼，肉類和蒜的麵食），喝上等的紅酒。

吃完了 Pasta，感覺飯菜正好，酒足飯飽，以為可以回旅館休息了，正要開口感謝主人的盛情，想不到該仁兄又向侍應生要了菜單點主菜。主菜的花樣很多，海鮮魚肉任君挑，我只好「捨命陪君子」，叫了一份小牛排。吃完了主菜，接著吃甜點，喝飯後酒，付賬前再來一杯濃咖啡 Espresso。一餐下來，足足三個多鐘頭。

與意大利煙草專賣局商談的生意，因為國營的關係，不願意更改製煙機的尺寸，我們的合作，只好作罷。

天主教聖地梵蒂岡

到羅馬（Rome）遊覽的人，一定會拜訪天主教聖地梵蒂岡（The Vatican City）。**梵蒂岡是一個獨立的教皇國，也是「世界上最小的國家」，**政治上並不屬於意大利政府的統轄。

圍繞聖彼得廣場（St. Peter's Square）的是數不盡的羅馬式大理石圓柱，每一個石柱上端都有雕像，氣勢磅礴，莊嚴肅穆。聖彼得大教堂（St. Peter Basilica）乃教皇朱利二世（Pope Julius

II）於公元一五〇六年所蓋，教堂內金碧輝煌，充分表現出神權時代教皇在歐洲的地位。**據說朱利二世為了蓋此教堂，財力用盡，開始發行「贖罪券」，販賣給死後想去天國的有罪富人**。這種舉止激起馬丁路德等的反對，從而創立新教（即基督教），與羅馬天主教分離。

聖彼得大教堂中擺飾著米開朗基羅的傑作 ── 「聖母擁抱受難的耶穌石雕」，聖母的表情栩栩若生，抱著的耶穌遺體似有羽化登仙的態勢，令人嘆為觀止。

梵蒂岡博物館裏面有 Chiaramonti Museum，Pio-Clemente Museum，The Raphael Room, The Sistine Chapel，收集著不少文藝復興巨匠的登峰造極之作，其中以米開朗基羅的「創世紀」屋頂壁畫最為有名。

一九九四年我們訪問意大利煙草專賣局時，隨行的同事從未到過梵蒂岡，要我帶他到那裏一遊。抵達時，正值天主教的節慶，萬人雲集在聖彼得廣場聆聽教宗 Pope John Paul II 的祈禱，接著教宗站在吉普車上繞場一周，我們站在離他不到五公尺的地方，看到他那蒼白的臉色，脆弱的病體，對群眾頻頻揮手。這位教皇是唯一來自波蘭的教宗，二〇〇五年四月二日病逝，享年八十四歲，任職教皇長達二十七年，是有史以來任職第二長久的一位。

羅馬不是一天蓋成的

在西方的文明史上，希臘發展得最早，羅馬繼承希臘的衣缽，加以發揚光大。羅馬帝國全盛時期，地跨歐亞兩大陸，將地中海變為帝國的內湖。

　　羅馬市區處處可看到古羅馬建築的陳跡，從殘留的高大宏偉建築，可以想象當年古羅馬的強盛及文明的輝煌。為了統治帝國無際的領土，羅馬人建築許多道路，所謂：**「條條大路通羅馬」。問題是當年馬車時代的「大路」，今日汽車年代卻成為「小巷」，羅馬的交通可是混亂至極，停車困難**。意大利政府為了保存古羅馬史跡，賺世界遊客的錢，不願意拆除古建築，所以有人說，**「羅馬不屬於當地居民所有，而是世界大眾所共有」**。

　　我們自己搭地鐵參觀古羅馬遺跡，The Roman Forum，Trojan's Forum，Trojan's Column，The Pantheon，最令人感嘆的是圓形競技場（The Coliseum），在那兒仿佛聽到萬千群眾看著奴隸角鬥士互相肉搏致死的歡呼。古羅馬人以自己的歡樂建築在別人的血肉上，難怪乎非亡不可。

　　除了古代的遺跡，羅馬還有數不勝數的廣場及噴水池，噴水池之中以 The Trevino Fountain 最負盛名也最壯觀。噴水池附近的西班牙階梯（The Spanish Steps），是疲憊的旅客休息的天然良所，我們坐在臺階上，看那穿著羅馬盔甲的戰士與旅客照相，時空相隔兩千年，甚為有趣！

　　每一個到羅馬的遊客，一定會注意到在市區諸多古跡中，聳立著一個龐大的白色大理石建築，建築物的左右屋頂，有像電影「賓漢」中的賽馬車駕馭其上，這建築叫 Victor Emanuel II Monument，建於一八八五年，第一次大戰意國的無名英雄之墓就建築在大理石階梯的上邊。

　　Villa d'Este 的噴泉及噴水池，坐落在羅馬市郊的提玻理（Tivoli），除了美麗精巧的庭園設計，**噴泉之設計更是巧奪天工，噴泉乃是用水道引進附近高山的河水，利用水位落差所造成**，不像現代人設計的噴泉，利用幫浦打水。

花都巴黎

我們訪問法國煙草專賣局的理由，與訪問意大利煙草專賣局的理由完全一樣，法國煙草專賣局，簡稱 SEITA，因爲是國營，不願意改裝機械的規格，所以商談也是沒有成果。**這也證明大凡國營的企業，歐洲也好，亞洲也好，必定會失去其競爭力，無法與英美的自由經濟相抗爭。**

英國及美國讓菸草私營，政府只坐收重稅，私營的公司如菲摩、雷諾斯、英美、樂福門爲了生存，不斷地擴張，終於成爲超級跨國大公司。反觀法國煙草專賣局，因爲無法與私營的跨國公司競爭，終於在一九九九年與西班牙煙草專賣局合併，稱爲「阿爾塔蒂斯煙草公司（Altadis Tobacco）」，到底還是苟延殘喘。

生意既沒談成，不妨談談我幾次到巴黎旅遊的經驗。**沒到巴黎前，總以爲美國的舊金山是世界最美麗的城市，但遊罷花都，才知道巴黎比舊金山更富麗、更堂皇，巴黎才是「世界上最美麗的城市」。**巴黎有塞納河（Seine River）貫穿其間，我們坐在遊艇看著市區華麗的建築，才知道巴黎的美，不僅是建築的美，還有歷史的美，文化的美。

巴黎不愧爲朗朗乾坤中的「花花世界」，市區到處都是裸男裸女的石雕塑像，充分地表現人體的力與美。繞過拿破崙建蓋的凱旋門，可以感受到拿破崙稱霸歐洲時的氣勢，可嘆一代梟雄滑鐵盧慘敗，被軟禁在南大西洋的聖赫勒納島（Island of St. Helena），統一歐洲的大同夢也隨著他的失敗而煙消雲散。

拿破崙時代過去了，但是法國人仍以拿破崙爲榮，深信法國話是世界上最高貴的語言，世界上的人都應該會說法國話。我第

一次到巴黎是在一九八五年，在一家百貨公司購物，一時尿急，用英文向店員問路，想不到所問的店員沒有一個人願意指點我洗手間的所在。最後我生氣地告訴他們：「我來自亞洲，不懂法語。」才有店員心不甘、情不願地指著洗手間的方向，口中呢喃著：「爲何不用法語問路？」如此態度，巴黎景物再好，您會再度回來遊覽嗎？

凱旋門的旁邊就是香榭理榭林蔭大道（Champs Elysees），街道兩旁是行人漫步、購物及吃法國菜的天堂。「偷得人生半日閑」的人們，在路邊露天雅座安詳地喝咖啡談話，喧鬧中帶著一份寧靜。這幅景象很難在在亞洲的大城市看到，亞洲人汲汲營營地爲了生計，爲了富上加富，從來沒有這份閑情逸緻，放慢腳步去品嘗人生的情趣。當年我念大學時，崇拜的存在主義大師沙特及卡繆，就是在這裡發表震撼世界人心的見地。

名聞中外的凡爾賽宮坐落在巴黎市郊，它是路易十四所蓋，路易十四利用宮中的華麗，夜夜笙歌地討好他的臣子，以讓他的子民崇拜君王的偉大。

是不是法國王室的窮極奢華，花掉了人民所繳的稅金，最後人民買不起法國麵包，引起了法國大革命？可憐路易十四的孫輩路易十六，沒有祖輩的能耐，終於在法國大革命時，上了斷頭台。

巴黎的羅浮宮是一個不能不去參觀的博物館，羅浮宮收藏的名畫甚豐，其中以文藝復興時達文西巨匠所畫的「蒙娜麗莎的微笑」最爲有名。有人說：「到了花都，沒有看到蒙娜麗莎的微笑，則是如入寶山，空手而回」。除了參觀羅浮宮，我們還排隊坐電梯上巴黎的地標 —— 艾菲爾鐵塔（Eiffel Tower），俯瞰巴黎全貌。晚上到世界有名的紅磨坊（Moulin Rouge）夜總會，欣賞

法國式的歌舞表演（Cabaret），如雲的美女，個個身材勻稱，雖然酥胸畢露，但是美而不淫，真是「此舞只應天上有」。

　　如果說中國人以中國菜爲榮，法國人則更以法國菜自豪。中國人常說碗盤、杯子的質料不重要，只要盤中飧好就是好；法國人則不然，他們講究的是吃什麼東西，用什麼刀叉；吃什麼食物，喝什麼葡萄酒；喝什麼酒，用什麼杯子。

　　話說有一次，一位旅居巴黎的老華僑宴請日本訪客，走進一家法國餐館，法國服務生拿出厚厚一本酒譜，其中有飯前酒、香檳、紅酒、白酒及飯後酒，服務生問客人要喝什麼，中國人是「莫宰羊」，日本人說要 Sake（米酒），服務生抱歉地說：「沒有 Sake，只有啤酒」，老日開始不耐煩，問店裏有什麼啤酒，後來發現連麒麟牌都沒有，只好委屈地喝著法國當地的啤酒。

　　點菜時，日本人要吃牛排，中國人要吃豬排，法國烹飪技術包羅萬象（蝸牛都可以上檯面），一下子牛排與豬排都端上來了，這下子中國人要筷子及醬油，日本人要芥末。說時遲那時快，一向自負的法國廚子再也受不了，拿著菜刀，追著幾位死都不知道爲什麼會被追的食客。

　　上述笑話，也發生在我自己身上。一九九九年，我與一位新加坡同事到巴黎公幹，晚上到香樹理樹大道旁一家法國餐館用膳，同行的新加坡人是一位老饕，點了一道法式混合海鮮，排列在三層高的盤子上，生蠔、生螺、生魚、生墨魚，什麼都有，就是沒有芥末及醬油。看著如此的珍饈，**我禁不住打起勇氣問侍應生，「有沒有吃 Sasimi（日式生魚片）用的芥末及醬油？」他佬不敢相信地瞪著我的雙眼說：「有是有，但它們會破壞了這美食的味道。」**

希臘人 —— 科學的奠基者

為了尋找有產能過剩的工廠幫忙我們生產白煙，我們拜訪了在雅典的希臘煙廠。希臘與土耳其生產的香料煙草，是美式混合型香煙不可或缺的原料，希臘因此成為世界第七煙草生產的大國。

除了談公務，以希臘古文明為豪的煙廠經理，主動帶領我們到雅典附近的海神廟參觀，並且滔滔不絕地敘述希臘遠古祖先的光榮偉跡。

讀者一定看過電視轉播的奧林匹克開幕典禮，希臘的隊伍總是第一個進場，原因是世人尊敬希臘為奧林匹克競賽的創始國。除了奧林匹克競賽及亞歷山大大帝歐亞非的征服，希臘人的科學研究，對人類的貢獻更是無以復加，**世界會有今天的科技與進步，應該歸功於希臘人；西方成為近代文明的中心，也要歸功於希臘人。**

恩斯特費雪（Ernst P. Fischer）在他著作的「亞里斯多德以後」一書中，稱，他的研究涉及天文學、邏輯學、物理學、生物學和大氣科學。在沒有顯微鏡的時代，他用肉眼觀察野鹿與鯰魚，並將自然界一分為二，即「物質」與「非物質（eidos）」，這些理論成為達爾文「進化論」與培根「知識就是力量」的先導。他提出「四元素說」，認為宇宙各式各樣的事物都是由「火、土、水、氣」依不同比例混合而成（很接近中國的「陰陽五行論」），雖然謬誤，但是激發了後人對「冶金術」的研究，成為今日化學的先驅。

繼亞里斯多德之後，希臘的科學家歐幾里德出版了「幾何原

理」，阿基米德發現了「浮力」，希伯克斯應用幾何學計算地球到太陽的距離，這些研究都是發生在耶穌誕生以前，不敢想象如果沒有希臘人的科學研究，人類社會會停留在那個階段？

雅典是古希臘的重心，到了雅典一定要到阿克羅波利斯神廟（The Acropolis）參觀。這神廟興建的時間，大概是公元前六百多年，位置在雅典的市郊一處離海平面一百五十公尺高、方圓三公畝的石灰石平臺上，建造的目的是奉獻給「雅典城市保護神──雅典娜女神（Athena Polias）」，故又稱「衛城」。

神廟的殿宇都是採用圓柱的建築風格，氣勢磅礡，充分表現出神殿的高貴與雄偉，這種風格後來被羅馬人沿用，如今歐美許多城市的建築採用圓柱，來源即出於此。令人驚奇的是導遊的解釋：「**兩千多年前，希臘的工匠已經考慮到人們視覺對遠近的偏差，這些圓柱的高低結構都是從下端往上漸漸增大，所以我們才會看到垂直均勻的圓柱。**」

從阿克羅波利斯神廟鳥瞰雅典城，不禁自問：「為什麼與古希臘同時期的中國周朝，沒有留下任何像阿克羅波利斯神廟的地面建築，讓後人憑吊？」後來到雅典的博物館參觀，看到無數個巧奪天工的石雕，才領悟到「中國人的宗廟建築採用木材當原料，不像希臘、羅馬採用石材，所以熬不過歲月風雨的侵蝕」。除了石磚砌成的萬里長城，**要看中國兩千年以上的建築陳跡，大概只有到地下去挖掘了。**

不到雅典，不能了解希臘對羅馬影響之大，**雅典的博物館展示著許多古羅馬智者、名人的雕像，英雄如凱撒就曾在希臘留學過。**當希臘的文明達到鼎盛時，羅馬人還只是一群樸實的農人，後來這批農人吸收了希臘的文化，建立了一個龐大的帝國，除了併吞了希臘，還將地中海變成它的內湖。羅馬的武功甚盛，但文

治卻繼承了希臘文化，所以「**要了解今日西方的文明，一定要上溯到古希臘的文明**」。

伊斯坦堡 —— 歐亞交會處

公元兩千年我們被邀參加黎巴嫩人在阿惹拜疆（Azerbaijan）投資煙廠的開幕禮，因為新加坡到阿惹拜疆的首府巴庫（Baku）不能直飛，只好在伊斯坦堡（Istanbul）轉機，稍事停留。

土耳其是出產香料煙草的名國，有幾次國際煙草商邀請我們到伊治米爾（Izmir）訪問，都無法成行，既然此番在伊斯坦堡轉機，沒有理由不多留幾天來了解當地的香煙市場。**土耳其人抽的傳統水煙叫「氣佳煙（Chicha）」，有點像中國老一代人抽的水煙，**不同的是氣佳煙將煙草與香料放在一起加熱，產生的煙氣先經過水過濾，再由管子送到抽煙人的口中。這種氣佳煙因為與世界其他地區的香煙不同，聰明的土耳其商人將此煙具做成五顏六色，賣給旅客當做紀念品。

我們住進伊斯坦堡的旅館，馬上看到旅館經理在桌上留下的簡訊，要我們從窗戶向左右眺望海洋的兩邊，左邊就是歐洲，右邊就是亞洲，原來旅館特別建在亞歐的交界線上。想年輕時剛到美國開車旅行，經過「兩州的州界」常要下車拍兩腳跨在不同州的相片，如今足跨「歐亞兩洲的洲界」，竟然沒有攜帶照相機。

只要對歷史有點了解的人，一定知道羅馬帝國在西元三百九十五年一分為二，即以羅馬城為首都的「西羅馬」與以君士坦丁堡為首都的「東羅馬（又稱拜占庭帝國）」。西羅馬於公元四百七十六年為日耳曼人所滅，而東羅馬卻在君士坦丁堡維持了一千多

年，直到一四五三年才爲鄂圖曼人所滅。

君士坦丁堡（Constantinople）乃第一個信奉天主教的羅馬皇帝－君士坦丁大帝所建立的都城。世事無常，帝國興替，誰會料想到東羅馬後來爲鄂圖曼所滅，原先的君士坦丁堡被改名爲伊斯坦堡，成爲穆斯林鄂圖曼帝國的首都。

礙於時間短促，我們只能參加伊斯坦堡一日遊，景點有鄂圖曼帝國的皇宮（Topkapi Palace），穆斯林藍色清真寺（Blue Mosque），索菲亞博物館（Ayasofya Museum），最後到「大商場」（Grand Bazaar）買紀念品。

不說鄂圖曼帝國的皇宮收藏如何富麗，不愧曾爲橫跨亞歐非三洲的大國；不說藍色教堂如何堂皇，大到可容納一萬個穆斯林教徒；卻說我對蘇菲亞博物館產生的觀感。

索菲亞博物館原爲查士丁尼大帝所建的聖索菲亞大教堂（Hagia Sophia），拜占庭帝國滅亡後，信奉伊斯蘭教的土耳其人將它改爲回教堂。一九三四年土耳其政府摒棄宗教立場的爭論，明智地將之改爲博物館。

今天我們在這裡只看到天主教與伊斯蘭教混合的色彩及歐亞文明交會的和諧，看不到宗教的衝突與文明的對立。反觀中東的猶太人與巴勒斯坦的穆斯林爲了爭奪聖城耶路撒冷，幾千年來衝突不斷，爲什麼他們不能學習土耳其政府對待聖索菲亞大教堂的做法，拋棄宗教的對立、和平共存呢？

倫敦大博物館

筆者曾數度訪問過倫敦，其中以一九九〇年，陪著林老闆參加上市承包商日本山一証券在倫敦爲三寶麟安排的販股大會，爲

最重要。

看到老舊的倫敦計程車滿街跑，倫敦給我的第一個印象是像一個「活動的大博物館」。其實倫敦計程車並不老舊，它是為了保存倫敦文化的均一性，特意將外觀打扮成那樣的。倫敦雖然外表老舊，但是街道有條不紊，地下鐵四通八達。年紀稍長的英國人仍然帶有英國紳士的作風，女士們也比較注意穿著。

倫敦曾經是雄霸天下「大英日不落國的首都」，世界最大的城市。英國在伊麗莎白女王時代，一舉打敗了西班牙的無敵艦隊才成為世界的霸主。後來拿破崙本想聯合歐陸諸國，對英國禁運，但英國是「第一次工業革命」的發祥地，憑著國內市場的蓬勃，加上殖民地產業的開發，打敗了拿破崙聯盟。大英帝國一直執世界列強之牛耳，直到二次大戰後，霸主的地位才被美、俄兩國所取代。

倫敦的地下鐵甚為發達，只要上了地鐵，幾乎可到達倫敦的每一個角落。坐地鐵到白金漢宮，觀看有名的皇家侍衛隊交接典禮，是訪問倫敦不可或缺的節目。

步行倫敦街道，遙看西敏寺，再漫步海德公園，才知道倫敦雖大但是沒有紐約或芝加哥的喧嘩雜亂。倫敦全盤設計的都市計劃，使新建築與舊建築的外觀相互協調，這點是值得其他國家效尤的。

參觀鼎鼎有名的大英博物館（British Museum）時，看到許多中國陶瓷珠寶的陳列，心想這些收藏如果不是英法聯軍火燒圓明園時搶來的，就是八國聯軍從頤和園劫來的。英國人有收藏僻，博物館中不知道有多少木乃伊，可惜埃及的金字塔及印度的泰姬陵（Taj Mahal）太大太重，不然英國人一定搬回倫敦擺放。

　　走路到倫敦塔，可以看到童話書中的倫敦大橋。倫敦塔中存放著大英帝國歷代王室所珍藏的珠寶，紅寶、綠寶、藍寶、大鑽石琳琅滿目。西元一六八八年發生了不流血的「光榮革命」後，大英王室仍然存在，只是政權由總理及國會所擁有，這個制度叫「君主立憲」內閣制，現在世界上仍有許多國家像日本，泰國等實行這種政治制度。

歐洲的天堂與地獄

　　有個笑話說：「**天堂裏有英國的警察，德國的機械師，意大利的廚子，法國的情人及瑞士的組織者；地獄裏有德國的警察，法國的機械師，英國的廚子，瑞士的情人及意大利的組織者。**」印度大詩人泰戈爾曾說：「西方觀察家看印度的文明猶如聾子看人彈鋼琴般，只看到手指的跳動，卻聽不到音樂」。我雖然幾次赴歐洲，看到手指的跳動，但已可領略到上述笑話的深意。

　　英倫三島加上西歐大陸的總幅員，比中國的版圖小，但是西歐經過文藝復興與啓蒙運動的啓發，海洋時代大國崛起，英國的工業革命，法國的大革命，終於將西歐塑造成世界文明的重心。也許因為如此，國與國之間的競爭與敵視更為加劇，終於在二十世紀初期，短短的五十年間，爆發了兩次世界大戰。

　　戰後，礙于蘇聯的軍事威脅，西歐諸國加入了以美國為首的北大西洋公約組織（North Atlantic Treaty Organization，簡稱NATO 或歐盟），唯歐盟的成員個個有自己的立場，凡事難達協議，故 **NATO** 有「**光說不練（No Action, Talks Only）**」的笑名。

　　在經濟上，歐陸諸國比較偏向社會主義，他們成立了歐洲經

濟共同體（EU），使用同樣的貨幣（歐元），統一的關稅，但是主張自由經濟的英國，迄今仍然不同意使用歐元。最近，四個「豬玀國（PIGS——葡萄牙、愛爾蘭、希臘、西班牙）」呈現經濟破產的傾向，使人們懷疑歐盟會不會繼續團結下去？能不能再成為世界政治與經濟的盟主？

第六章 三十八度線分隔的朝鮮

金日成的故居（1993）

平壤附近的水壩工程（1993）

朝鮮人的悲哀

平生第一次結交的韓國人，是在一九八八年參加世界煙草研究大會遇到的李先生。在上海旅遊時，車經南京路，這位李先生要求司機停車，讓他下車拍幾張照片。事後我好奇地問他爲什麼，他說：「日本對朝鮮的侵略，比侵略中國有過之而無不及。一九一〇年八月二十二日，日本逼大韓帝國與之簽定『日韓併合條約』，我的伯父爲了反抗日本吞併朝鮮，逃到上海，加入『大韓民國臨時政府』，被日本人殺死在我剛才拍照的地方。」

李先生是李承晚的遠親，比我大十歲，曾經在「韓國煙草及人參專賣局」工作，專賣局曾送他到美國北卡羅萊那州學習煙草，是內定的接班人。誰會料到朴正熙的政權被推翻後，他竟要流亡到菲律賓，在一間大煙廠當技術顧問。中國遊的一年後，這位李先生打電話問我三寶麟有無用他的地方，結果我們僱用了他。後來我搬到新加坡，他接替了我在泗水的工作。

與李先生成爲同事後，我們常聊到韓國的歷史與政治，才知道韓國的確是一個多苦多難的國家。韓國位居朝鮮半島，北部緊靠著中國東北，東邊隔者海洋就是日本，自古即爲中日兩國來往必經的「走廊」。

清朝末年，日本唆使朝鮮內亂，滿清爲了幫忙王室平亂與日本發生「甲午戰爭」，結果戰敗，清廷派李鴻章與日本訂定「馬關條約」，割讓臺灣給日本。

在漢城參觀昔日王室的宮殿，才知道它們都是重建的，當年日本人爲了吞併朝鮮，除了燒盡宮殿，毀人社稷，還安排妓女與王室成員交媾，破壞宗室的血脈。如此血海深仇，難怪到了今

日，韓國人仍然念念不忘。

北緯三十八度的分隔

　　二戰結束後，日本撤離朝鮮半島，美蘇以北緯三十八度綫爲界，以北爲蘇軍接管，以南爲美軍接管。蘇聯扶持金日成成立「朝鮮民主主義人民共和國（北朝鮮）」，美國扶持李承晚的「大韓民國（南韓）」。

　　一九五〇年，韓戰爆發，北朝鮮大舉攻擊南韓，首先節節勝利，進逼釜山，直到美國介入，麥帥的海軍陸戰隊從仁川登陸，北朝鮮才被逼退到鴨綠江邊。中共參戰後，兩方又回復到拉鋸戰，直到一九五三年七月七日，雙方同意以三十八線爲界，劃分南北韓。

　　韓國人的命運的確坎坷，自立國之始，就受到中國漢唐的節制。日本崛起後，受到日本的侵略，甚至差點亡國。二戰後，朝鮮人民無從選擇地陷入美蘇的矛盾中。韓國人雖有堅忍強悍的民族性，但是形勢比人強，由於外力的介入，朝鮮半島的政局一直被列強所左右。**東、西德已經統一了好幾年，而南、北韓迄今仍舊是南北對壘。南北雙方的會談，變成六國的會談（中、美、俄、日、南韓、北韓），我們這一代人可以看到一個統一的大韓民國嗎？**

平壤之行

　　鑒于俄羅斯缺煙所引發的暴亂，北韓的煙草專賣局有意思與國外的煙草公司合作生產香煙，以供煙民之需。知道上述的消

息，我們就決定到北朝鮮考察，探個究竟。**當時可以直接飛到平壤的地方，只有北平及莫斯科兩個城市**。一九九二年的夏天，我們一行先飛到北京，再換上北朝鮮客機，飛往平壤。

　　北朝鮮老舊的客機上，沒有報章雜誌可供閱讀，耳朵聽到的都是愛國歌曲。抵達目的地 Pyongyang International Airport，不知道是否同行的貿易商神通廣大，或是北朝鮮缺煙若渴，我們的落地簽證一點問題都沒有。

　　從機場到平壤需要一小時的車程。進入市區後，見到街道寬廣乾淨，高大的建築林立，佔地不小的體育館，紀念堂，金日成的大理石塑像，市區有幾個拱門，其中的一個不亞於巴黎的凱旋門。

　　從建築及城市外觀來看，初來乍到的遊客一定會以為平壤的確是一個首都大城。奇怪的是號稱三百萬人的平壤市，沒有大城市的喧嘩，街上行人稀少，只有幾部汽車及電車來往，不像北京街上充滿了行人及腳踏車。

　　平壤美輪美奐的外觀，讓我們對它產生的美好印象，在進入旅館後就破滅了。我們所住的旅館專門招待外賓，但是由於能源缺乏，走廊、房間一片昏暗，地毯老舊，房間因為少用，甚至有腐味。唯一讓我印象深刻的是房間裝有電動的窗簾，早晨醒來，你可以不下床，按個電鈕就可以看到陽光。

　　市區遠方有一座上端幾乎像是金字塔的大建築，我好奇地問當地的官員：「那是什麼建築？」回答竟是：「Ryugyong Hotel」，就不再多言。後來我問同行的北韓通：「為什麼沒有安排我們住那兒？」他才告訴我：「**這棟建築是北韓人的傷疤，它是世界上第二十二大的建築，全樓高一百零五層（比台北的 101，還多四層），一九八七年開始破土興蓋，迄今尚未完工，旅館也沒有開**

幕。」我心裏自問，到底是資金未到位？還是最高領導人失去興趣？

　　原來，**這棟未完成的龐然大物，花了北韓百分之二的全年國民所得（GDP），是人類史上最拙劣的建築，有人甚至稱呼它爲「幽靈金字塔」**。一九八七年興蓋，到今天，二十多年過去了，有笑話說：「莫說二十年來尚未蓋好，也許永遠不會蓋好。」

金日成的出生地

　　我們在平壤的考察時間只有四天三晚，抵達的隔天，當地的官員一大早就帶著我們去拜訪「不朽的主席 —— 金日成」的出生地，平壤附近的萬景台。

　　金日成是「朝鮮民主主義人民共和國」的創始人，我們訪問他的故鄉時，他還健在。金日成的故居是一個精心佈置的農舍，高雅樸素。據說金日成本人喜愛吃韓式冷麵，爲了體會他的偉大及對世界的貢獻，我們當天吃的午餐就是冷麵。

　　金日成採用斯大林式的社會主義治理北韓，在他死前，蘇聯已經解體，共產主義也已崩潰，但是他本人仍舊堅持教條式的社會主義，不肯像中國、越南等國家嘗試改革開放。**由於金日成父子對共產主義的堅持，北韓迄今仍是一個封閉的共產社會。**

　　一九九四年，金日成病逝，接班的是他的兒子金正日。金正日除了承襲鎖國的衣缽，還變本加厲地發展核能及飛彈，恫嚇以美國爲首的日本及南韓，使得鄰近的國家如俄羅斯及中國也憂心忡忡，擔心北韓那天發動核子攻擊，玉石俱毀。這大概就是南北韓的問題升級爲六國問題的原因。

固步自封的社會

吃了冷麵後，北韓的官員為了誇耀他們的科技，帶著我們到國家圖書館，讓我們隨便點了幾本書，幾分鐘後書本利用自動控制系統，送到我們的面前，當時我裝作對他們發明的系統深為佩服，其實在西方國度，人家已經在發展 Internet, Search Engine, 資料彈指可得。

晚間我們被招待去看北韓引以為傲的特技表演，這是一種夾雜體操、舞蹈、雜耍及氣功的綜藝節目，每個藝人都有真刀真槍如假包換的功夫，讓人嘆為觀止。

不知道為什麼，當年的鐵幕國家都是世界特技及體操之翹楚，北韓如此，中國如此，東歐許多共產國家也是如此。會不會這種活動像古羅馬的武士肉搏一樣可以痲痺國人的神經？共產社會破產後，西方國家撿了一個大便宜，低薪雇用了許多特技高手，或在賭城拉斯維加斯表演，或組團到世界各地巡迴演出，大賺其錢。

我們在旅館吃晚飯，與幾位美麗年輕的服務生搭訕，開玩笑地問她們：「有無嫁到國外的打算？」她們回答：「**我們熱愛祖國，世界上沒有比我們的國家更好的，我們敬愛國家主席。如果我們要嫁到國外，必須經過組織的批准。**」這種似乎帶有宗教狂熱的回答，讓我知道政府對人民「洗腦」的效用，北韓的人民禁錮在自己的天地裏，與外面的世界隔絕，津津樂道地享受著我們認為沒有民主，沒有自由的日子。

在平壤的第三天，我們終於到專賣局煙廠參觀。在莫斯科，我看到爪哇煙廠用青綠色的印度煙草制煙，大不以為然。在平

壞，連青綠色的煙草都看不到，老掉牙的機器因為沒有零件可換而停頓。可憐呀！可憐！北韓的經濟一定是打了個休止符，如此的經濟嚴多如何過得下去？

訪問平壤後，我們順利地搭上北朝鮮客機飛抵北京。四天來，坐飛機，住旅館，上館子，到處播放著愛國歌曲，這種令人難以忍受的軍歌，直到飛機落地，踏上北京機場的地面，歌聲才嘎然而止。

民主？共和？

記得有兩個鞋業的專員，被派到非洲做市場調查，有一個態度積極的專員向公司報告：「這裡人民普遍沒有穿鞋子，未來鞋子市場有很大的發展空間。」另外一個態度消極的則報告說：「這裡人民普遍沒有穿鞋子，未來沒有鞋子的市場可言。」同樣的一個市場調查，前者樂觀，後者悲觀。決定與北朝鮮煙草專賣局合作，就是樂觀地以為趁歐美諸國對北韓的禁運未除，我們可以捷足先登開發品牌，佔北朝鮮香煙市場一席之地，他日應該有很大的發展空間。

回泗水後，我們如約地發了一道公文到北韓，邀請北韓煙草公司的經辦人員到我們公司來訪問，以增進互相的了解，加快合作的腳步。禮貌上，地主的我們，應該幫訪客訂旅店，但**北韓訪客的住宿卻由雅加達的北韓大使館安排**。事後我們才知道，北朝鮮官員出國，需要住在大使館指定的旅館，**客房不能讓一個人單獨住一間**。這麼一來，北朝鮮專賣局的訪客，只能一大早從雅加達飛到泗水，參觀工廠後，就得匆匆地趕回椰城。

北朝鮮全名是「朝鮮民主主義人民共和國」，朝鮮政府對人

民如是，怎能算是民主？我們邀請的客人，爲了人民共和國的需要在努力，而政府卻不相信他們，對他們綁手綁腳，政府與人民如何共和？

與北朝鮮的合作

與北朝鮮煙草專賣局合作的項目，一路困難重重，先是海運運輸的問題，**由於北韓的經濟崩潰，進出口幾乎停頓，沒有定期的貨輪到平壤，這不定期的運輸，對處理好的煙絲，是一個大問題**，我們只好將煙絲放在玻璃袋密封，以保持水分。

接著的問題是當貨物抵達海港，北朝鮮專賣局沒有貨櫃車，可以從海港拉貨到工廠的所在地，爲此，我們只好在新加坡買了幾部二手的貨櫃車送給對方。再下來的問題是，**有了貨櫃車，沒有燃料**。幸好工廠可以買到從中國東北走私的汽油及煤油供燃眉之急，但情況是「今天不知道明天」的供應。

合作一年後，我又回到平壤察看生產的情況。我方駐平壤的人員說，北朝鮮的物資缺乏，已到了寅吃卯糧，山窮水盡的地步了。**平壤地處偏北，冬天極冷，政府竟無法供應煤氣讓人民取暖**。許多鄉下地區大飢荒，人民沒有飯吃，聯合國知道此事，美國、日本及南韓都願意捐獻穀物給北朝鮮政府，條件是北朝鮮停止核彈的製造，以解除東北亞的核子緊張形勢，但是北朝鮮迄今不肯答應。

與北朝鮮的工廠員工一起吃飯的時候，有人大聲說，「**美國是今日最大的帝國主義，南韓是美國的走狗，日本是美國的幫兇**。」更可怕的是另一位官員聲稱，「我們北朝鮮憑著自己的努力，發展出長程飛彈，可以彈指之間，將美國的華盛頓及紐約化

為灰燼。」

　　看著他們同仇敵愾的談話，想著他們物質缺乏的窘境，人是鐵，飯是鋼，北朝鮮的饑民，可以餓著肚皮為政府打仗嗎？北朝鮮以核子、飛彈當武器，威脅美、日的日子，可以永遠維持下去嗎？

　　在無休止地面對困難的情況下，記得那位鞋業考察員的結論，「這裡人民普遍沒有穿鞋子，沒有未來鞋子的市場可言。」我們終於放棄了與北韓煙草局前後兩年的合作，這件事成為三寶麟海外擴張的一個慘痛教訓。

到漢城吃狗肉

　　在台灣，狗肉又稱「香肉」，顧名思義，狗肉與中藥一起煮得香噴噴之意，香肉乃冬天進補妙物，青壯年的男人吃了之後，號稱會全身冒汗，不怕嚴寒，沒有女人無法睡覺。我第一次吃狗肉是在鳳山官校與老兵共嘗一口而已，並沒有所說的症狀。

　　第二次吃狗肉是在印尼北蘇拉維希的孟那都幫公司買丁香之時。孟那都人以吃狗肉聞名，我吃了一口醃製帶辣味的狗肉，覺得沒有什麼特別。

　　第三次吃狗肉是在漢城（即現在的首爾），當時與老闆的大公子到南韓考察丁香煙市場，「到漢城吃狗肉」，是隨行年輕人起哄出來的玩意兒。而事實上，到漢城吃狗肉也的確是大批行家到漢城旅遊的一項特別項目，只是韓國人礙著世界保護動物協會的指責，沒有明目張膽地印在旅遊雜誌上而已。

　　我們抵達漢城的第二天中午，當地的代理，一位熱愛丁香煙、曾經住在印尼的工程師，帶著我們開車進入市區一個不小的

莊院，院中有大小不同的土狗 ── 棕色的、黃色的、黑色的，應有盡有。土狗隻隻不同，看著陌生人，有的狂吠，有的搖尾巴，小狗更是可愛。代理用韓文與店老闆交易之後，我們被請到鄰近的一間房間，開始喝起本地特產的「燒酒」，我當時心中有一個念頭，希望快速離開這個餐館，但是因為大夥起哄而來，只好「打腫臉充胖子」若無其事地在那兒談笑自如。

約半小時後，侍應生端著一個火鍋，一盤白菜與一盤切好的狗肉進到我們的房間，肉片不少，足夠讓六個人吃飽，這條狗應該是隻中型狗。火鍋起了火，加了湯，代理將一大片的狗肉放在白菜上。原來韓國人吃狗肉不像中國人吃香肉或孟那都人先醃製，而是如假包換的原汁原味。

看著別人已經動筷子，我硬著頭皮夾了一塊白菜，不知道上面有沒有連著狗肉，囫圇吞下，接著急喝下一大口「燒酒」。大夥兒中有人終於受不了了，提議到別家韓國餐館吃泡菜，這個動議馬上被贊成。我們花不了五分鐘吃這號稱「相當難得的狗肉火鍋」，狗肉還剩下一大盤，本地代理一定覺得可惜。我們匆匆結賬離席，大概是「作賊心虛」，不敢再多看屋外的狗兒一眼。

接下來兩天，不知道是不是吃了「人類最好的朋友」，總覺得狗肉味像吃了榴槤後的遺味般經久不散。好笑的是，有位同行的年青人吃了狗肉後，在房間還大吐特吐呢！

第七章　解體前後的俄羅斯

聖彼得堡的「濺血之地救世者的教堂」（2006）

攝於莫斯科紅場的聖巴瑟大教堂前（1990）

從聖彼得堡夏宮俯瞰遠處的波羅的海（2006）

缺煙暴動

　　從我們懂事開始，臺灣的蔣政權走的都是親美路線，街上到處張貼著「反共抗俄」的標語，聽到「蘇聯」二字，總是心生敵意。長大後，從好萊塢的電影中看到蘇聯秘密警察的可怕，讓我對蘇聯更是心生畏懼。做夢都沒有想到，我會在一九九○年代表三寶麟公司到莫斯科與蘇聯的煙草專賣局（Tobacco Merchants Association）談生意。

　　「香煙不是食物，但有時比食物還重要」，一九九○年，蘇聯的煙草專賣局無法生產足夠的香煙供煙民消費，煙民遂到處暴動示威，CNN 每天報導，缺煙一事成為蘇聯解體前的國際大新聞，上任不久的戈巴喬夫（Gorbachev）為此大怒，解雇了高級助理兼國家供給部部長。

　　按照美國布朗威廉遜煙草公司的主席及首席執行長普利查的估計，俄國市場的年需要量是四千兩百億支香煙，而蘇聯本身的產量只夠市場需要的百分之六十，換句話說，蘇聯一年缺少近兩千億支的香煙數量。

　　因此之故，蘇聯無法堅持香煙國營，只好對外開放，蘇聯專賣局同意大量購買外國煙，以補充國內生產之不足。為了進軍蘇聯廣大的市場，美國的菲摩煙草公司廉價提供兩百億支香煙，雷諾斯煙草公司也跟進，廉價提供一百四十億支香煙，以解俄羅斯的燃眉之急。

　　蘇俄的缺煙正給了我們一個千載難逢的商機，原來國際貿易市場已被幾家跨國大公司的名煙所壟斷，三寶麟生產的白煙在國際上默默無名，現在蘇聯大量缺煙，不管品牌，有香煙就好，不

就是讓我們有機會外銷到蘇聯市場，打出品牌的好機會？何況三寶麟不久前以廉價購買了英美煙草公司的三寶壟煙廠，正有剩餘能力生產白煙。

紅都 ── 莫斯科

一九九〇年的秋天，我到北京公幹後，乘坐德航飛到德國的法蘭克福，再轉機飛抵心中生畏的莫斯科。

抵達莫斯科機場，飛機緩緩在跑道滑行時，**除了看到許多蘇聯的米格軍機，還可以看到不少標著 AEROFLOT 的客機停放在機場，這一定是蘇聯的經濟崩潰了，航空業也受到影響，否則飛機的本錢昂貴，除了在維修的時候停飛，一般的航空公司，都會讓飛機不停地載客服勤。**

莫斯科的機場甚為簡陋，與當時的北京機場，沒有兩樣。海關檢查員看到我所帶的香煙樣本，愛不釋手，我當然慷慨地送他幾包。**從機場到市中心，約需一小時的車程，沿途可以看到寬廣的街道，雄偉的建築，莫斯科的確是當之無愧的蘇聯首府。**

蘇聯開放門戶後，外賓絡繹不絕地來到莫斯科找商機，所以旅館奇缺，我們能住進市中心三星級的貝爾格勒大旅店（Belgrade Hotel），算是不容易了。**奇怪的是登記住房時，旅客一律需要將護照交給櫃檯保管。**

旅館的房間窄小，但是每一個房間都有自己獨立的電話號碼，換句話說，房間與房間的聯絡，不能經過旅館的分機，而是像一個獨立的電話打給另一個獨立的電話，我當時也許看太多有關 KGB 的電影，認為這是為了避免電話監聽才這樣裝設的。

住進旅館後，印尼大使館的商業聯絡組，派專人帶我們去吃

晚餐洗塵。一桌六個人，有的人點豬排、有的人點牛排，還叫了兩罐蘇聯喬治亞出產的白葡萄酒。服務生衣衫齊整，顯然受過職業訓練，動作斯文，左手臂上掛著小白巾，右手臂拿著酒罐頻頻倒酒。酒醉飯飽後，大使館的人員用盧布付款。我偷偷地問該使館人員：「消費有多少？」他告訴我一個數字，信不信由你，**如以當時一百盧布兌換成美金一塊計算，我們六人又吃又喝，總共花不了十元美金。**

　　隔天在旅館吃早餐時，每一個座位端放著一小杯咖啡，食物是每人一份，我對食物的要求不高，但是早晨素有喝大杯咖啡的習慣，喝了小杯咖啡，要求服務員：「加倒一些咖啡」，他回答：「不可以」，我以為他們是一杯一杯賣，就說：「加多的一杯，我額外付錢」，他的回答仍然是：「不可以」。我以為該服務生聽不太懂英文，正要大聲慢說讓他聽懂時，隔壁坐的一位德國商人告訴我：「這裡早餐只提供一杯咖啡，用錢是買不到另一杯咖啡的。」

　　可憐列寧領導的共產黨自一九一七年推翻沙皇的統治後，七十多年來奉行馬克思社會主義，實施計劃經濟，食物採用配給制度，**整整一代人，對市場經濟完全不了解，戈巴喬夫積極要推行的「改革開放（Perestroika）」，旨在將政經做一次震盪的改革，但是人民久在社會主義的庇廕下，不知生意為何物，改革開放談何容易？**

莫斯科的爪哇煙廠

　　拜訪蘇聯的煙草專賣局前，我們到一家位在莫斯科市區的爪哇煙廠（Java Cigarette Factory）參觀。抵達時，廠長很高興告訴

我們該廠創立時，第一批使用的煙草來自爪哇，工廠因以得名。參觀工廠時，看到設備多年失修，製煙機是老掉牙捷克做的型號，包裝機也是應該放到博物館去陳列的機體，最令我不敢相信的是正在處理的煙草 —— 大部分來自印度呈青綠色的低級煙草。按理說，**一般已發酵好的煙葉應該是呈金黃色、淺黃色或褐色，青綠色代表還未發酵好的煙草。用這種煙草做香煙，使我想起小時候養蠶缺少桑葉，只好用普通的綠葉取代桑葉餵蠶，結果蠶兒皆死的情景**。俄羅斯的煙民，難道可以接受這種劣質的香煙嗎？

　　使用印度未成熟的煙草，意味著蘇聯的經濟巨輪已經轉不下去了，蘇聯老大哥已經利用政府對政府（G to G）的關係，向當年給予貸款的國家要債，印度沒有黃金美鈔，只好用低劣的煙草來搪塞。難怪乎蘇聯解體後，有一位埃及的商人對我說，「如果我們的國家在經濟上是次等國家，蘇聯則是三等國家。」埃及是長年接受蘇聯經援的國家，如今埃及商人鄙視蘇聯如此，世界上沒有永久的朋友，也沒有永久的敵人，信哉！

白人面孔的亞洲人

　　一般觀光客到了一個城市，大抵上是住旅館，看名勝，拍拍照片留念；時間寶貴的生意人或是公務在身的訪客，則更可憐，只能往回於機場、旅館、辦公室或工廠，談生意而已。這次到莫斯科，沒有想到接待我們的當地貿易商會因為他的阿姨生日，特地帶我們搭地鐵到他的阿姨家小坐。對我來說，這是一個難能可貴的機會，可以借這個機會多了解一下當地人的生活。

　　我們到了一個方圓很大但是樓房不高的公寓式社區，爬了四

層樓梯，見到他當教師的阿姨。阿姨的房間不大，但是很乾淨，簡單的老傢俱，茶几上放著一盆鮮花，多年來一直與英美較量的社會主義大國，一般人民的生活，倒是非常儉樸。

從阿姨處得知，**這一棟擁有數十個家庭的公寓，只有一個電表**，時下政府要經濟改体，居民正爲此大傷腦筋。我心裏估摸著，平常的居民，數十個家庭共用一個電表，而住在旅館的房客，每一個人有自己獨立的電話號碼，共產主義下的生活，似乎不太合邏輯。

回印尼後，我鼓勵一位在印尼設廠做電表的台灣朋友，快到蘇俄找商機，蘇聯正要從集體的社會主義生活，迅速改變成資本主義的個人生活，就以電表一個項目來算，不知道需要多少？

從這次俄國貿易商帶我一起去拜訪他的阿姨乙事，**我相信俄國斯拉夫民族，外表上看似白種人，但是骨子裏與歐美人大相徑庭，俄國人的想法與處事態度，可說是「外白內黃」。**

獨一無二的地鐵

奉勸有機會到莫斯科旅遊的人，一定要撥時間搭一次莫斯科的地鐵，並且多在車站下車小停，看看車站的陳列。**莫斯科地鐵是列寧時代就開始興建的，那時莫斯科是共產國際的首府，列寧好大喜功，要每個車站的裝飾，帶有它自己的特色。**基於這個要求，有的車站陳列著對共產革命歌功頌德的圖畫；有的陳列著蘇聯附庸國所進貢的奇珍異寶 —— 來自白俄的水晶燈，來自喬治亞的大理石彫刻，來自不同附庸國的名畫。

莫斯科地鐵的另一特色是車站離地面至少有六層樓深，我問，「爲什麼地鐵需要建得那麼深？」回答，「如是一來，平時供

居民交通使用，戰時可以當戰壕。」這個回答解釋了莫斯科的地鐵要深入地下二、三十米的理由。在近代史上，莫斯科曾經被拿破崙佔領，希特勒也打到門口。**蘇聯在二戰後大力建軍，就是擺脫不了首都被佔領的恥辱與恐懼，所謂「一朝被蛇咬，終生怕草繩」。**

除了訪問他的阿姨，這位貿易商還帶我們到一家有名的畫廊參觀。**俄國人以他們的繪畫爲傲，海關對攜帶繪畫出國檢查特別仔細。**我雖對繪畫外行，但是看到超乎低廉的價格，不禁掏腰包一百元美金，買了四張大小不一、上有畫師簽名的畫。當時門禁初開，俄人對匯率一知半解，一塊錢美金兌換成一百盧布，實在是太過份了。依我這位外行人的估計，一塊美元應該相當於十塊盧布而已。

二十分鐘談生意

抵達莫斯科的第三天早上，我們如期到蘇聯煙草專賣局拜訪，目的是要討論三寶麟的白煙如何進口俄羅斯的問題。**接待我們的官員，沒有跟我們交換名片，沒有請我們到會客室，沒有讓我們有機會介紹三寶麟煙草公司，也沒有告訴我們他們向國外購煙事宜的計劃，只沒頭沒腦地問道，「你們來這裡是爲了什麼？」**想想我們透過印尼大使館的安排，飛越半個地球，來與負責解決缺煙暴動的煙草專賣局會面，而對方竟不知道我們來莫斯科的目的？

既來之，則安之。我們拿出樣品，他老兄手拿著它翻來覆去地看，說，「品質沒有問題，每箱買價不能超過五十元美金，我方只能用盧布購買。」從他的態度與語氣看來，沒有協商的餘

地，會議大約二十分鐘結束，走出辦公室那瞬間，我知道，外銷香煙到蘇聯絕對不是一件簡單的事。

問題明擺著，蘇聯專賣局只能用盧布買煙，不提當時的盧布一日三貶的問題，盧布本身不是國際通行的貨幣，如果我們接受盧布，除非能夠用盧布在當地購買物品外銷到別的國家，換成美金，否則盧布有何用途？有一些非官方的俄羅斯貿易商，聲稱他們可以用美金購買香煙，但是替他們開信用狀的蘇聯銀行，在國際上無人知曉，誰敢跟他們直接打交道？

本來以為可以與蘇聯煙草專賣局簽個合同或協議書，但這希望在短短二十分鐘的會面便成為泡影，心中很是鬱悶，剩下的一個下午，到聞名世界的「紅場」（Red Square）去開開眼界吧！

聞名世界的紅場

我相信每一個初次抵達紅場的人，一定會被廣場東南角的聖巴瑟大教堂（Saint Basil's Cathedral）的建築設計，富麗堂皇的外觀及五顏六色的「非凡的美」所震懾。像洋蔥頭一般的屋頂，只有在童話書中才能看到的顏色配合，這大教堂乃由九間小教堂合建在一起。建築這神奇美妙的教堂是一五五五年，沙皇伊凡四世（又稱「恐怖的伊凡（Ivan the Terrible」）為了要紀念打敗並逮捕鄰敵 The Khanate of Kazan 所蓋。

傳說大教堂於一五六一年蓋成後，恐怖的伊凡生怕這位建築師（Postnik Yakovlev）設計比這個教堂更美麗的教堂，所以將他的眼睛弄瞎。這個暴君的作為，只是「姑妄言之妄聽之」的故事，事實上，Postnik 在蓋完這間世界最美麗的教堂之後，還設計了幾家教堂。

　　大凡共產國家的首都，都建有城市廣場，供領導們在重大節日演講及閱兵，**如雷灌耳的紅場，佔地不過兩萬三千多平方公尺（長三百三十公尺，寬七十公尺），比北京的天安門廣場小很多，但是它不僅是蘇俄社會主義國家的廣場，還是國際共產主義的中心廣場。**在這裡舉行過不知多少次的閱兵，砍過不知多少名叛徒的頭顱，更重要的是這裏還躺著蘇共創始人列寧的遺體。

　　環繞紅場的建築北邊有國家歷史博物館，Kazan Cathedral，東邊有專門銷售名牌的 GUM Department Store，西邊有伊凡年代蓋的克寧姆林宮塔台及當時蘇維埃社會主義共和國聯盟（U.S.S.R.）的首府辦公室。**看著克寧姆林宮紅磚的高牆，我揣測戈巴喬夫也許正坐在他的辦公室發愁，如何將蘇聯的計劃經濟改型成為市場經濟？我的這個猜測也許對了，翌年（1991 年）的聖誕節（12 月 25 日），在幾次不成功的政變壓力下，戈巴喬夫宣佈蘇聯解體，蘇聯一詞，從此成為歷史。**解體後，俄羅斯仍是十六個聯盟中的最大國，葉爾欽（Boris Yeltsin）當選為俄羅斯國家的總統。

來時容易去時難

　　通常搭乘國際班機需要兩小時前抵達機場，我們要搭的德航班機是十點，從旅館到機場需要一小時，所以我們必須於七點鐘左右離開旅館。

　　平常公務旅行，我都是輕裝簡出，每兩、三天將換洗衣褲交給旅館洗燙，抵達莫斯科亦然。當我將換洗衣褲交給旅館時，還特地叮囑他們一定要在兩天內送回房間。離開莫斯科那天，起個大早，匆匆地漱洗，早飯不吃。記得昨晚打電話要領取送洗衣服

時，回答是：「明天早上才有人上班。」爲了臨行前打包，只好趕早到洗衣部領取，但是洗衣部大門緊閉，心想趕飛機要緊，送洗的衣服只好留在莫斯科當紀念品了。

到櫃檯準備付錢退房時，很驚奇地發現櫃檯沒人，問了旁邊的旅客，才知道櫃檯八點半開門，這下真的讓我嚇出一身冷汗，因爲櫃檯保有我的護照，如果等到八點半開門，我勢必不能準時離開莫斯科了。

爲了這件事，我不停地要求櫃檯值班人員還給我護照，那位老值班被我吵得不耐煩，親自到櫃檯找到我的護照丟給我。看看時鐘，已是七點半。真是「來時容易去時難」，三星級的旅店竟然扣留旅客的護照，早晨八點半才開門辦理退房手續，世界怪事何其多？

伯力的軍警的士

我們與哈爾濱煙廠（哈煙）在中國本土的合作計劃，需要北京煙草專賣總局的批准，而煙草這單一工業的稅收，就佔了國家收入的百分之十，北京煙草專賣總局在處理外資合作時，需要國務院的批准，所以總是戰戰兢兢、慎之又慎，不敢隨意作決定，結果是准字難拿。

由於蘇聯大缺煙，哈煙看準時機，在海參威成立了一家煙草公司，準備設廠投產。一九九三年夏，哈煙邀請我們到海參威一行，一方面可以考察當地市場，一方面可以與我們討論境外合作事宜。哈煙深信與三寶麟在中國境外的合作計劃，比較容易達成。

我們一行六人，由哈煙的尋副廠長帶領，從哈爾濱搭飛機到

哈巴羅夫斯克（中國話舊稱「伯力」），在那兒過了一夜，再轉乘西伯利亞鐵路的火車，到符拉迪沃斯托克（Vladivostok，中國舊稱「海參威」）。

　　為什麼這兩個俄羅斯的遠東大城，有中國的名稱？原來，在滿清中葉以前，這遼闊的地區都是屬於中國的土地。伯力又稱伯利，唐朝時在此設伯力州，後來遼、金、元、明、清都曾經營，伯力代代都由中國管轄。滿清由盛而衰，正值沙俄積極往東拓疆之時，沙俄蠶食鯨吞中國東北的大好土地，冀求佔領遠東的出海口，海參威就是他們夢寐以求的遠東良港。

　　可惜國家多難，滿清覆亡後，國民政府北伐的成功，中共內戰的勝利，在在都是靠著蘇聯老大哥背後的資助。正因為如此，這先後當政的兩個政黨，都不敢向老大哥提出東北領土歸還中國的要求。如今木已成舟，**伯力已叫哈巴羅夫斯克，海參威已叫符拉迪沃斯托克。江山雖多嬌，卻已成為俄羅斯的俎上肉**，君子又何嘆？

　　從哈巴羅夫斯克下了飛機，等了很久，看不到一部計程車，大家心中有點發急。但見同行的一位東北仁兄，操著俄國話與一位軍人搭訕，不久那個軍人神密兮兮地開來了一部軍車，讓我們魚貫上車。

　　車子抵達旅館後，我問這位會講俄國話的中國人：「到底他們是誰？」他的回答很妙：「**他們是俄羅斯遠東區的軍警，搭他們的便車很安全。**」我以為哈煙與俄方的軍隊有合作關係，又問：「你們與他們有什麼關係？」回答是：「我們與他們沒有什麼關係，**他們部隊的薪水微薄，出來撈外快而已。**」我聽完後，愣了一大下，不敢想象聞名全球的俄國軍隊，會做出如此沒軍紀的勾當。隔天離開旅館往火車站時，那部我們專用的軍警車已經到

達，看樣子是等候多時了。

往還機場及火車站，我們看到的哈巴羅夫斯克，是一個人口大概在五十萬左右的中型城市，人民腳步緩慢，沒有大城市的喧囂。哈巴羅夫斯克位於黑龍江與烏蘇里江出海匯流處的東岸，有兩江流域作爲它的腹地，自然而然地成爲兩江流域貨物的集散地。

東方的皇后

沙俄自從彼得大帝從事西化，且成功地進入波羅的海後，往東則不停地吞噬西伯利亞及中國東北的大片土地。有位歷史學家說：**「在這個海權發達的時期，沙俄所佔領的陸地面積，不亞於西歐諸列強在世界各地佔領陸地的總和」**。符拉迪沃斯托克的俄文意思是「東方的皇后」，有征服東方的意思。

海參威位於中俄交界，離北韓不遠，是東北亞多季不結冰的一個天然不凍港，也是俄羅斯在太平洋最大的海軍基地。海參威是長達九千多公里的西伯利亞鐵路的起點，這條鐵路聯繫著東邊的海參威與西邊的莫斯科。

我們從伯力到海參威坐的是臥艙。從火車上可以看到一片廣大的寒帶樹林，偶有野鹿漫步於蔥綠的森林草原，西伯利亞的夏天，與我們在齊瓦哥醫生電影所見冰雪覆蓋的景色，完全不同。**如果地球繼續暖化，西伯利亞不長年被冰雪覆蓋，這一片未開發的處女地，將是俄羅斯最大的寶藏。**

西伯利亞的火車比臺灣的火車寬敞，但是幾乎每站都停，站臺上賣飲料、食物的小販十之七、八是中國人。打從心底敬佩這些無孔不入的中國商人，連老大哥的錢也賺，真是了不起！

這段旅途需要十幾小時，爲了打發時間，我們買了幾瓶有名的俄國伏爾加酒佐餐。烈酒入肚，不覺朦朧大睡，不知東方之既白。醒來時火車已抵達海參威，哈煙的職員與司機已在月臺外面等候著歡迎我們。

蹲馬步如廁

我們住進一間老舊的客棧（Hostel），據哈煙的人說，這是海參威唯一開放給外賓住宿的旅館。這旅店一定是當年某機關的招待所改裝的，房間還算不小，但就是沒有套房式的盥洗設備。**每一層樓只有一間公用衛生間，二十多間的旅客，要共同使用這間衛生間，從事洗澡、洗臉，大小便的日常工作。**只有排隊等候，就夠你瞧了。

好不容易進入了衛生間，發現它就是一間大房間，大小便同此一洞，沒有抽水馬桶，洗澡與大小便的地方也沒有分隔。由於當天缺水缺電，大便的地方簡陋，沒有衛生紙的供應，旅客們擦大便使用的是舊報紙或包裝紙，使用後沒水沖走，全部丟棄在地上，堆積如山，臭氣衝天。這是一個如假包換的人間煉獄，我真的不敢相信世界上會有這樣的旅館。

同行的李先生，是一個非常機靈的人，他在路上聽到俄羅斯物資缺乏，便在旅館登記時，將在機場免稅店購買的巧克力與門房換衛生紙，分發給我們，作爲準備。

他本人因內急非上大號不可，首先發難。但見他行色匆匆，僅用了兩分鐘，完成了平常需要花費十五分鐘的大事。我問他：「爲何如此之快？」他驕傲地回答：「**我用打火機取光，用成功嶺訓練好的蹲馬步姿勢站立，閉氣兩分鐘，再用上以巧克力換來**

的衛生紙擦拭，大功成焉！」真羨慕他有這種能耐！

　　人很奇怪，常常把許多事情視為當然，吃飯、睡覺，上大號，都是想當然耳的簡單事，但是在海參威，上大號變成一件談虎色變的事情，奇怪的是當上大號這件事出了差錯，身體居然會自動調節，我在下面的三天裏變得便秘，直到離開海參威後，才恢復正常。

開轎車、買地攤

　　哈煙的職員帶著我們去考察香煙市場，到了一個遠遠已是人聲沸騰，買客雲集的市集，走近一看，竟然是一個地面泥濘，擺地攤賣舊貨的跳蚤市場（美國人稱之為「Flea Market」）。這裡擺地攤的大部份是中國人，買東西的都是俄羅斯人，貨物大抵來自中國東北。

　　買東西的俄國人，個個穿著皮大衣，好似美國人上教堂的打扮，市集附近停放著許多的汽車，證明買客大多數是開著汽車來的。**我想俄國的老百姓並不窮，問題是他們的商店沒有民生日用品可買，人們不得不開車到這跳蚤市場買牙膏、牙刷、香煙、可口可樂、髮梳，底片等等，這些在我們社會裏都是想當然耳的物品，在俄羅斯卻成了難得一見的舶來品。**連我隨身帶著的一個不值錢的傻瓜照相機，也有人爭著問我要不要賣？可憐俄國施行共產社會主義七十幾年，落得如此下場！

　　俄羅斯曾經是蘇聯的龍頭，世界共產主義社會的老大哥，人類史上最早送人造衛星上太空的國家。由於政府計劃經濟，長年與美國軍事競賽，製造大量的飛機、火箭、核子潛艇，忽略了國計民生，人民買不到衛生紙、肥皂、原子筆等民生日用品。蘇聯

解體後與美國同意裁軍，只有要毀壞的坦克就排了幾英里。計劃經濟之害人，窮兵黷武的代價，可見一斑。

眼見俄羅斯改革的迷惘，讓我慶幸中國在鄧小平的領導下，於一九七七年就開始改革開放。以中國龐大的人口，天然資源先天的不足，如果繼續實施計劃經濟，中國的命運將不堪設想。

公事包不翼而飛

離開海參威的當天，我們決定到市區買幾包當地的香煙，作為日後參考之用。我們將公事包及行李留在車上，空著手離開車子，臨走時還特別交待哈煙的司機看好行李。

海參威雖是俄羅斯遠東的最大港，但是人口只有六十餘萬，路上行人不多，是一個半睡半醒的軍港。市區就在港邊，傍山依水，市容不差，有發展為旅遊景點的潛能。

商店擺設的香煙，大部份是從中國東北走私進口的水貨。市區有不少擺地攤的，賣一些過時的筆記型電腦，二手的收音機等。

大夥走了約四十五分鐘，回到了停放車子的地方。正要把所買的樣品煙放進公事包時，卻千找萬找，找不到我的手提包，而同行者的手提包及行李都安在，車子後艙的鎖匙也沒有被撬開的痕跡。

問了看守車子的司機，他說他一直呆在車上。我問：「如果你一直呆在車上，不可能公事包會不翼而飛。」這位從哈煙外調到此地的司機才說：「只離開車子一下，去幫愛人買了一支口紅。」「一下有多久？」回答是：「大約十分鐘。」

久聞海參威的治安不好，想不到小偷居然在光天化日下，十

分鐘時間，就能打開車子後艙，不露半點痕跡地拿走我的公事包，相信這個小偷一定是很專業。「爲何只拿我的手提包，不拿別人的？」李兄打趣地說：「這裡的小偷蠻識貨，你的手提公事包是沙奇名牌，不偷你的，還偷誰的？」我的沙奇公事包裏面的筆記型電腦，相信幾天後，會出現在海參威賣贓貨的地攤上。

我平常有將護照放在手提公事包的習慣，這一天居然沒有這麼做，原因是俄羅斯的旅館有收留旅客護照的規定，退房時，旅館的職員將我們的三本護照交給李先生，李兄要將護照還我時，我福至心靈地說：「反正一起同行，拜託你代爲保管。」這可是不幸中之大幸！

錢財身外物掉了認虧，但是護照掉了，可不是認虧就可解決的事情。**如果在海參威掉了護照，那可就是「哭天天不應，叫地地不靈」的大事**。唯一解決的辦法，就是到莫斯科美國大使館辦理臨時護照。沒有護照，坐不了飛機，就只好搭乘貫穿西伯利亞的火車到莫斯科，一趟下來就要八天時間，真不知道會有多麻煩？

平常離開一個新的地方，總會在心底下對哪個地方說聲再會，此番坐上往伯力的火車，臨行前，卻只是鬆了一口氣，發誓不再回來海參威 —— 這個中文翻譯名叫符拉迪沃斯托克，英文名叫 Vladivostok，我稱它爲「Bloody Vostok」的鬼地方。

彼得大帝的城堡

由於海參威的慘痛經驗，我對俄國產生了畏懼的心理，這個印象維持到二〇〇六年的夏天我們全家到俄羅斯旅遊，看到具有西方色彩的聖彼得堡（St. Petersburg），纔有了極大的改變。

　　顧名思義，聖彼得堡是俄國沙皇彼得大帝（Peter the Great）所建的城市，彼得大帝是推動俄國西化的舵手，爲了親身體驗西歐的制度，他本人到英國及荷蘭的造船廠打工；爲了讓俄國成爲海權大國，他不惜動用武力與瑞典交戰，佔領北大西洋的門戶——波羅的海沿岸的土地；**爲了表示西化的決心，他將首都從莫斯科遷到聖彼得堡。我們可以這麼說，「沒有彼得大帝（1682-1725）的經營，就沒有後來俄羅斯的興旺」。**

　　建在波羅的海岸邊，遙望芬蘭的彼得夏宮（Peterhof Palace），是彼得大帝生活起居兼辦公的地方，裏面花園水池疊錯，噴泉塑像雜陳。從皇宮的正面鳥瞰下方，上百個黃金塑像，仿佛隨著白色噴泉的節奏翩翩起舞，**人稱彼得夏宮爲「俄羅斯的凡爾賽宮」，我則認爲彼得夏宮的華麗，比法國的凡爾賽宮有過之而無不及。**

　　彼得大帝引進了西方的技術及武器，以夏宮爲他的皇宮；他的下幾任沙皇中，凱薩琳女王（Catherline the Great）大力引進了西方的藝術及禮節，將原有的多宮添加了幾家收藏藝術品的博物館，這就是鼎鼎大名的「隱者博物館（The Hermitage）」。

　　隱者博物館的收藏極豐，可與法國巴黎的羅浮宮相比美。館內充斥著無數的大理石雕刻，燈飾，家具，壁畫，其中以繪畫收藏最有名——達文西的「The Modonna with a Flower」及「The Modonna and Child」，梵谷的 Cottages 和 Lilac Bush，林布蘭的 The Return of the Prodigal Son，高灌的 Woman Holding a Fruit 及 Sacred Spring 等。

　　旅行團只讓我們參觀了這家博物館三小時，我們只好走馬看花似地走過這些世界有名的藝術品。如果哪一年有機會回到這博物館，我將花一整天的時間細細品賞。

聖彼得堡的悲傷

　　到過聖彼得堡的遊客，看到「耶穌復活教堂（Resurrection of Christ Church）」，一定會被其美輪美奐的彩色，華麗無比的圓形屋頂所震懾，感嘆此建築「只應天上有，何似在人間」。

　　這美麗的外表卻有一個悲傷的故事，**這間教堂又名「濺血之地救世主教堂」（The Church of Our Savior on the Spilled Blood），所蓋之處是沙皇亞歷山大二世被暗殺的地方**。俄羅斯自從全盤西化後，引進西方民主思想，但掌政的沙皇紙醉金迷、執迷不悟，終於導致血腥的革命。亞歷山大二世被刺後，繼任的兒子爲了紀念父親的死，在血濺五步的地方，蓋了這間教堂。共產黨革命勝利後，將之關閉了三十多年，直到一九九七年才再度開放。

　　聖彼得堡最令人悲傷之地，首推彼得與保羅大教堂（Peter and Paul Cathedral）中聖凱薩林禮拜堂（St. Catherine Chapel）中安放著的俄羅斯最後一個沙皇尼古拉二世的全家人遺骸。看過好萊塢電影「Nicolas and Alexandra」乙片的觀眾，一定知道尼古拉二世全家在列寧領導的「十月革命」成功後被逮捕，之後被送到西伯利亞，一九一八年七月十七日，在Yekaterinburg小鎮，慘遭槍殺，屍骨被埋在礦坑的故事。

　　導遊小姐一口咬定，殺害尼古拉二世全家的是難辭其咎的列寧所下的命令。列寧是俄國的國父，俄共因爲他的偉大，將聖彼得堡改名爲「列寧格勒」。**蘇聯解體之後，俄國宣佈共產非法，列寧格勒馬上復回原名聖彼得堡**，列寧沒有像斯大林一樣被赫魯雪夫鞭屍，聖彼得堡市政府前廣場的列寧銅像仍然安在，算是難

得。

尼古拉二世全家的屍骨，經過整整八十年歲月的煎熬，終于在一九九八年的七月十七日被葬在彼得與保羅大教堂，入土為安。看著一排尼古拉二世全家的棺材，真令人感嘆「不該出生帝王家」呀！

第八章　港澳英葡租借地

東方之珠

　　當我在美國的煙草公司工作時，每年都要參加「世界煙草科學研究組織（Coresta）」的年會。世界煙草科學研究組織成立於一九五六年，主旨在提倡有關煙草的研究合作，該組織有一百八十八個成員，來自四十八個不同國家。一九八八年的年會，是有史以來第一次在中國舉行的。

　　到三寶麟煙草公司工作的前五年，忙於發展濾嘴丁香煙，無暇參加該年會。由於「獨尊牌」的成功，彭總批准我到廣州參加年會，順便參加為期兩周的中國遊。

　　為了到中國參加年會，我們夫婦倆先飛到香港，住進九龍尖沙嘴的一家旅館。當時林老闆與一位香港的劉先生，在尖沙嘴合開一家迪斯可夜總會「Canton Disco」，生意昌隆，老闆要我到該夜總會看看。

　　當晚八時許，劉兄帶我們到該夜總會參觀，店門未開，客人已排滿長龍，門口標註著「門票與飲料需付現金」。**夜總會裏面有上等的音響，電視，電影投視設備，寬大的迪斯可舞池，一個晚上可容納兩千人。參觀了這夜總會才體會到香江夜生活的美妙與瘋狂。**據說有許多明星及賽馬的騎師喜愛此地，所以該夜總會

成為香港年輕人的最愛，不管周日周末，每晚高朋滿座。

　　我們知道的香港，其實包括香港島與大陸邊緣的九龍兩塊地方，故又稱「港九」。英帝國於鴉片戰爭後強向清廷租用港九，為期九十九年。**大概是因為英國的法治管理，加上中國人民的任勞任怨，八十多年來，香港成為「東方之珠」，港口貨櫃吞吐量一直與荷蘭的阿姆斯特丹，東南亞的新加坡，互爭世界第一。**

　　香港的面積比新加坡大，但是到處是山，不像新加坡的平坦。這彈丸之地住著六百萬以上的人口，難怪飛機抵達啟德機場前，可以從窗口看到一大片的超高樓房建築在半山上。

　　有一次夜晚，我從上海飛到香港，旁邊坐著一位曾經是飛行員的老美，我們聊得很起勁。當飛機下降時，我注意到他老兄一言不發還冒著冷汗，著地後才鬆一口氣說：「平常飛機一下降，就不需要轉向，今天飛機下降後還轉了向，我以為出事了。難怪啟德機場成為每個駕駛員受訓時的演習坐標。」

　　香港的市區繁忙零亂，隨時隨地都可以感覺到人口的壓力。不知道是不是因為如此，香港人很現實，他們沒有時間花費在跟你客氣的事情上。**香港算是「美食與購物的天堂」，無論你住在那個旅館，購物商場都是近在咫尺，商店毗鄰，裏面充斥著真真假假的名牌。**有一位住在新加坡的朋友，每年要到香港採購衣服飾物，原因是「香港的商店陳設及貨物品牌，遠非新加坡的商店可及」。

　　香港人的住家，沒有廚房的，大有人在，大部分的人三餐在外面吃，廚子為了市場的需要，精益求精，不時要發明新的菜色。因此，**多數香港廚子的廚藝俱有「外銷的品質」，不少香港廚子外聘到北美、東南亞及澳洲，許多東南亞的飯店，以擁有香港廚子為號召，招徠食客。**

我第一次訪問香港時，雖然經濟火紅，但是人人自危，擔心十年後回歸中國後的日子，雖然鄧小平說過：「香港回歸中國後，政體五十年不變，香港人可以酒照喝，舞照跳，馬照賭」，但是有辦法的香港人為了保險起見，都擁有兩份護照，一時移民潮大興，其中最大的去處是加拿大及澳洲。可憐的是家人可以移民，事業倒是移不走，為了顧家又顧事業，這批人每週每月乘坐飛機，來往香港加拿大、雪梨之間，外號「空中飛人」。

亞洲第一個賭城

香港到澳門很方便，坐船只需一小時。經不起賭場的誘惑，我們決定到澳門一遊。抵達澳門，首先注意到的是它的繁華及擁擠。**這塊不到三十平方公里的地方，人口密度每平方公里一萬八千人，比摩納哥的一萬六千人還高，澳門因為是葡萄牙的租借地，不能算是一個國家，否則它早已取代「摩納哥是世界人口密度最高國家」的地位。**

澳門原是珠江口的一個小漁港，葡萄牙人為了到東方尋找商業根據地，強行向清廷租借，澳門遂成為葡萄牙在遠東的商業根據地。

導遊帶我們到澳門的地標 —— 聖保羅教堂殘壁（Ruin of St. Paul's）參觀，聖保羅教堂建於一六○二年，一八三五年發生火災時，所有的建築皆灰飛湮滅，唯有南邊的石墻迄今矗立不倒。除了聖保羅教堂殘壁，媽祖廟及老市區也值得一走。

八○年代，澳門的工業以手工密集的成衣及玩具為主。除了手工業，就是旅遊業，旅遊業中的佼佼者，就是賭場。**據說許多香港家庭，丈夫上班忙碌，太太在家無聊，便到澳門找刺激賭幾**

把，賭著賭著就上了癮，將一生儲蓄全輸在賭桌上。

　　有一位常到珠海打高爾夫球的香港朋友告訴我，他常在渡輪上看到許多香港人提著整箱的現金到澳門去豪賭。我們住在里斯本酒店吃了晚餐，看了法國式的歌舞表演後，到酒店的賭場走走，發現澳門賭場的規模，比三年前我們到過的摩納哥賭場大很多，這裡只有少數人玩角子老虎或賭大小的「小賭」，大部分人賭的是二十一點或梭哈的「大賭」。

　　傳說不會是空穴來風，賭城風雲大，除非你有像電影「21」中麻省理工學院學生的電腦記憶，否則結局一定是「一家歡樂萬家愁」，「一家」指的是賭場的老闆，「萬家」指的是業餘的賭徒。

　　很奇怪的是，一門之隔的中國大陸，雖然鄧小平上臺後主張改革開放，但是到了八〇年代末期，市場經濟仍未奏效，國計民生一籌莫展。而這個以中國居民佔多數的小城市，在歐洲人的統治下，經濟居然像香港一樣蓬勃，是不是因為葡屬的關係，政府給予人民足夠的自由，所以經濟得以發展？

　　慶幸九〇年後，中國的經濟脫胎換骨快速重生，一九九七年順利從英國拿回香港租借地，一九九九年從葡萄牙拿回澳門租借地，從鴉片戰爭開始，中國被列強欺凌的恥辱，終於告了一段落。

第九章　九〇年代的神州

桂林山水甲天下（1988）

西湖掠影（1988）

上海南京東路的街道（1988）

杭州商場停放的腳踏車（1988）

拜訪哈爾濱煙廠（1993）

攝於哈爾濱太陽島（1992）

浮萍回到了大澤

　　一九八八年八月，為了參加在廣州舉行的世界煙草年會，從香港搭機飛到廣州，第一次踏上了中國的土地。在啓德機場，看到不少的臺灣老兵，或提著行李，或背著包袱，趕著乘機回故鄉。他們背著的包袱，可能就是變賣在台的所有家當。因為不懂廣東話及英語，老兵們到處問人如何搭機，有轉機走錯閘口的，有旅行文件不齊全的，不堪的狼狽象，令人同情。

　　飛機在廣州白雲機場落地的那一刹那，我的感覺就好像「浮萍回到了大澤」，由於國共內戰，海峽兩岸的分隔，做夢也不敢相信這一輩子有機會踩在神州大陸，踩在我們祖先來自的故土。從小只能在課本上唸到的中國地理，現在可以身歷其境；從小只能在課本上唸到的中國歷史，現在可以親身見證，這種感覺令我興奮不已！

　　後來與幾位背景各異的華僑，談起第一次回大陸的經驗，大家都說「**不知道是不是因為身上流著中國人的血液，或是曾經受過中國文化的薰陶，每一個海外華人第一步踏進神州的土地上，都會有一種同文同種的歸屬感。**」我們就說這種歸屬感是海外「浪子的心情」吧！出生在臺灣的我，雖已旅居美國及印尼多年，也不例外地擁有這種浪子的心情，一種筆墨無法形容的心理震撼。

「五羊城」的經驗

　　經過廣州的「中國邊防」（移民局），旅客們等候著行李的到

來，但找不到托運行李的轉盤。說時遲，那時快，門口開處，一
隊「苦力挑夫」，用木杆挑著大大小小的行李袋，出現在我們的
面前，他們往回十幾次的搬運，總算把所有的行李搬到了大廳的
地面上。我心裏想，「印尼雖落後，還沒有落後到這個田地，難
道我們小學課本說，大陸人民吃樹皮，是真的？」

　　廣州簡稱「穗」，別號「五羊城」，秦始皇統一天下後設南海
郡，廣州當時就叫「番禺」。**廣州是革命的搖籃，市郊的黃花崗
烈士墓，即爲實證。**廣州市郊的黃埔軍校，培育了許多中國近代
的將領，杜聿明、林彪、胡宗南等皆畢業于此。有人說蔣介石的
一生基業「成也黃埔，敗也黃埔」。我曾經在鳳山的「陸軍官
校」當教官，陸軍官校崇尚的就是「黃埔精神」。

　　一九七七年鄧小平上臺後，力主「改革開放」，設立「深圳
經濟特區」，招徠外商投資設廠，廣東省遂成爲改革開放的先
驅。**當時中國有三間國際級的旅館，三間都在廣州 ——** 白天鵝
賓館，中國大酒店及花園大酒店。一九八八年的世界煙草科學年
會，就在花園大酒店舉行，那裏也是我們下榻的旅店。

　　雖是開發最早的沿海大城，廣州市區除了幾家大酒店之外，
道路或商場的建設，實在乏善可陳。我們所住的酒店禁止本國人
自由出入，儼然是清末「上海租界」的再版。出了酒店，便有黑
市商人要我們將美金換成人民幣或外匯券。街上汽車稀少，最主
要的交通工具是腳踏車。政府機關前站立的警衛，穿著、顏色及
尺寸很不相稱，活像當年「兩萬五千里長征」或「八路軍」的服
裝。

計劃經濟的悲哀

從國外花花世界來訪的旅客，一定會注意到本地居民的樸實，**男的穿著樸素，女的清湯挂面，白衣長褲**。幾年前聽過這樣的一則故事——中國民航機初飛到國外的時候，空中小姐利用空暇的時間，在飛機的化妝室用眉筆畫眉、塗胭脂，顧影自憐一番，再洗盡鉛華，從化妝室出來爲旅客服務。愛美本是人類的天性，起先我以爲這是外國人編排譏笑中國人的故事，到了廣州後，才開始相信這故事的真實性。

當我在參加煙草開會的時侯，阿貞隨著大會的安排，到黃花崗七十二烈士墓，六榕古寺，及一所高級的樣板小學參觀。爲時一周的大會期間，地主經辦人也特意安排，讓所有參加的會員到佛山的陶瓷手工藝品中心及絲織品工廠參觀。

在陶瓷手工藝品工廠，我們遇到一位極有天賦的玉石雕刻家，他的一些雕刻作品，已列入國寶級，只供陳列不能賣出。大概是因爲我們是整個參觀團體中唯一會講中文的旅客，這位雕刻家特地拿出他利用工作閒暇，在一棵核桃上雕刻的百馬圖，讓我們觀賞。在放大鏡底下，可以看見每隻馬姿勢不同，栩栩若生，我們對該核桃愛不釋手，決定花十元美金向他索買，他高興地答應了，但條件是絕對不可以告訴別人。

我很同情這位玉石雕刻家，心想在共產制度下，一位那麼有**天賦的藝術家，連自己的作品都不能自由買賣，不是埋沒人才，岐視人權**？

記得八○年代初期，路城一位親左的球友到大陸探親歸來，告訴我，「老蔣有一萬個不是，但是『反共』倒是反對了。」我

問他，「爲什麼這麼說？」他的回答很簡單，「我跟我太太一生爲了兩個子女打拚，六十歲還不能退休；共產黨竟然相信，憑著一個政黨的力量，可以養活並教育十億人口。」

桂林山水甲天下

世界煙草研究大會開完後，我們隨著旅行團的「總陪」搭上國內班機飛到桂林。抵達桂林機場，艙門一打開，濃郁的花香迎面撲來，原來它就是**「九月桂花香」，難怪此地名叫「桂林」**。

我利用等行李的時間上廁所，差點被廁所的「阿某你呀（Ammonia）」的味道熏死，這種味道遠遠壓倒了桂花的濃香，在衛生方面，中國的確遠遠落後於他國。

桂林位於「廣西壯族自治區」的東北部，自古以「山青，水秀，洞奇，石美」而贏得「桂林山水甲天下」的美名。旅行團在「地陪」的領導下，坐上了容得下五十人的大汽艇，沿著漓江一路瀏覽河光山色。

我們一面吃午飯，一面聽著地陪不停地告訴我們因山水而形成的映象，有繪形繪色的「五馬畫山」，「蟠桃上壽」等奇景，偶而看到河邊的漁人在捕魚，正是**「人在畫中，畫在山中，山在水中」**。

我們在桂林旅遊時，吃的大半是菜炒菜，幾乎看不到肉。當時有幾位老外開始埋怨，要我代表全體問總陪何故？總陪的回答是，「這個地方的條件不夠，沒有好餐館，我們沒有辦法讓團員吃好菜，等到了北京，旅行公司會安排吃『北京烤鴨』，加以補償。」

上海十里洋場

告別了桂林，下一站的旅遊景點是上海。上海簡稱爲「滬」或「申」（紀念戰國時春申君受封於此），一九八八年時，人口約一千七百萬，是中國最大的城市。

小時在臺灣閱讀了不少書報，描述上海是「十里洋場」，夜上海是「花天酒地、紙醉金迷的不夜城」，上海人的「海派」，上海灘黑社會杜月笙，黃金榮等人的軼事，令我非常好奇與嚮往。

但上述的記憶於飛機抵達虹橋機場時便瞬息破滅，**上海國際機場的破舊，幾乎與美國的灰狗巴士站，沒有兩樣。**上海的街道老舊，擠滿了騎單車及走路的行人。住宅呢？如果是解放前蓋的，因爲失修而變得老舊；如果是解放後蓋的，則是粗製濫造一片灰暗。昔日上海的雄風，已是「大江東去」。

記得幾年前，一些回上海探親的朋友告訴我：**「上海的景色建築與四十年前我們離開時一樣，只是變得老舊而已。」**

毛澤東賓館

上海沒有五星級的國際旅館，而我們這個旅行團的成員都是外籍人士，總陪只好安排我們住進了外號叫「毛澤東賓館」的西郊賓館。它原是高級幹部到上海開會的下榻之地。帶領我們旅行團的總陪是上海人，他特意安排我們夫婦住進一間大套房，這套房有很大的客廳，書房，臥房及衛生間，單就衛生間就有平常旅館的客廳大。

早晨起來漫步賓館庭院，看到幾位老先生在剪修盆栽，我們

趨前同他們搭訕，才知道他們一輩子就在這兒工作，有一位老人家還特意讓我們看毛澤東當年最喜愛的古松。

上海灘的今昔

初到上海的遊客，一定會被導遊帶到曾經叱妃風雲的上海灘（The Bund），回顧一下上海昔日的風采。行走在上海灘，可以看到四百公尺寬黃浦江上的船隻，回頭則可看到中山路解放前的銀行大樓，這裡曾經是中國的華爾街。中山路旁有著歌德式，巴諾克式，羅馬式及文藝復興時代式樣不同的西方建築。

中華人民共和國建立後，由於國際形勢的變化，中共被西方國際封鎖，沒有外國資金的投入，昔日中山路上的豪華辦公室及銀行銀樓，淪爲工廠或倉庫用地，外觀老舊不堪，上海何日得以重整雄風，回到世界的舞臺？

友誼商店幫小忙

除了漫步上海灘，旅遊節目之一是到友誼商店購物。到了友誼商店，總陪先生要我幫他一個「大忙」，他說，**「我本人積了一些美金小費，想買一部小型彩色電視機孝敬父母，問題是我雖有錢，但是沒有身份可買擺在友誼商店的電視機。」** 起先我弄不懂他在講什麼，後來才知道**友誼商店是專門爲外國人設立的，國內人民不准到友誼商店購買東西**。弄懂了之後，我一點都沒遲疑，馬上用我外國旅客的身份，幫了他這個「小忙」。

現代農家樣板戲

旅行團安排了一個別開生面的農村訪問，這是老式共產黨的一種宣傳手法，目的是要讓外國人知道，中國的農民已臻小康，與當年的人民公社大為不同。我們訪問了一個模範家庭，夫婦務農，牆壁挂著兩個子女的相片，家裏有一部收音機，一個電風扇，一部縫紉機，一部腳踏車，廚房鍋竈陳列，乾淨樸素，一塵不染，所謂「地方雖小，倒也五臟俱全。」

中共建國四十年，經歷了三反，五反，大躍進，人民公社，文化大革命，一下子反左，一下子反右，一連串無休止的運動，國際外交上受到列強的環視與封鎖，如果今天大陸的農民，普遍能過這種模範農家的生活，那就是中國人民之幸，中華文明之幸。

上有天堂，下有蘇杭

俗話說「上有天堂，下有蘇杭」，原因是蘇州以園林聞名，杭州以西湖著稱，如果人間有天堂，則非蘇州及杭州莫屬。

旅行團本來是要搭機從上海飛到杭州，但是不知道為什麼那幾天買不到機票，改乘巴士。從地圖看，上海到杭州不過一百五十公里，但是沒有高速公路接通，巴士須出城入鎮，大街小巷迂迴前進，一趟路就要花了大半天的時間。

到杭州途中，遊客免不了要上廁所，由於都是外籍，總陪與地陪費了不少周章，才找到一處號稱「有衛生設備的地方」。抵達後，我們發現每個衛生間都沒有門，男男女女蹲在那兒辦事，

你看我，我看你，有的還一面抽煙，各行其是，這蔚爲奇觀的景色，讓「人間天堂」失色了不少。

記得有位早到大陸遊覽的仁兄奉勸我們：「到大陸上一號時，一定要帶報紙」，起先不明其意，以爲報紙是怕上大號時無聊閱讀，後來才知道**報紙是在大通艙蹲馬步時用來遮臉的。**

中國人不注重衛生，除了上述衛生間令人作嘔外，隨地吐痰，也可以申請世界專利。我們常看到餐廳飯館，裏面富麗堂皇，桌上炒的煮的，滿桌酒席，客人喝香吃辣，但是廚房卻烏七八黑，衛生間更是令人窒息，談不上什麼衛生條件。當年蔣介石在大陸推行「新生活運動」，旨在消除這些陋習，確是一大德政。解放後，該運動顯然沒有繼續推行。

西湖掠影

杭州曾經是南宋的首都，當時叫「臨安」。**馬可波羅在他著作的東遊記中，稱之爲「世界最美麗、最華貴的城市」。**杭州的西湖景色，因白居易的「白堤」及蘇東坡的「蘇堤」而增加其文采；因岳飛墓及于謙墓，而加添其英氣；杭州市郊的靈隱寺及雷鋒塔，除了佛氣，還有濟公活佛及白蛇傳的傳奇，杭州的確是值得一遊的天堂。

我們在西湖旁邊的香格里拉大旅店住宿，清晨到嚮往已久的西湖邊散步，看到許多老年人在湖邊打太極拳、作運動，中年人在湖邊跳交際舞，據說當年毛澤東及周恩來喜愛跳交際舞，人民有樣學樣，舉國上下，跳交際舞蔚爲一時風尚。

不知是搭乘巴士費時良久，或是旅行團受到衛生間的驚嚇，從杭州回上海，集體團員要求總陪改坐火車。抵達上海火車站

時，看到熙熙攘攘來往的乘客，第一次感受到中國人口的壓力，上海有上百萬的活動戶口，大部分是從內陸來都市打工的鄉下人。十多億人口，在鄧小平的改革開放政策下，將會走上怎樣的道路？

日落紫禁城

旅行團結束了上海及杭州的旅遊，就飛往中國的近都-北京。北京的首要景點是紫禁城。巍巍的宮殿，充分表現出封建時代帝制的森嚴。紫禁城於明永樂十八年建成，它的建築乃是依照中國的風水易理，坐北朝南地蓋在北京城的中軸線上。自明成祖開始到滿清末代皇帝溥儀為止，明清歷代皇帝皆以真命天子的身份，坐在紫禁城的龍椅上，向全國發號施令。

紫禁城的正門是南邊的「午門」，後門是北邊的「神武門」。午門本是皇帝發佈詔書的地方，但是提到午門，免不了想到「午門斬首」這句話。

進了午門，可以看到氣勢磅礴的大廣場，內有巨大的銅龜及銅鶴，奇怪的是偌大的廣場竟沒有一草一木。廣場上可以看到許多銅作的大缸，據說是用來消防滅火的儲水缸。**我們看到大部分的銅缸上的刮痕，追問導遊其因，才知道大水缸本來鍍金，當八國聯軍佔領紫禁城時，貪婪的士兵強行刮掉了一層層的鍍金。**這些銅缸上的刮痕，在風雨中控訴著當年列強的專橫，也不時在提醒國人差點亡國滅種的恥辱。

紫禁城的內廷以乾清宮為首，它是皇帝的寢宮。我們看到乾隆帝最喜愛的「三希堂」，慈禧太后住過的「養心殿」，及她「垂簾聽政」的「東暖閣」，也看到內宮普通嬪妃的住處及御花園。

在內廷，除了皇后或得寵的嬪妃可以住進交泰宮或坤寧宮外，許多未得寵的宮妃侍女的住處，只有學校宿舍一般的大小。她們年輕時以「秀女」身份被招選入宮，如被皇上臨幸而得寵，自能「三千寵愛在一身」，如不然，就得待居在深宮一輩子，失去自由，過著「籠中鳥」般的生活，算是天子腳下最可憐的人。

本想專制帝王的皇宮一定收藏了許多奇珍異寶，但是在北京故宮，我們所看到的只是庭院，宮室，廣場，收藏的瑰寶卻是寥寥無幾（其中較為完整的是清朝歷代皇帝收藏的鐘錶而已）。原來國共內戰後期，蔣介石知道臺灣是他的最後避難所，便將中國帝室收藏的瑰寶，一船一船地運到臺灣。**如果遊客要觀賞中國幾千年古物的珍藏，一定要到臺北近郊的「故宮博物院」，才能看到。**

北京的制高點景山（又叫煤山），是皇室的私家園林，其中有紫禁城裏最高的建築萬春亭。以風水而言，煤山就像一座大屏風，它不僅庇護皇帝的寶座，更增加紫禁城的莊嚴。明末李自成打進北京，崇禎帝就在煤山的一顆老槐樹上吊身亡，看來百年絕好的風水，仍然救不了大明王朝的覆亡。

瀛台泣血記

除了參觀紫禁城，導遊還帶我們遊覽頤和園。頤和園原名清漪園，始建於乾隆十五年，位於北京的西北方，距離市區十五公里。**頤和園的興建與滿清的敗亡，有著脫不了的干系。**

一八九四年，中日甲午戰爭，中國北洋艦隊因為彈藥裝備不足，敗給中國人眼中的「小日本」，中日簽訂了「馬關條約」，清廷割讓臺灣給日本。筆者生在臺灣，來到頤和園遊覽，心中有萬

分的感慨，**慈禧太后為了一座頤和園，終至喪權辱國，賠掉寶島臺灣，婦人當國，可惡至極！**

一八九八年，光緒與康有為的會面也在頤和園。戊戌變法失敗後，光緒被自己的阿姨軟禁於南海瀛台。**參觀光緒被幽禁的瀛台，心裏甚為震驚，看到慈禧太后把原來的圍牆，加了一層水泥粗磚的牆壁，貴為天子的光緒，就被軟禁在這圍牆內，從此失去了自由。**慈禧太后與光緒帝的政治鬥爭，直到兩人前後差了一天死亡，才告結束。

不登長城非好漢

從北京往北走，一路上旅遊巴士吃力地往上爬，經過了不少高山峻嶺，才看到遙遠的山上寫著「不登長城非好漢」七個大字，起先不知其意，後來到了目的地，爬上八達嶺的城牆，鳥瞰一望無際的黃土，當年多少好漢淒風苦雨地在此捍衛國土，才知道其中的深意。

萬里長城東起山海關，西到嘉峪關，綿延七千多公里，平均牆高六到七米，寬四到五米，就像一條巨龍盤踞綿延在高山峻嶺的沙漠荒野上。二十幾年前，第一位太空人阿姆斯壯曾說，「從太空或月亮看地球，只能看到中國的長城及荷蘭的圍海大堤。」第一位訪問中國的美國總統尼克遜也說，「只有偉大的民族，才能建造如此偉大的工程」。一九八七年，聯合國教科文組織（UNESCO）將萬里長城列為「世界文化的遺產」，萬里長城不只是中華民族的榮耀，也是世界人類的榮耀。

明十三陵的感嘆

　　明朝有十五個皇帝，除了朱元璋葬在南京鐘山附近的明孝陵，建文帝「靖難之役」後去向不明外，其餘的十三位帝王，皆葬在這總面積約一百二十餘平方公里，距離北京五十公里的昌平區燕山山麓的「明十三陵」。旅行團帶我們參觀了其中的「長陵」及「定陵」。

　　中國人相信風水，墓地的選擇要根據「陰宅」選擇的道理，背山面水，左龍右虎。祖先墓地風水的好壞，會影響後代的成就，讀者如果不信，可讀黃振偉著的「中國帝王龍脈探索」一書。

　　明十三陵的首陵是永樂帝成祖的長陵，迄今尚未挖掘。該陵有莊嚴肅穆的陵門，有祭祀用的淩恩殿，寶城，寶頂的建築。

　　定陵已被挖掘，那兒展示著皇帝穿戴入殮的金鏤衣，后妃穿戴入殮的翡翠白玉。**定陵的墓主明神宗萬曆皇帝朱翊鈞，在位四十八年，是明代帝王中在位最久的皇帝，中年之後，有二十餘年不早朝，任其朝臣各結朋黨。**萬曆時代是明代衰亡的起點（The Beginning of the End），史家以「荒婬怠惰的君主」來形容明神宗萬曆皇帝。

天安門廣場

　　天安門是「世界最大的城市廣場」，比莫斯科的紅場還大許多。廣場的四周，有故宮博物院（即紫禁城），天安門城樓，人民大會堂，中國革命歷史博物館，毛澤東紀念堂。廣場上矗立著

人民英雄紀念碑。

一九四九年十月一日，毛澤東就是站在天安門城樓上，對著廣場的人民，宣稱「中華人民共和國成立，中華人民站起來了！」十七年後，一九六六年八月十八日，毛澤東又站在天安門城樓上，第一次檢閱紅衛兵（前後有八次），後來紅衛兵的無知，演變成「文化大革命」，造成社會的動盪及災難。

時過境遷，二〇〇八年，中國轟轟烈烈地在北京辦了第三十九屆世運，足足比東京世運慢了四十四年，經過了多少風風雨雨，中國終於在毛主席聲稱「中國人民站起來了」的六十年後，在世界舞臺上展現實力，二〇〇八年的世運，才是「中國人民站起來了」的真正體現。

盛宴北京鴨？

我們小時讀過許多有關老北平的生活及風俗，其中「全聚德的烤鴨」堪稱北平一絕。既然旅行團的總陪答應我們在北平吃烤鴨，以補償在桂林吃菜炒菜的不足，旅行團員個個磨拳擦掌，準備到全聚德大快朵頤。

到了全聚德餐館，見了桌椅老舊，旅行團員難免失望。總陪幫我們點了中國人喜愛的烈酒白乾，老外嘗了之後，以為是油漆塗料的稀釋劑。不知道是不是我們運氣不好，當天的烤鴨味道平平，**夢想了幾十年的北京道地烤鴨，竟然比不上我們十多年前在多倫多中國城吃的「一鴨三吃」。**

除了酒菜的品質，客人對餐館服務生的態度也很不滿意。當時的全聚德是國營企業，改革開放前，服務的對象，大都是國家的政要或國賓。如今國門大開，三教九流的旅客天天湧進北京，

各色各樣的遊客慕名而來，公務員般的服務人員，一來沒有見過這樣的仗陣，二來認為消費者又不是皇親國戚，為什麼要取悅消費者？

幾年之後，我到上海公幹，與幾位臺灣來的同事，在上海灘附近一家餐館吃中飯，點了幾道菜。**菜是送來了，但白飯等著等著就是不來，只好問一位服務生「飯何時到？」想不到她不耐煩地對我們大吼：「要吃飯，在那邊，自己去盛。」**那女服務生三十出頭，身材粗大，肥胖的手，就像「牧童遙指杏花村」一般，指著遙遠的一個大飯桶。我們幾個付錢的食客，你看我，我看你，為了不挨餓，只好乖乖地遵從指示。

九〇年代的南通

大陸是世界上最大的香煙消費市場，世界消費的十支香煙中，中國大陸就抽掉了三支。煙草是國營事業，散佈于全國各省、各地的煙廠，銷售公司都要受中國煙草專賣總局（簡稱中煙）的節制與管理。

雖然煙草這單一行業，提供國家稅收的百分之十，但是中煙並沒有明文規定外國公司不可以與專賣局屬下的煙廠合作。既然三寶麟公司訂定了國際發展的方針，負責開拓海外市場的我，豈可放棄在大陸發展的大好機會？

一九九〇年多天，公司上市後不久，透過新加坡華商代表的介紹，知道南通的市政府願意與我們商討煙草合作事宜。我們先飛到上海，再搭車往南通，沿途經過嘉定與常熟等地，親身看到水鄉澤國、魚米之鄉，**古人說：「讀萬卷書，行萬里路」，不到江南，焉知江南之富？**

南通位于長江北岸，是鴉片戰爭後，清廷對外開放的五個通商口岸之一，算是蘇北大城，我們坐車需要搭渡輪過長江才能抵達。到輪渡口時，見到過江車輛一字長蛇陣擺開，綿延不下一公里，正擔心會不會像當年從爪哇搭渡輪到峇里島一等五小時？**說時遲，那時快，只見司機先生開車不停，嘴巴喊著：「臺商！臺商！」，信不信由你，維持秩序的交警配合著我們的司機「打開一條血路」，讓我們的坐車直接開上輪渡，悠忽片刻就過了江。**

「為什麼臺商會受大陸這般禮遇？會不會是大陸對臺灣進行統戰的一個策略？」一路上我不停地思索著這個問題。

一九七七年鄧小平一上臺，就主張「改革開放」，臺商為何冒「被統戰」的大不諱，一廂情願地幫助中國大陸發展經濟？原來亞洲四小龍之首 —— 臺灣的崛起，靠的就是勞力密集的工業，臺灣實行外匯管制，外銷獲得的大量財富，長年堆積在台灣，台幣因而大幅升值。到了八〇年代，台灣的土地及人工已變得昂貴，勞力密集的工業如雨傘、腳踏車、鞋子、聖誕燈等的製造業，已經無法在臺灣立足。迫於時勢，臺商起先紛紛到印尼設廠，但是礙於語言與民情的不同，大多數在印尼投資設廠的臺商，多半鎩羽而歸。

最後臺商不得不到同文同種的大陸投資設廠，轉移技術，此即所謂的「三邊交易」 —— 臺灣接訂單，大陸生產，歐美收貨，大家各取所需，皆大歡喜。如是一來，台灣倒是幫助大陸解決了人民就業的問題，同時開拓了更多的海外市場。**多年後，中國搖身一變成為「世界的加工廠」，台灣人居功厥偉。**

招商引資的努力

中國能源缺乏，政府明文規定，只有長江北部冬天可以使用暖氣，長江南部就沒有暖氣供應。**抵達南通後，因為天冷，大家都穿著厚厚的衣裘坐在會客室商談，寫字的手指都凍僵了。**原來南通雖在江北，但是立冬未到，暖氣尚未開啟之故。

雖然我是個大近視，但洗浴時習慣不帶眼鏡。住進旅館當晚，在打開裝洗髮精的塑膠袋時，不小心讓洗滌液噴進眼睛，一支眼睛因之浮腫，酸痛無比。隔天晚上，市長堅持要為我們接風洗塵，酒宴時，市長問起為何眼睛受傷之事，我簡單地解釋一下，不經意地加上一句：「在國外，裝洗髮液的塑膠袋上，總會打上一個小三角形缺口，便於使用人打開，如此一來，洗髮液就不會噴到眼睛。」這位女市長，當場交待她的助理，應該改進。起先我以為市長這個交待，只是官樣文章。

兩個月後，為了呈遞我們的計劃書，再訪南通，住進同一個旅館，洗浴時注意到洗髮液的塑膠袋，已經多了一個小三角形的缺口。筆者不厭其煩地描述這個小事情的原因，是要讓讀者知道，中共官員如何對招商引資項目的努力。

當年李登輝提倡「南進政策」，鼓勵臺商不要把臺灣的企業，全部放在中國大陸這一個籃子，應該到東南亞投資。我曾經在泗水參加華商的歡迎會，臺灣龍頭企業的高級主管，有來自中油的，有來自中鋼的，他們蜂擁雲集地來到泗水考察，身為印尼第二大城的泗水市長，不聞不問，根本不懂得禮貌上去接待這些重量級的來賓，以示歡迎。

我們一行到南通找商機，不是國際知名的大商巨賈，而南通

副市長能在百忙之中接待我們，連裝洗髮液的塑膠袋都願意去改進，這種無微不至的誠意，與印尼官方的冷漠，不啻天壤之別。
為此，我深信中國的招商引資一定會大大地成功。

冰雪之城 ─ 哈爾濱

許多曾與中國人談生意、打過交道的人，告訴我，「**到別的國家是先談生意，再交朋友；到中國則是先交朋友，再談生意。**」理由很簡單，當時中國的所有企業都是國營，我們談生意的對象，都是吃公家飯的官員，除非你跟他們來往，取得互信，否則他們吃的是公家的鐵飯碗，抱的是「多一事不如少一事」的態度，何必跟你談合作、做生意？

為了表示與中國煙草公司長遠合作的誠意，知道中國的東北煙草生產過剩時，我們便主動表示願意購買東北的煙草。這一來，我們不僅與黑龍江的煙草進出口公司交上了朋友，還結識了哈爾濱煙廠（簡稱「哈煙」）的領導。

當年在臺灣念地理時，一直以為東北有九省，其實解放後，已改為「東三省」─ 遼寧，吉林與黑龍江。哈爾濱是黑龍江的省會，地處東三省的北方，距離蘇俄的邊界不遠，是邊貿的大城。

一九九一年的冬天，第一次從北京搭機往哈爾濱，中國北方航空公司使用的飛機是俄制的大型運輸機（我懷疑是二手的蘇聯軍用機），機艙座位不多，因為旅客的登機証上沒有劃座位，所以登機時大家爭先恐後地上機，生怕沒有座位坐。

抵達哈爾濱時已是晚上八、九點，飛機停在距離機場建築一公里開外的地方。機場又黑又冷，地上有冰雪覆蓋，旅客必須拉

著隨身行李徒步於上。這一段路，讓我回憶到當年在康乃爾大學校園時與冰雪奮鬥的日子。幸好曾經住過漪色佳（Ithaca, New York），知道在零下溫度的地方，需要穿戴厚襪厚鞋、手套圍巾。這一公里多的步行，讓我覺得好像走了五公里般。

隔天早上拜會進出口公司時，聽到負責煙草出口的徐經理說，「你們來得正是時候，今天是農曆臘七，俗話說：『臘七臘八，凍掉下巴。』我們這裡正在舉行國際冰雕與雪雕大展、待會兒我們可以一起去看看。」

哈爾濱市區中有不少帶有蘇聯色彩的建築，市花是紫丁香。由於行程匆忙，我們沒有去看冰雕，但是答應徐經理，「如果雙方生意進行得不錯，明年冬天，一定再來訪問。」

松花江上看冰泳

隔年冬天，我們如約回到哈爾濱商談合作計劃，那個冬天正值大寒，溫度降到攝氏零下四十度（也是華氏零下四十度）以下。因為哈爾濱的冬天太冷，通常旅館的大門，都有兩層門，旅客走進第一層大門時，第二層門緊關著，走進第二層大門時，第一道大門已關上。辦理房間登記時，站在離大門二十公尺之遙的地方，因為不斷有旅客出入，我們背部仍然感受到恍若利刃的冷風從大門襲來。

徐經理為我們準備了特別在冰雪裏走動的厚帽厚鞋，厚帽可以壓住雙耳，厚鞋的鞋底厚有一寸。穿上厚襪及特地購買的重衣重裘，我們在零下四十度的溫度下，冒冷往太陽島去看「松花江上的冰泳」。

冰泳也者，就是在結了厚冰的松花江上，鑿出來的一個長方

形的水池。**冰泳的人都是四、五十歲以上的中年人，據說爲了要冰泳，他們每天要在冷水中游泳，數十年如一日，不可懈怠。**冰泳應是一種享受，想像從零下四十度的低溫，躍入大約零度的水池游泳，感覺上應該如同在室溫跳進三溫軟的熱水般！

因爲人生第一次看到冰泳，眼見一位泳者從水裏上來，我興奮地趨前要求同他拍一張照片，他仁兄不好意思拒絕，擺好姿勢，同事調了一下焦距，喀嚓一聲拍完後，我向這位冰泳者稱謝，看到剛才生龍活虎的他，一下子雙唇變紫，全身抖撒，原來冰泳的困難，是出了水池，光著身子暴露在零下四十度的大氣下。

看完冰泳，去看雪雕的路上，有一位留鬍子的李經理，因爲呼吸的水氣凝結在鬍子上，鬍子變得全白，活像電影中的齊瓦哥醫生，令人發笑！

哈爾濱每年舉辦世界冰雕大展，地點就在市區。哈煙的朋友刻意安排，晚宴設在冰雕會場附近，飯後便於觀覽。東北人的豪情萬丈，飯局少不了白乾，三杯下肚後，同行的李先生已是不省人事，醉臥沙發，我們只得送他回旅館。眼看著餐館對面就是五顏六色、燈光輝煌的冰雕大展，再度錯失良機，他日再來哈爾濱完夢吧！

第十章　越南的戰爭與和平

胡志明市賣香煙的路攤（1990）

芹苴市長的歡迎宴會（1992）

哭泣地道的通氣口（2004）

哭泣地道的進出口（2004）

哭泣地道的會議室（2004）

落地簽證的意外

眼看著中國十多年來招商引資的成果，越南政府也蠢蠢欲動、有樣學樣地逐步開放，到了八〇年代末期，這個位於中南半島的國家，已經成為新加坡商人海外投資的最佳去處。

透過新加坡商人的介紹，我們與一位久居越南的韓國人取得聯繫。這位阿里郎姓李，搞機械貿易出身，久居胡志明市（舊稱「西貢」），不知他如何嗅到菸草業的利潤，透過某種關係，捷足先登地拿到一份在越南開煙廠的許可。李先生本人不懂煙草，就是懂得，也沒有財力像三寶麟一樣去發展自己的品牌，所以他打算找一家國際煙草公司合作，他本人則憑煙廠許可來認股。

一九九〇年夏天，應李先生的邀請，我代表公司到胡志明市去了解當地的市場及討論合作事宜。飛機落地，看到機場一片破敗，半圓形的飛機棚，停放著失修的軍機。旅客中，除了來自新加坡的商人，就是當年逃難到美國、加拿大及澳洲的越僑，他們應該是回國探親或尋找商機吧！

越南海關規定來訪的旅客，只要有當地註冊公司或政府機關的邀請，就可以辦理落地簽證。胡志明機場沒有冷氣，天氣炎熱難耐。我交上落地簽證的申請書及附帶文件後，就躲到較為通風的地方小坐。

半個鐘頭過去了，旅客逐次出關，留下來辦手續的人也逐漸稀少，我到辦理簽證的地方詢問，櫃檯人員對我說：「耐心等待，核對好文件後，會叫你的名字。」**半個鐘頭又過去了，機場也關了燈，才知道到胡志明的飛機，一天沒有幾班，機場是有飛機到達或離去時才開燈的。**

後來，連我算進去，只有五個旅客還在等待。心想會不會越南人打完越戰不久，今天正好可以刁難一下拿美國護照的我出出氣。最後我耐不住了，大聲地問辦理簽證的官員：「爲什麼我要等這麼久？」他仁兄不慍不火地回答說：「**李先生公司的邀請函上，沒有你的名字。現在我們要送你到一家機場附近的旅社小住，今晚不准離開旅館，明天一早你就要搭飛機離境。**」他的回答就如晴天霹靂，讓我這丈二和尚摸不著頭。

我本人查看了一下李先生的邀請函，原來函中稱呼我爲「Dan Wu」——美語暱稱的名字，而我的護照上寫的是「**Tsun-chuan Wu**」——直接從中文翻譯成英文的名字。與機場海關人員解釋，正如「秀才遇到兵，有理講不清」，當時沒有手機的裝備，機場沒有電話，**我是被押著坐上越南海關公安的囚車到旅館的。**

抵達囚犯旅館的第一件事，就是利用大堂櫃檯的電話，與李先生聯絡。李先生說他的秘書到機場接機，等了一小時還是等不到我們，以爲我們改了行程，已回到辦公室。十五分鐘後，李先生的秘書來到這囚犯旅館，將我接走，一場虛驚總算落了幕。

西貢！西貢！（Saigon! Saigon!）

看過百老匯音樂劇「Saigon! Saigon!」的人，一定記得大型舞臺上的直升機，裝載著美國家屬與越南難民撤退的場面，充分表現戰火的無情與恐怖。這次到西貢，是北越解放南越後的十五年。十五年來，越共拿下了西貢，但不能拿下西貢被解放前的繁榮，**有人說：「十五年來，政治上河內解放了西貢；經濟上，西貢解放了河內」，這就是現今越南的「雙城記」。**

　　越南的近代史，充滿著血腥與戰亂。打從一八八五年的「中法戰爭」後，越南就淪為為法國的殖民地。二戰期間，日本佔領越南。日本投降後，胡志明在河內宣佈獨立，成立「越南民主共和國」。

　　但是法國與美國密約，意欲恢復法國在越南的統治地位，胡志明求助於蘇聯，在「奠邊府之役」打敗法軍，一九五四年，胡志明重申獨立。

　　戰敗的法國，在日內瓦和約中，故意將政權交給南方的阮氏末代皇帝阮福晪，阮氏任吳廷琰為總理。不久，這位吳總理得到美國的支持，發動政變，趕走阮氏皇帝，成立「越南共和國」，開始了「越南的南北戰爭」。

　　這個戰爭長達二十多年，雙方死傷三百八十萬人以上，直到一九七六年，美軍完全撤離，胡志明成立了「越南社會主義共和國」，戰爭才告結束。

　　為了赤化整個中南半島，蘇聯利用這個能征善戰的政權，發動與中國、泰國、柬埔寨、寮國的邊界衝突。越共既接受俄援打贏越戰，不得不忠心耿耿地聽命。

　　最有名的邊界衝突發生於一九七九年二月，中越雙方打了二十八天的戰爭，中國人稱之為「對越自衛反擊戰」，中國人民解放軍攻取越南北部三個省會，逼近河內後主動撤兵，鄧小平稱之為「對越南的教訓戰爭」。大陸流行歌曲中，歌頌越戰的一首歌曲叫「雪染的風采」，曾經轟動一時。

　　車行胡志明市的老市區（Lom Son Square），仍可看到幾條大樹齊整的林蔭大道，幾間老舊的法國式建築，如歌劇院、Caravelle Hotel，還依稀帶著「東方巴黎」之稱的西貢景觀。城市裏其他地區的建築，經過多年戰火的洗禮，已是破舊不堪，乏

善可陳。

　　改革開放後的西貢是一個非常忙碌的城市，有當街剃頭的，有當街修輪胎的，有當街做電焊的，有當街擺地攤的，有當街賣香煙的。人口上百萬的胡志明市，從外觀來說，市區不大，街道狹小，行人擁擠，摩托車橫行，但的確是一個富有動力的城市。

　　到胡志明考察香煙市場，絕對要到堤岸一走，這裏的批發商大都是華裔越人，市場上使用的語言除了越南話外，就是潮州話及廣東話。

　　雖說越南政府明文規定外國香煙不准進口，但是在這裏，你可以大大方方地購買各種世界名煙 —— 555，樂福門，萬寶路，印尼生產的 JET 及 Hero。越南本地出品的 Vinataba，銷量雖不少，但是價位比不上走私煙。換句話說，**越南走私香煙的猖獗，已有喧賓奪主的態勢。**

　　為什麼越南政府匪夷所思地容許這種走私市場的存在？原因是越南常年戰亂，民不聊生，農工荒廢，本身沒有足夠的煙草生產，也沒有足夠的生產設備，來供應民間市場的需求，而政府又不肯公然開放進口或開放民營。為了防止像俄羅斯缺煙所引起的騷亂，政府只好「睜一支眼，閉一支眼」，等到哪一年政府有能力解決這個問題，再來極力制止吧！

法國麵包與河粉

　　在西貢的街上，到處可以看到市販們在賣法國式的麵包，聽說這些麵包都是當天用麵粉作成，用木炭烘烤，皮酥而內軟。**越南人用這種麵包夾肉當三明治，塗上魚露，東西合璧，味道遠比在巴黎買的法國麵包好吃。**有一次，我從胡志明飛回新加坡，上

機前買了幾條這種法式麵包，抵達新加坡後，放在冰箱，隔天再吃時，麵包的質感與現買現吃的相比，已是天差地別。

越南的河粉（新加坡人稱之為「粿條」）也是一絕，一碗滾燙加肉（牛肉，豬肉，雞肉都可以）的河粉，醬料自選，旁邊放著一大盤的青菜、芹菜、薄荷葉，任君放入碗中，價錢公道合理。後來我到美國的大城市如華盛頓、西雅圖，澳洲的雪梨、墨爾本等越南移民較多的城市，都會點一大碗河粉吃，但是吃來吃去，就是少了在越南本地吃時那一大盤香菜的味道。

羅曼蒂克下午茶？

越南人雖是民族性很強，但是經過法國七十多年的統治，多少也學會了法國人喝下午茶的習慣。西貢市區市郊，擺著小凳子的咖啡店林立，**越南人喜愛叫一杯咖啡，坐上小板凳與朋友聊天看街幾個小時，咖啡喝完了，店主人會在原來的咖啡杯子上加上茶水（原因是咖啡比茶葉貴很多）。**

讀者可能以為在西貢街邊喝咖啡，羅曼蒂克氣氛不亞於花都巴黎，但不同的是巴黎屬北溫帶，大部分時間天高氣爽，越南屬亞熱帶，大部分天氣又溼又粘；巴黎的街道寬廣，污染、噪音皆有控制，西貢的街道狹窄，灰塵、噪音皆達到極點，情趣上極為不同。但話又說回來，越南的冰咖啡，有其獨特的煮法，看到黑色的咖啡汁一點一滴地滴到白色煉乳及冰塊上，倒是別有一番風味。

九〇年代初期，一塊美金可以換一萬越南幣（Dong），而市面上最大的貨幣是五百元，換句話說，一塊美金等於二十張五百元的越南幣。**我們到餐館用餐時，隨時可以看到食客們用塑膠袋**

裝著一大把的越南幣。買單時，餐館僱有「數鈔師」，專門快速數鈔票，這也是二十世紀奇觀之一。

在胡志明市考察了三天，離開時，**從機場的入境一樓到離境二樓，沒有鋼筋水泥的樓梯可用，而是擺放著一個上機下機使用的活動梯子。**我爬上樓梯，辦好離境手續，上了越南航空的飛機，才深深地吐了一口氣，好像惡夢初醒般地慶幸終於完成了考察越南市場的任務。誰知道這次越南的經驗只是一個開端，之後的幾年，訪問越南的次數多到無以數計。

湄公河三角洲的商機

第一次到胡志明的經驗未了，又傳來了一個可以拿到煙廠執照的商機，執照地點在芹苴（越語叫 Can Tho），一個位居湄公河三角洲中心的城市。

第二次抵達胡志明市是九二年的四月初，中南半島最炎熱的時節。**一個月前，我在哈爾濱爲零下四十度所苦，現在在胡志明市，溫度高達攝氏四十度，一個月八十度的溫差，**正是「南征北討爲公務，炎熱寒冷有誰知？」

芹苴距離胡志明市約一百七十公里，沒有國內航班通航。從胡志明市開車往南，必須經過兩個輪渡才能抵達，所以一趟路下來至少要花五個小時。車子一離開胡志明市，便可感覺到戰爭的可怕，沿途建築殘破，百廢待舉。**搭輪渡時，數量驚人的乞丐，有婦人抱小孩的，有殘肢斷臂的，他們可能是當年的越戰英雄，現在伸手向旅客要錢。**這一切悲慘的場面，是窮兵黷武的戰果。其實越戰已經停火十五年，這十五年間，如果不當蘇聯的鷹犬，與鄰國打個不停，人民何以會悲慘至此？

湄公河發源于中國的西藏高原（在中國稱瀾滄江），流經中南半島諸國，到達這個地區後，分散成許多河流，形似九龍入海。湄公河三角洲，就是這些九龍江的衝積扇，地勢平坦，河海交流，是越南的米倉。

芹苴位在這三角洲的中央，大可發展成農場品加工中心及貨物集散地，但是我們訪問時，芹苴仍在沉睡，沒有胡志明市的喧囂，也沒有成為大城市的動力。

我們所住的旅館老舊，是芹苴唯一房間有冷氣的大酒店，房間東湊西拼，廁所臭味沖天，一天房費約三十元美金。我想這旅館一定是一星級以下，但是櫃檯牆上卻掛著三星，大概這種等級的區分是越南自創的吧！

越南華人的社會地位

隔天，芹苴食品進出口公司的股東黃先生一大早到旅店與我們共進早餐。黃先生是華裔越人，中文說得很道地，越戰時以南越志士參加北越的民族解放陣線，勝利後代表芹苴人民成為國會議員，兼任芹苴食品進出口公司的大股東。看到黃先生的頭銜，我替印尼籍的華人羨慕起華裔越人在社會上的地位。在印尼，華人是鮮少有機會參政及任公職的。**越南有百分之十的中國人，但很少發生排華或歧視華人的事件，這也許要歸功於歷史與種族的因素。**

以歷史來說，越南人的祖先，相傳與臥薪嘗膽的越王勾踐有血緣關係。秦漢時稱越南為「交趾」，唐時改稱為「安南」，是中國的一部分。越南宣告獨立是在中國的宋朝，當中央政府忙著與北方新興的遼、金，蒙古周旋，無暇南顧之時。**算算從秦漢到南**

宋，歷時不下一千年，所以越南的漢化極深，從他們的宗教，過年過節的風俗習慣，可見一斑。以種族來說，中南半島五個國家中，越南人最像中國人，也是不爭的事實。

越戰後，越南仍不停地挑釁鄰邦，但在九一年的聖誕節蘇聯解體後，越南政府只剩下兩條路可走：一條是學習北韓，閉關自守；一條是效法中共，改革開放，越南的當政人選擇後者。

爲了招商引資，越南將中國的那一套作業全數翻版，譬如中國在原有的國家煙草專賣局外，附設國家煙草進出口公司，同樣的，越南在官方的芹笡食品管理部門外，附設芹笡食品進出口公司，來與外國公司談生意。

黃先生知到我來自臺灣，很是高興，坦誠地告訴我：「芹笡食品進出口公司與外資合作的煙廠執照，已經拿了三年之久，工廠就蓋在芹笡的郊區，年產計劃每個月兩千箱。由於合作的外商缺少資金，無法繼續投資，工廠裏面，沒有機器，也沒有原料，荒廢已將近一年。」

之後的一年，爲了申請煙廠的股東改換，幾乎每個月我都要到芹笡與食品進出口公司談判，訪問地方有關部門，書寫可行性分析。當時芹笡沒有電腦可用，每次到芹笡，都要自帶個人電腦，外加袖珍型打印機，住在那間自稱三星級的旅館工作。

有一次，接到一通從泗水打來的電話，原來是生產線上發生問題，我簡潔地告訴在泗水的經理如何處理，前後不到十分鐘。**退房時，國際電話賬單是七十五元美金，房費的兩倍**。沒有到過落後地區的審計人員，一定不會相信它的價格，蓋地方越落後，通訊費用就越昂貴。誰會想到二十年後的今天，人手一機，國內國外通行無阻？

拉丁化的亞洲語言

　　爲了把握這個難得的商機，林老闆親自出馬到胡志明市與芹苴，拜訪市長等地方政要，黃先生更安排林老闆與國家重要的領導人會面。值得一提的是每次開會，老闆用英語說話，我要將他的話翻譯成中文，讓黃先生了解，黃先生再用越南話說明給完全不懂英語及中文的越南官員聽。

　　有人要問：「越南在秦漢時曾爲中國的一部分，秦始皇統一文字，爲何越南人一點都不會中文？」我想唯一的解釋是越南地處邊陲，中央政府號令難及，千餘年來，越南人一直使用自己的方言，沒有自己的文字。**目前使用的越南文，是法國統治越南時，一位教士將越南語拉丁化而湊成的拼音語言。**

　　有一位常到越南做生意的新加坡人告訴我：「**如果你會講廣東話，廣西話，還有一些潮州話，越南話就會了一半。**」後來，我注意到越南話稱警察爲「公安」，稱謝謝爲「感恩」，稱合作商號爲「公司」，證明這位仁兄所言不差。只是，中文有四聲已足夠讓人頭痛，而越南話至少有七聲，應該是一種更不容易學習的語言。

摺扇乾坤

　　有一次林老闆與我訪問胡志明市，覺得泡在旅館喝咖啡太無聊，決定到老市區走走。與外國的商店相比，胡志明的商店門面較爲狹窄，街上行人眾多，腳踏車與摩托車與行人爭道，三人很難並行，爲了老闆的安全，我要本地人陪著老闆走在前面，我自

己則在十步之遙的後面跟著。

　　如此在市區走了約五分鐘，突然聽到滴噠一聲，我立即發現襯衫左邊胸口攜帶的杜邦名筆不翼而飛了。火速舉頭，看到一位越南女人，拿著一把打開的摺扇，正在快速摺回，手法如電影中所演的一般俐落。這種技巧是利用摺扇打開時，扇面變薄，可以頂住別人胸口掛著的金筆，拿走後，迅速將筆藏在摺扇中。

　　我本能地用英文叫住那位女士，要向她索回金筆，說時遲，那時快，有一部腳踏車立刻橫在我與她之間，牽車子的男士用越南話大聲地指著我叫罵，好像在責備我當街調戲他的太太一般。

　　我知道這都是竊賊一貫的伎倆，眼看前面不知情的老闆與會講越南話的介紹人已走遠，我決定認虧算了，俗語說：「兔子被逼急了，還會咬人。」如果這對狗男女當街被我拆穿西洋鏡，你說他們亮不亮刀子？

　　可惜那杜邦金筆乃是老闆幾個月前贈送的聖誕禮物，價值應在美金幾百元以上，如果是自己弄丟了，也就算了，心有不甘的是，眼見它當街被搶，還要「啞子吃黃蓮」悶聲不響地走開。你說越南要學中國改革開放，招商引資，但是人民當街打搶，如何不讓外商畏而卻步呢？

　　後來與一位台大電機系的同屆校友李先生一起吃飯，談到當年拜訪胡志明市的經驗。他說他是一出旅館大門，即被一部腳踏車從背後撞個正著，他本能地身軀往前，卻撞上一位迎面而來的女士，霎那之間，他插在左邊胸口的金筆也不翼而飛了。

　　更可笑的是，李先生還說：「我有一位新加坡朋友在西貢市街閒逛，看到地上有一份紅皮的護照，心想一定是新加坡人的護照，便彎身撿起，打開一看，竟然是自己的護照。此君素有夾鈔票于護照的習慣，護照裏的五百元美金雖已不見，但他仍感激這

位『盜亦有道』的小偷，還回他的護照。」

芹笡的三黑大補湯

經過一年多的努力，三寶麟終於成功地拿下這個在越南絕無僅有的外商合資煙廠執照。越方仍然以芹笡食品進出口公司為代表，與我們合作。

拿到煙廠的執照後，老闆想在越南擴大投資，帶領著我們，加上他在美國雇用的經理，一行十幾個人，浩浩蕩蕩地往芹笡進發。

抵達芹笡後，晚餐由市長宴請。市長過去是一位戰地英雄，是「大塊吃肉，大碗喝酒」那種豪邁類型。為了歡迎林老闆及從遙遠來的美國訪客，他親自下令點了芹笡的三黑大補湯。

為了要幫老闆當翻譯，我坐在老闆的旁邊，酒過數巡，**我們帶來的幾罐 XO 喝完了，市長酒興正濃，點了當地的好酒，繼續乾杯。這倒苦了幾位美國朋友，對他們來說，這當地的米酒，就像「去油漆劑」的味道，但是礙於市長的盛情，只能大口跟進。**

晚宴的壓軸菜三黑大補湯來了，服務生不分青紅皂白分給每人一碗。我問身邊的黃總：「三黑是什麼？」，他老答曰：「**黑蛇，黑骨雞，黑烏龜，都是現殺的。**」看到越南地主們吃得津津有味，我也鼓起勇氣，拿起筷子，檢了一塊不知是三黑中的那一黑，閉著眼睛吃下去。這下可好，**市長看到了，以為我特別喜歡這種黑，忙著用勺子在鍋子翻找，但見一個三角型的蛇頭，眼睛尚在，瞪著我們，市長挑了一塊蛇皮還粘在上面的蛇肉放在我的碗中，說：「喜歡就多吃一些。」**他的盛情讓我哭笑不得，馬上舉杯敬酒敷衍。

隔天酒醒，有位老外問我，「昨晚的湯，到底是什麼？」我問他：「你喜愛嗎？」他說：「喝醉酒，吃什麼都差不多。」我就據實將原來的三黑成分說了，只見這位老外張眼瞪著我，冷汗直冒，瞬時間衝進衛生間。

胡志明小徑

越南人是一個不畏強權的民族，當蒙古的鐵騎縱橫世界建立人類有史以來最大的汗國時，他們曾經打敗忽必烈的大軍。二次大戰後，法國與美國聯手意欲阻擾越南的統一時，他們敢于挺身與強權爭鬥。越戰時，如果以軍力的多寡、武器的優劣來論斷，南越應該是大贏家，但結果是胡志明的北越志願軍打著「民族自決」的口號，擊敗了南越與美軍，完成了全國的統一。

越戰是美國在海外用兵第一次失利，一個超級強國竟然敗給一個靠打遊擊戰起家的北越民兵，這個戰爭史一定值得研究。當越戰打得如荼如火時，我們常聽到「胡志明小徑」這個名詞，美軍時常發動攻擊並轟炸該小徑，但是無法切斷北越軍的補給與聯係。

九〇年代開始，越南政府開放「哭泣地道（Kuchi Tunnels）」供人參觀，地道離胡志明市僅一小時車程，為了了解美軍的飛機火炮無法摧毀「胡志明小徑」的原因，我們特意到該地道參觀。

抵達「哭泣地道」的大門時，看到不少慕名而來的外國遊客，其中不乏當年打過越戰的老美，借此機會舊地重遊，弔古戰場。當我們排隊進門時，有一位穿著草綠色軍裝像是民兵的導遊，要我們幾個老中跟著他：**「你們是中國人，我帶你們去看一**

些普通老外看不到的地方。」

　　我們跟著他鑽進一個大小只容許一個人鑽進的地洞，地洞很深，昏暗中輾轉抵達了一間窄小的會議室，室內有兩三個蠟像作的軍官與男女民兵，圍繞一個破爛的桌子而坐，好像在開會一般。導遊指著上方小小的通風口，告訴我們這是越共賴以呼吸的風口，後來我們到平地上看這個通風口，就是兩三塊不起眼的石頭疊在地面而已。

　　除了會議室，導遊還帶我們去看廚房，救護室，軍官的臥房，樣樣都很簡陋，只可以維持最低的生活機能。地道裏面有簡單的電線、電燈供照明用，**當美軍轟炸時，越南民兵就躲在這不見天日的地道中**。導遊爲了讓我們體驗空襲時地道的黑暗，故意將電燈關息了幾秒鐘，裏面黑漆見不到五指，美軍空襲時，越共就是這樣畫伏夜出熬了過來。**導遊還讓我們看美軍用火龍噴火入洞口的燒痕，由於地道太深，這個兇悍的武器無法對越共產生太大的殺傷力。**

　　我們隨著導遊爬出這驚心動魄的「哭泣地道」，到達展示廳時，看到一張很大的地道縱橫圖，才了解「胡志明小徑」的全貌，**這個不見天日、縱橫交錯、人工挖鑿的地道，長達數百公里，深度達數十公尺，從越南的北部一直延伸到胡志明市。**

　　越南人雖然不承認他們的祖先是「臥薪嘗膽」的勾踐，但是越共求勝的毅力及犧牲可媲美「吳越之爭」的越國志士，難怪平時喝啤酒、到臺灣北投渡假的美國大兵，無論武器如何精良，也無法戰勝越共如此的「哀兵」了。

越南投資甘苦談

　　當三寶麟成功地拿到越南絕無僅有的外商煙廠執照時，我們以為可以大顯身手重復在印尼成功的經驗，發展丁香煙或白煙的品牌，但後來的發展卻大違人意。越南人像中國人一樣，謝絕丁香煙。至于白煙的銷售，我們面對的是走私進口的三五牌、樂福門及 JET 等，這些水貨沒有繳稅金，街頭的小販賣這些品牌可以賺到較多的差價，政府又無法禁止走私，連越南國立煙草公司都無法與走私香煙競爭，區區三寶麟也無力可回天了。

　　越南的「改革開放」雖仿效中國，但是腳步卻慢了中國二十年。**九十年代在越南投資的一個大問題是越南人「只知道戰爭，不知道和平」，法律朝令夕改，讓外地投資的人莫衷一是**。我代表三寶麟與當地股東開會，常被對方莫名其妙的要求，搞得焦頭爛額。

　　話雖如此說，**越南的社會正從「共產主義」走向「市場經濟」，從負到正總要經過零的階段，越南人堅韌不拔的精神，加上苦幹實幹的努力，假以時日，一定會成為東南亞國協（ASEAN）中進步最快的國家。**

第十一章　時鐘停擺的緬甸

仰光的瑞大光金塔（1995）

仰光世界最大的玉石（1995）

上下巴崗的佛塔（1995）　　　　　巴崗的大佛（1995）

俯瞰巴崗佛塔（1995）

緬甸軍政府（Junta）

　　三寶麟公司的國際化雄圖，我算是參與計劃及獻策的一員。一九九四年四月，聽到緬甸的煙草業可能有開放的商機時，我義不容辭地準備前往。臨行前，有一位同事關心我的安危，說：「緬甸軍政府掌政，你要特別小心。」我心裏想，「臺灣當年也是軍政府，實施戒嚴法，社會治安反而良好。」

　　抵達緬甸首都，仰光國際機場給人的印象並沒有像越南西貢機場那樣殘破，但很老舊，緬甸的時鐘似乎停擺了三十年。

　　緬甸位於中南半島的西邊，東南接泰國及老撾（即金三角地區），東北緊靠著中國，西北與印度與孟加拉為鄰，西邊則臨安達曼海，緬甸的南邊細長，像一支帶莖的樹葉，長莖從北向南地插在泰國南部的邊境上。

　　一八八六年，緬甸為英國東印度公司所佔，**東印度公司是在倫敦上市的公司，以公司的名義，控制印度及緬甸兩個國家，是史上絕無僅有的公司**。這現象維持到一九三七年，緬甸才正式成為英國的屬地。一九四八年一月四日緬甸宣告獨立，國名叫「Union of Burma」。

　　獨立後的緬甸政府，以蘇瑞泰為總統，「反法西斯人民自由聯盟」的吳努為總理，吳努與尼溫將軍（General Ne Wen）不停的鬥爭，直到一九六二年尼溫以槍桿子奪取政權才告終。尼溫的軍人政體採取「緬甸式的社會主義」，混合佛教與馬克思階級鬥爭的思想，學習蘇聯式的國有計劃經濟，加上許多讓人無法理解的迷信，使緬甸國力衰弱，五千萬人民生活在貧窮的邊緣。

　　一九八八年緬甸發生全國群眾起義，反對軍政府的獨裁，尼

溫才退居二線。蘇貌將軍（General Saw Maung）接班後，成立「國家法律及次序維持委員會」（SLORC），行戒嚴法。一九八九年，緬甸改國名為 Union of Myanmar。

　　迫於世界輿論的壓力，為了安撫民心，SLORC 於一九九〇年實行公民投票，昂山素姬的全國民主聯盟以百分之八十的高票贏得選戰。軍政府隨即宣告選舉無效，將昂山素姬軟禁。一九九二年起，丹瑞將軍（**General Than Swee**）主政，軍人政府仍然手握大權。

昂山素姬何許人也？

　　從機場到仰光市區開車約須四十五分鐘，途經昂山素姬被軟禁的別墅。昂山素姬何許人也？她是領導緬甸獨立的民族英雄昂山的女兒，昂山于一九四七年遇刺身亡，素姬才兩歲。在母親的撫育下，素姬唸完牛津大學的政治、經濟及哲學的學位。畢業後，除了在校任教，還在聯合國、不丹等地工作，整整二十八年生活在國外。

　　素姬于一九七二年與一位牛津大學的教授英國人結婚，婚後的十五年，一直住在牛津生養子女，靜靜度日，從來不過問緬甸的時政。

　　一九八八年三月，母親中風病危，素姬匆匆地回到仰光探望，正值全國群眾不滿軍政府，發動抗議示威，素姬眼見示威的人民遭到軍隊的殘酷鎮壓，兩百多名無辜民眾死於槍下，一時慈悲心大發，奮身投入了反對政府的活動。

　　八月二十六日，昂山素姬在瑞大光金塔西門外廣場演講，她慷慨激昂、擲地有聲的言論，讓民眾以為是昂山老英雄復生。有

其父必有其女，素姬不久成立全國民主聯盟，她本人任該黨的總書記。素姬組成的政黨，受到人民普遍的歡迎，聲勢開始壯大，令軍政府大爲不安，終于在一九八九年七月二十號以煽動騷亂爲名，將她軟禁。

好笑的是，被軟禁的她，竟于一九九○年五月全國大選中以壓倒性的選票獲勝。她的勝利雖然被軍政府否認，昂山素姬沒當成緬甸的總理，但在一九九一年，卻獲得諾貝爾和平獎。

至今還被軟禁的昂山素姬，無財無勢，以一介女流向軍政府挑戰，堅守「不以暴易暴」的原則，她的勇氣與理想，不僅贏得了緬甸國人的支持，也贏得了世界大眾的尊敬。

特異的仰光

遠看緬甸的國旗，與「青天白日滿地紅」的國旗無異，我誤以爲是有臺灣政要訪問仰光，後來才知道緬甸的國旗與臺灣的國旗乍看相似，唯一的不同是在左上角的籃筐裏，臺灣的國旗有著一顆發出十二道光芒的白星，而緬甸的國旗有著十四顆白星圍繞著一個含有稻穗的齒輪，十四顆白星代表十四個州，稻穗與齒輪代表的是全國的工農。

仰光地處全國最富庶的伊洛瓦底三角洲中，靠著阿達曼海洋，東邊有勃固河（Bago River），南邊有仰光河（Yangon River），北邊有伊洛瓦底江的支流，成爲緬甸的最大港，有其地理的必然。

仰光雖是一個擁有四百萬人口的大城，但給人的印象是一個美麗的花園老城。中南半島諸大城中，仰光保存殖民地時期留下的建築最爲完整，市區的火車站、聖瑪麗大教堂、大學、醫

院，比比皆是殖民地時期所建立的，建築保留得很完整，只是變得老舊而已。

　　按理說，**仰光既然保留了英國的建築，也應該保留道路靠左走的習慣。但是緬甸軍政府不賣這個帳，一夜之間，就將行路規則改成靠右走。**難怪乎我第一次上了轎車，總覺得不對勁，司機的座位在車子的右方，但是車子在路上卻靠右走，你說奇怪不奇怪？

　　仰光新建的建築不多，這要歸因於軍政府與昂山素姬的矛盾，歐美諸先進國家同情昂山素姬，對緬甸採取禁運的制裁。外資不進來，仰光的發展就只能緩慢，難怪乎仰光路上行人不多，市區也不擁擠。

　　仰光有兩個新的建築顯得非常突出，一個是可容納萬人的體育館，一個是橫跨伊洛瓦底江支流的吊橋，都是中國政府出資建蓋的。「國與國之間沒有永久的朋友，只有共同的利益」，中國為何哪麼關照緬甸呢？原來中國沒有像美國東邊靠著大西洋、西邊靠著太平洋的地理優勢，想進入西邊的印度洋，只有仰賴仰光軍政府的支持，讓它在本葛海灣（Bay of Bengal）設立海軍基地。

　　緬甸人的穿著算是一絕。上身穿著中國式的襯衫，下身綁著馬來人的印花沙龍，腳下踩著日本式的拖鞋。不要以為上述打扮隨便，這可是正式的禮服，部長、官員、大商巨賈，就是如此打扮，參加國宴慶典、喜喪大場面的。

　　另外還有一件讓人覺得奇怪的是，女人們喜歡在臉上塗著像泥巴一樣的東西上街，後來問了當地人，才知道那是一種美容的方法，像泥土一樣的東西是一種特別的樹枝研磨成的粉，塗在臉上可以防曬養顏。

寶石之都

緬甸以出產寶石聞名世界，寶石之中，又以紅寶石為最。仰光有一家寶石博物館，門口放著一塊世界最大的翡翠玉。乍看之下這塊玉石，只是一塊普通的石頭，但從切開的另一面看，則是翠綠的寶石。

聽說直到今日，寶石拍賣的方法，仍以未切開的玉石當賭注，買者可能出高價買到一塊沒用的石頭，也可能用低價買到一塊價值連城的寶石。人類天生好賭，連買賣寶石都不忘記賭博，真是奇怪！

有一年我們全家到仰光旅遊，阿貞禁不住花了幾千美元買了幾顆綠玉、藍寶及號稱「雞血的紅寶石」。回到新加坡後，阿貞叫玉匠打了一個翡翠綠寶的戒指，供我旅行穿戴。中國人相信寶玉可以避邪，更可保平安。紅樓夢裏的賈寶玉，不是天天要帶著寶玉嗎？

有一次搭飛機到香港，坐在旁邊的一位猶太人，指著我左手戴的戒指，問道：「這是緬甸玉，您在何處購得？」原來此君是一位寶石商人，一眼就看出我戴的是緬甸玉。我問他：「緬甸玉與中國玉有何不同？」他說：「緬甸玉色澤較鮮明，硬度比中國玉高。」

瑞大光金塔（Shwedagon Pagoda）

緬甸是一個大佛國，在市區裏，隨時可以看到成群結隊的和尚，穿著露左肩的黃色袈裟沿門托鉢，進行化緣。有一位信徒告

訴我，「**此地的和尚，在中午十二點以前，可以吃葷，因爲飯菜是化緣來的，沒有選擇葷素的自由。**」佛教派別中有大乘與小乘之分，緬甸應是屬於小乘，所以可以吃葷。

　　緬甸人信奉佛教的虔誠，已經到達無可復加的程度，常聞某位高官大員住進佛寺「當和尚」，一個月內不理政事，潛心修行，一個月後才出關回到崗位，吃食人間煙火。

　　上述緬甸官員的行徑，讓我想到中國南北朝時梁武帝蕭衍先後四次的捨身，他老人家脫下龍袍，當起和尚，還要大臣們捐錢「贖身」，才肯還俗。由於蕭衍對佛教的著迷，全國的僧尼徒眾幾佔全國一半的人口，僧尼不付徭役，國家財政因而蒙受重大的損失，是南梁滅亡的一個主要因素。

　　到過仰光的旅客，一定會被帶到金碧輝煌的**瑞大光金塔遊覽，此塔佔地甚廣，來參拜的旅客及善男信女，浩浩蕩蕩地乘著手扶電梯上塔，這還是我人生首次看到如此拜佛的大場面。**上了佛塔的第一層，訪客、善男信女，一律需要脫鞋。

　　從塔底望鑲金鍍銀的主塔，富麗堂皇有之，寶相莊嚴有之。主塔旁邊的許多佛塔，也是鑲著黃金及寶石，每一個美輪美奐的塔頂，都有黃金、寶石及鑽石置於其上，其中最主要的佛塔，據說塔頂置有上噸的寶物。佛祖富有，人民窮困，緬甸的確是世界上難得一見的佛國。

　　傳說二戰時，日本空軍要摧毀這個大金塔，但屢次飛機升空後，卻看不到大金塔的蹤跡，顯然菩薩有靈保全了大金塔，迄今大金塔完好無缺地矗立在仰光，成為緬甸人民精神寄託之所在，自是一件功德無量之事。

　　不知道是不是緬甸佛教特有的風格，大金塔中有許多莊嚴肅穆的神佛，專供不同禮拜天出生的人膜拜。換句話說，禮拜一出

生的人拜專司禮拜一的神佛，禮拜二出生的人拜專司禮拜二的神佛，因為我不知道自己是禮拜幾出生的，只好有拜無類，拜了全部的神佛。

經過長久歲月善男信女不停的膜拜，每一個大金塔的神佛都有個別傳說。印象最深的是一位手指會滴水的神佛。對學過化學的人來說，神佛手指滴水不過是是因為水氣蒸發再凝結的物理現象，但奇怪的是，為什麼旁邊的神佛手指不滴水，偏偏這位神佛手指滴水？

巴崗的佛塔（Bagan Pagadas）

為了要了解緬甸的煙草生產情況，我們租了一部號稱有冷氣的麵包車，從仰光往北出發，目標是巴崗附近的煙草生產區。一路上，汽車冷媒不足，大夥揮汗如雨。俗話說：「屋漏偏逢連夜雨」，所租的麵包車除了冷氣不足，竟然過熱拋錨。費了九牛二虎之力，總算找到一部載貨小卡車，願意帶我們去巴崗。

大夥坐在車後露天載物的地方，腳只能伸直擺放，坐久了很不舒服。長久暴露在四十二度的高溫，幾乎每個人都失去了食慾，幸好有本地的土啤酒相伴解渴。下午半昏半睡時分，突然被一盆冷水潑醒，原來「緬甸的潑水節」將近，鄉下的小孩子已經等不及躍躍欲試了。奇怪的是被潑了一身冷水，倒覺清涼，這是不是潑水節成立的原意？

考察了當地的煙草，晚上住進巴崗的旅館，天已昏暗，旅途勞困，不知身在何處，倒頭便睡。一覺醒來，大夥吃早餐時，才知道此地有許多佛塔，心想既來之，則安之，不妨一走。這一走，才讓我覺得這「萬方多難此登臨」的旅程，值回票價。

　　由於緬甸軍政府的閉關自守，**巴崗這「世界級的旅遊勝地」，竟然在國際上默默無聞**。巴崗建于公元八百七十四年，曾經是緬甸第一個王朝的首都，它的繁榮于十二世紀時達到鼎盛。但夜郎自大的國王，不知天高地厚，惹怒了中國的元世祖忽必烈，忽必烈于一二八七年，派兵攻佔了巴崗，從此巴崗開始走下坡，終被棄置。

　　緬甸人一生最大的宏願，就是要蓋一間佛塔來表示自己對佛祖的虔誠，因此帝王蓋，臣子蓋，富商巨賈蓋，平民百姓也蓋。帝王蓋的佛塔，雄偉有加，又高又大；大臣蓋的佛塔，雖然沒有帝王蓋的華麗，但可陪襯帝王佛塔的莊嚴。這些超大的佛塔，加上不計其數富商及平民蓋的佛塔，使得巴崗佔地十六平方英里的土地上，有著數不盡的佛塔，有人說是兩千多個，有人說是四千多個，反正舊的倒塌了，就有新的補上，誰能算得清楚？

　　到巴崗旅遊，絕對要雇用一位好的導遊，來解釋這些不同年代、不同朝代所蓋的大佛塔。**因為佛塔衆多，每一個佛塔，都有其不同的特色，有最古老的佛塔，有最高的佛塔，有最受訪客喜愛的佛塔，有最漂亮的佛塔（Ananda Pagoda），還有最靈驗的佛塔。**

　　巴崗數千間的佛塔，裏面供奉的都是釋迦牟尼的形象。有的佛祖看似印度人，有的看似緬甸人，有的看似中國人。信不信由你，有的佛祖看似男人，有的看似處子。由於佛祖誕生在公元前六百多年，沒有畫像留下，所以佛祖的畫像及雕像都是善男信女心中的幻象，「佛祖心中留」，此之謂也。

　　衆多佛塔中，最大的一個佛塔（Thabyinnyu Pahto），據說是十三世紀時的一位弒父弒兄的暴君所蓋，他要求工匠，擺放的磚塊不容許有針孔大的縫隙，違者斷手，如今刑具尚在，容人參

觀。專制時代的帝王，視人民如草芥，兩手沾滿血腥，令人髮指。

另有一間大佛塔，擺著一尊如來大佛，我們從高處往下看，佛祖寶相莊嚴，從低處往上看，佛祖笑容慈祥。同是一個佛祖法相，讓人從不同角度看，產生完全不同的認知，正所謂「佛祖有無，俱在人們心中耳。」

到巴崗遊覽，導遊一定會帶旅客上佛塔看日落與日出。每一個佛塔都有通往塔頂的階梯，階梯的建築很陡峭，沒有扶手。**起先我們擔心緬甸人穿著紗龍，踩著日本拖鞋，爬上爬下會行動不便，後來看他們健步如飛的上下佛塔，而我們這群穿著牛仔褲與運動鞋的外籍遊客，倒是寸步難爬。**看完了日出與日落，落得個「手腳並用」才爬回地面，「上山容易下山難」，信哉！

最後的都城 —— 曼達列（Mandalay）

當法國人佔領越南時，在順化滅掉了越南最後的一個皇朝；當英國人佔領緬甸時，在曼達列滅掉了緬甸最後的一個皇朝，兩國的皇宮皆被破壞殆盡。二戰後，為了保存自己的文化，兩國政府都在王宮舊址複製昔日的都城。曼達列的王宮雖沒有北京紫禁城的巨大，但是外有數哩護城河圍繞，內有數不盡的紅磚紅瓦建築。

我注意到皇宮到處設有瞭望臺，問導遊何故？導遊說：「它們是用來射擊飛過皇宮的燕雀。」「為什麼無故射擊飛鳥？」「因為皇帝認為自己最高，不容許飛鳥比他還高。」皇家的威嚴真是天大地大，可惜在洋槍洋炮的威逼下，英國人也學日本人利用妓女來破壞緬甸皇室的聖血，如今這些沒落的皇朝，都已煙消雲散

了。

　　在離曼達列不遠的地方，有一個老木橋，建蓋在陶大曼湖上，傳說這用柚木建蓋的昂長大橋，是兩百多年前一位和尚為了便利農民的交通，用雙手所造，「修橋造路、普度眾生」，令人感佩。

　　曼達列附近有一個規模不小的植物園，算是英國人留給緬甸的一個功德。黃昏時，到曼達列山坡上的金禪寺俯瞰全市，也是旅遊的一個景色。

兩盒高爾夫球

　　如果有人問我：「你在三寶麟工作了二十多年，那一個任務最得心應手？」我會不假思索地回答：「只花了六個月時間，幫公司在仰光拿到設立煙廠的執照。」

　　外國公司要獨立在緬甸設置煙廠，比登天還難，物色一個與軍政府關係良好的人做夥伴是唯一的辦法。一九九四的下半年，透過一位新加坡商人的安排，我們終于找到一位名叫金瑞的殷實商人。

　　我特地飛到仰光與金瑞見面，告知來意，他說，「明天下午，我會與工業部長打高爾夫球，屆時我會幫你們探探風。」我告訴他，「明天黃昏，我們會到俱樂部，拜託你介紹這位部長與我們認識。」

　　當時緬甸軍政府的最高領導人為丹瑞大將，他的屬下，擁有生殺大權的將軍，首推擔任過情報工作的 Kin Nyut 將軍，另外一位就是目前擔任工業部長的 Se On 將軍，仰光政商界人士稱這兩位將軍為「兩只老虎」。

　　隔天下午五點左右，我們抵達仰光高爾夫球場時，看到憲兵

林立，知道將軍一定在球場打球。我特地到俱樂部的販賣部，買了兩盒高級的高爾夫球，坐在室外的休息處等候。

不久，遠處有兩位平民與一位身著戎裝、身材魁梧，年紀五十許的壯漢，從第十八洞一路打來，這位將軍的球技不錯，第二杆就上了果嶺，球離洞不到一公尺，抓了一支小鳥，滿臉笑容。

金瑞看到我，知道將軍心情好，便將我介紹與將軍認識，我故意說，「將軍剛才拿了小鳥，我買了兩盒球，正好充當獎品。」這下將軍聽了大樂。打鐵趁熱，我用英文簡單地提了一下來意，想不到將軍的英文極好，用英文回答，要我隔天到他的辦公室詳談。

老虎將軍

隔天到了工業部，見部長一身戎裝，軍服上左右兩肩帶著將星，胸前褂著不少勳章，腰部還帶著手槍。與一位穿著軍服的工業部長談生意，倒是別開生面。想當年臺灣兩蔣時代也是軍政府掌權，麾下有許多將軍調任文職，他們一上任，即卸下戎裝，西裝革履，平易近人。以黃杰將軍為例，他任臺灣省主席時，就很少穿著戎裝接見人民或媒體。

由於昂山素姬被軟禁，緬甸軍政府在國際上已被認定為一群惡魔，而**政府官員不管文職或武職，個個穿戴軍裝，不是給予外國媒體更多的口實來醜化緬甸的軍政府？奉勸緬甸軍政府，應盡速讓從事文職的軍人穿民裝，這樣才可以改善世人對他們所產生的印象。**

為了尊敬及取悅這位部長，我先介紹自己曾經是中華民國的陸軍退役少尉，並以軍禮向這位緬甸將軍敬禮。禮畢，依照軍人

率直的本性，我開門見山地介紹三寶麟煙草公司，並表達我們想在緬甸設廠的意願。口述的投資計劃立時得到老虎將軍的暗許，再下去的工作，就是尋找工廠所在，大書生產計劃及可行性分析，完成申請手續。

我曾經隻身在越南做過這一整套申請煙廠的手續，理論上應該駕輕就熟，但不同國家，不同國情，總是有所區別。這回我又帶著手提計算機及袖珍打印機，住在仰光與合夥人工作了兩個多月，才將申請書連同股東資料，一併上繳工業部。

兩個月之後，緬甸工業部批准了三寶麟在緬甸生產香煙的申請。一九九五年秋天，三寶麟公司正式在仰光開幕，緬甸的兩位老虎將軍，同時全副武裝參加開幕儀式。本地人說，「在緬甸這兩位老虎將軍甚少碰面，于同時間、同地方為民營公司剪綵，尚屬首次。」

有一次，老闆到仰光與這位將軍打高爾夫球，**老闆**才學打高爾夫不久，球打得很遠但未能控制方向，將軍對他說，「你的高爾夫球打法，就像美國的外交政策，力量強大，但是沒有方向。」

幾年後，這位老虎將軍來新加坡的醫院檢查身體，為了盡地主之誼，老闆要我用他的 Rolls Royce 去接將軍到林宅用膳。飯後聊天時，將軍指著我向老闆說：「你有一位很福氣與能幹的開路先鋒。」將軍大概意指我用兩盒高爾夫球，換得他的支持，更換得一張價值連城的煙廠執照。

後來在仰光的三寶麟煙草公司，經過不屈不撓的經營，終於成功地推出 VEGAS 牌白煙，幾年之間，佔有緬甸百分之三十的市場。這就是為什麼我認為自己在三寶麟工作二十多年來，最得心應手的任務。

第十二章　殺人的佛國柬埔寨

離金邊不遠的屠殺博物館（1995）

屠殺博物館

吳哥窟的一角（2008）

Ta Prohm，「Tomb Raider」就是在這裡拍攝的

Angor Tom 的一角（2008）

殺人地界（Killing Field）

好萊塢拍過一片金像獎影片叫「殺人地界」（Killing Field），描寫三位報界人士在紅色高棉佔領金邊（Phnom Penh）時的經驗。**紅色高棉可能是歷史上最兇殘的政權，在波帛統治下的「三年零八個月」，有兩百萬柬埔寨人死於飢荒、勞役、疾病與迫害。**

一九九五年初，我飛到金邊拜訪一位擁有中南半島暢銷煙的大老闆，商討品牌委託生產的事宜。抵達金邊國際機場，有位叫「大姐」的女士來接機，我順利地出了關，登上了一部高底盤的旅行車。首先，令我驚訝的是，司機先生的座位旁放著一支手槍，大姐的解釋是，「本地治安不好，司機附帶有保鏢的性質」。

從機場到市區的路上，到處可以看到戰爭留下的痕跡，斷垣殘壁，街上行人稀少，百廢待舉。柬國曾為法國的屬地達九十年，一九五三年宣告獨立，獨立後戰火不絕，民無寧日。金邊雖是柬國的首都，只有獨立紀念碑附近的廣場，讓我留下些許的好印象。

當我看著街景，想著「殺人地界」的鏡頭時，感覺到腳下似乎踩到某種長長的桿子，往下一看，竟是兩支 AK-47 的機關槍，心想紅色高棉不是早在十七年前為越軍所敗了嗎？如今已是君主立憲的柬埔寨王國，為何人人自危，隨車帶著手槍、機關槍呢？

不管是在家中或在旅館，我一向是一睡到天明，但在金邊的旅館，半夜被槍聲吵醒，隔晨吃早餐時，問酒店經理，到底發生了什麼？**他輕鬆地回答，「這旅館的頂樓是賭場，昨天深夜有人**

喝酒鬧事，警衛開槍警告他們一下而已。」

柬國大亨

　　我拜訪的這位柬國首富，是來自潮州的華裔，他的一舉一動會影響到柬國的金融，大姐說：「他一出國，柬幣就會貶值。」難怪乎他的周圍都是負著真槍實彈的保鏢。

　　每次與這位大老闆出門吃飯或看工地，座車前總有兩部大型摩托車開道，後邊跟著兩部吉普車，上面坐滿著保鏢，各個手握AK-47，如臨大敵。吃飯的餐廳裏外，也是五步一崗，十步一哨。**說也奇怪，越是有如此天衣無縫的保衛，越讓我覺得不安全。**人云「金錢可以買到一切，但買不到幸福」。我說「保鏢可以防止被襲，卻不能保證安全」。

　　話說這位柬國大亨擁有印度支那銷路最大的品牌，是東南亞煙草界無人不知、無人不曉的梟雄。煙草界流傳著他的一個故事，某走私犯子在印尼某工廠盜做他的品牌，運貨船經過新加坡附近的海域時，遭受襲擊，所載幾萬箱香煙被丟入海中，船員均遭縛綁，船在海上漂流了幾天才遇救。因為香煙都用鋁紙包裝，人造衛星顯示出上萬箱的香煙漂流到星國，成為海面環境污染的大問題，新加坡政府深入調察，認為這位大亨是背後的黑手，從此禁止他入國境。

　　有一次，為了香煙的品質問題，我特地飛到金邊與這位大老闆解釋。到了晚上九點多，他才到我房間，**我從冰箱拿出礦泉水幫他倒水時，注意到他坐立不安，一下子從後面褲袋掏出一支手槍，放在桌上。**

　　我裝作若無其事地解釋成品小差異的原因，他自己抽了一、

兩支成品，覺得沒有話說，半小時後，與我握手道別。到今天，我還不知道他抽槍放在桌上的原因？是因為坐在旅館的小椅子不舒服，才拔出手槍放在桌上；抑是對成品的品質很不滿意，故意抽槍讓我知道他是在玩真的。

隔了幾個月，我在亞洲商業周刊（Asia Business Review）上讀到：**「柬國大亨因為不滿意柬航從香港飛到金邊的服務，在金邊機場拔槍射擊柬航的飛機輪胎以洩恨。」** 再詳細一看，報上的柬國大亨赫然就是曾經到我客房拔出手槍放在茶几上的那一位仁兄。

地雷王國

這位大老闆既是柬國首富，交往的該是高官厚爵。有一次到金邊拜訪他時，他邀請我參加他與某部長的午餐，地點是市郊的某個公園。我們抵達公園時，至少有數十位軍士在場當警衛，公園裏就只有部長、大老闆與我，午餐、飲料是現成的。

吃完午餐後，找不到衛生間小解，礙著一大群士兵，我只好走到更僻遠的地方去方便。後來讀了一些報導，描訴柬國人民拔草鋤地時，受到地雷引爆的事件，才知道當年走到僻遠的地方小解，實在是一件大忌。

在金邊市區，隨時可以看到許多斷足斷手的人，柬埔寨堪稱世界的地雷王國，柬國的地雷，除了量多之外，式樣上還是最複雜的。 越戰時，美國在柬國投下大批的美式地雷；政府軍與紅色高棉對抗時，雙方埋下了大批土製地雷與中共的地雷；越南幫忙柬人趕走紅高棉時，也埋下了大批的蘇聯式地雷。難怪乎，有些報章呼籲美、蘇與中共聯手，幫忙柬國解決這個難題。

屠殺博物館（Genocide Memorials）

中外歷史上，國家與國家免不了戰爭，種族與種族也免不了衝突，戰爭一定會帶來屠殺與死亡。東周時的白起坑趙；滿清入關時的「揚州十日，嘉定三屠」；日本侵華時的「南京大屠殺」；二戰時的納粹殺猶太人，這種殺戮是基於不同國家、不同種族的仇恨。

中外歷史上，殘殺同文同種的人，也不在少數，明末張獻忠甚至作「七殺碑」來歌頌自己的兇殘：

「天生萬物以養人，人無一物以報天，殺殺殺殺殺殺殺」

張獻忠本是流寇，殺人行徑為世人唾棄，成為千古罪人。想不到的是，距今三十多年前，中共支持的紅色高棉，在武裝革命取得勝利之後，竟會將自己的兩百萬同胞，無緣無由地勞役、迫害致死。

我親耳聽到大姐說：「在紅高棉統治下，人人自危，紅高棉的普遍殺戮，使得我聽到親戚朋友，甚至自己的父母、兄妹死亡，都無動於衷，在那求生不得、求死不能的日子，死亡也許是一種解脫。」

另一位大難不死的人說：「我們全家五人被列為反革命，被關在一間小草屋，棉共拿了一個刀片，要我們自殺，全家只有一個人能活。我的父母、兄姐就是這樣割腕致死，讓我這位家中最年輕的人活下來。」像這樣的集中營，全國共有一百八十九處。

眼見為信，我們利用一個下午的時間，到金邊附近 Choeung Ek 的一個靈骨塔（Stupa）參觀。此靈骨塔就像一個駭人的「屠殺博物館」，進口處寫著：「此靈骨博物館的建立，是要讓世人知

道紅色高棉的罪行，也要讓世人引以為戒。」，像這樣的紀念塔，在柬埔寨就有八十家。

靈骨博物館裏面堆積著無數的頭骨，有放在木架上的，有放在地上的。放在地上的，從地上堆起比一個人還高。印象最深的是，有一個房間將頭骨分類：有槍傷的（一個小子彈洞），有用斧頭砍的（刀痕齊整），有用木棒打的（頭骨散裂），有用鐵條打的，有用菜刀砍的。據說棉共為了不浪費子彈，後來決定用刀斧，沒有刀斧，就用木棒等鈍器。

靈骨博物館的外面，有正在挖掘的萬人塚，散落遍地的胸骨、腿骨，此地已挖出白骨九千具，估計應該有一萬三千具。這萬人塚是棉共喪心病狂地殺人，殺到不勝其煩時，學秦人白起用坑殺的方法，讓死者自掘魂墓，活埋了事的地方。這種萬人塚在柬國有兩萬處，我們訪問的這個萬人塚，還不是最大的一處。

看完靈骨博物館，一路無言，感慨萬千，想著杜甫《兵車行》的詞句：

君不見青海頭，古來白骨無人收，

新鬼含冤舊鬼哭，天陰雨溼聲啾啾。

千年以前，中國的杜甫寫詩為捍衛國家而死在邊關的將士喊冤，二十一世紀的今天，誰為柬埔寨這兩百萬無辜死在自己同胞手下的亡魂伸冤？

回到旅館後，我們連晚飯都吃不下了。隔天在旅館大堂，耳聞一位導遊要帶一家三代同堂的台灣人去參觀我們昨天去的地方，與我同行的李同事，生氣到告訴那位台灣公公：「如果你自己要去參觀，可以，但絕對不要帶孫子去參觀那個地方。」

吳哥窟（Angkor Wat）的傳奇

　　說起來很奇怪，**印度教與佛教均發源於印度，但是世界上最大的佛塔與印度廟，卻都建在印度國外。印尼中爪哇的婆羅浮屠是世界最大的佛塔，柬埔寨的吳哥窟是世界最大而且最美輪美奐的印度廟。**

　　吳哥窟建築的雄偉可與希臘萬神殿及羅馬的競技場相比美，至於雕刻與壁畫的鬼斧神工，則遠勝於上述兩者。**柬埔寨人以吳哥窟為榮，連國旗上都繪有吳哥窟。到了柬埔寨而未到吳哥窟，可以說是「如入寶山，空手而還」。**

　　柬埔寨古稱扶南國，境內有東南亞最大的洞里薩湖，還有湄公河流經，漁作民耕，十分發達。吳哥窟的建蓋，始於公元十二世紀高棉王朝的鼎盛時期，吳哥窟原是為印度教的保護神所蓋的，但後世的皇帝信奉佛教，將它加上了濃厚的佛教色彩。

　　吳哥窟受到國際的矚目，應該歸功於十九世紀的法國探險家亨利毛侯（Henri Mouhot）。亨利毛侯在熱帶叢林中發現了這曾經輝煌一時、但被棄置的古都。據考證，高棉首都吳哥在公元一四三〇年時被暹羅人攻破，王朝遷都金邊。

　　到吳哥旅遊，最好是在十二月天氣涼爽的時候，時間至少需要三天，整個吳哥地方，除了吳哥窟，還有大吳哥（Angkor Thom），巴戎廟（Bayon Temple），閱象台，克拉文廟（Kraven Temple），Banteay Kdei，Chao Say 等廟宇。

　　在許多被廢置的廟宇中，最有名的是大埔壟（Ta Prohm），好萊塢影片「古墓疑雲（Tomb Raider）」就是在這裡拍攝的。五百多年來，廟宇被熱帶林盤踞，被大樹板根纏繞，樹根就像巨蟒

般延伸到廟壁及寺頂，寺廟與大樹已互為一體，成了「一榮俱榮，一損俱損」的關係，如果將巨木砍伐，這個寺廟就只剩下一堆瓦片與磚石。

同行的張大正兄，詩興正濃，在他的詩集「扶南古寺」中寫道：

> 蟬鳴雨林靜，日西古寺冷，
>
> 廢塔淹高木，窟石纏巨根。

在吳哥的旅行中，常會看到手腳被截肢的行人，他們是「殺人地界、地雷王國」的受害者。我們看到一群不願意靠乞討為生的榮民，把葉片放在嘴巴當樂器，吹著令人落淚的曲調，他們大概是利用這個方式來控訴紅色高棉的屠殺，也利用這個方法賣唱片磁帶以謀生。

第十三章　地廣人稀的馬來西亞

馬來風光

　　馬來西亞有東馬（舊稱 Malaysia Borneo）與西馬（即 Peninsula Malaysia）兩個地區，隔著南中國海遙遙相望。馬國方圓三十三萬平方公里，約為臺灣面積的九倍，人口二千多萬，與臺灣人口相仿，以臺灣的人口，居住在九倍大的國土上，算不算地廣人稀了？

　　雖說馬國大部分的人口集中在西馬，但是我們數次從新加坡開車到檳榔嶼，在縱貫南北的高速公路上，看到的是一望無際、排列整齊的椰子樹、橡膠樹、棕櫚樹，鮮少有住家及農宅，西馬如此地廣人稀，東馬一定更是的了。

　　馬來西亞曾是大英帝國的殖民地，獨立後的馬國承襲英國君主立憲的內閣制，總理是國家的最高行政長官。沒有實權的國王，則由十三州、三郡的蘇丹輪留擔任。

　　如以人種、語言及宗教來作比較，馬來西亞與印尼表面上沒有什麼太大的區別，兩國人民同為南島語族群，說馬來語，大部分的人民信奉伊斯蘭教。

　　但是如果細察伊斯蘭教的規定，則馬來西亞比印尼來得嚴厲。有一些州，女人在公共場所必須包黑色的頭巾；坐汽車時必

須坐在後座，不可與男性並坐；男女都禁止在公共場所喝帶有酒精的飲料，包括啤酒。印尼伊斯蘭教的規定，就沒有這麼嚴格。我曾經在泗水的國際大飯店與一位戴著回教帽的哈集（Haji，即曾經到過麥加朝聖的回教使徒）見面，這位哈集當著我的面喝著一杯又一杯的威士忌。

同為馬來語系，馬來話的用字與印尼話的用字大相徑庭。**印尼話比較柔和客氣，使用的語意也比較含蓄，因之印尼人常以自己的語言為榮，瞧不起馬來西亞人的用語**。在泗水，我親耳聽到印尼傭人因為不能接受來自馬來西亞雇主說話的語氣，而請辭不幹。

丁香煙擴散到大馬

馬來西亞是一個資源大國，曾以出產錫、橡膠及棕櫚油傲視天下。馬國在八〇、九〇年代，每年國民生產毛額的增長，一直維持在百分之八以上，直到一九九七年發生了亞洲經濟風暴，才緩慢下來。

要維持經濟的迅速發展，大馬工業界不得不大量地雇用同文同種的印尼勞工。由於印尼工人對丁香煙的執著，而西馬與蘇門答臘又只是一水之隔，有了市場需要，就有來源供給，走私商人哪有見錢不賺的道理？因此之故，**每天夜裏丁香煙乘坐著快艇，從利歐（Riau）經過馬六甲海峽進入了西馬。源源不斷的水貨，使得丁香煙在馬來西亞的香煙市場上大放異彩**。

既然三寶麟已經訂了方針，要將丁香煙國際化，馬來西亞這個明日之星，就不能不重視了。為了爭取時間，一九九〇年初，三寶麟以現金買下了怡保（Ipoh）的柔蘭香煙工廠（P.T. Joo Lan

Cigarette Factory），開始在馬來西亞生產丁香煙。

　　面對走私丁香煙的競爭，三寶麟分公司推出在印尼廣受煙民喜愛的新秀 —— 阿密牌低焦油丁香煙。推出後不久，銷路扶搖直上，馬來西亞終於成為印尼之外三寶麟丁香煙的最大市場。

日落馬六甲（Malacca）

　　從新加坡開車到馬六甲只需要兩小時的車程，馬六甲曾經是控制馬六甲海峽咽喉的大城，但是隨著新加坡的興起，馬六甲已失去昔日的光彩。一九九五年，我們初次訪問馬六甲，只見城市老舊，一點也沒有大港埠的樣子。

　　我們在荷蘭城附近溜達，參觀了一部大帆船改成的博物館（Maritime Museum），這帆船博物館陳列不少古物，但是沒有什麼特別。接著我們走到一間塗著紅棗色的舊荷蘭總督府改裝的「馬來歷史博物館（Stadthuys House）」，這老建築裏面有三個博物館，即歷史博物館，人種博物館及文物博物館。抱著「既來之則安之」的心理，我們買票進了場。這一進場不僅讓我覺得整個旅程值回票價，後來還鼓勵不少親朋好友到馬六甲一遊。

　　一進歷史博物館，我們就看到牆壁上掛著不同國家的國旗及年代：

　　　1511 年　　葡萄牙佔領
　　　1641 年　　荷蘭佔領
　　　1824 年　　英國佔領
　　　1941 年　　日本佔領（二戰）
　　　1945 年　　馬來西亞宣告獨立

從上述年代的主權幾度易手，可以看到馬六甲地理的重要

性。一九四五年馬來西亞宣告獨立，馬六甲才成為馬國的一州。

在博物館中間空地，有一座三寶公鄭和的雕像，當年鄭和的寶船到達此地時，蘇丹王一定以為天兵下降，除了送清水米糧給艦隊，還親身到中國拜望永樂帝。

馬來歷史博物館，珍藏著很詳盡的馬來文化資料，除了殖民地時代列強的影響，還有許多蘇丹時代與中國大明交往的文物，是一個對馬來文化有興趣的人士不能不去的地方。

在馬六甲市郊，有一個很大的墓地，古稱三寶山（Bukit China），大明王朝曾經下嫁宮女漢麗寶（Hang Li Poh）給蘇丹王曼速沙為妃，漢麗寶及五百個隨從就住在這宮殿裏。物換星移，當年王妃的宮殿，現在成為海外華人最大的墳場。

「娘惹菜」與「肉骨茶」的由來

在荷蘭城的博物館中，除了可以了解馬來文化的始末，還可以了解巴巴及娘惹（Babas & Nyonyas）的來由。

馬國華人的移民，可分為兩波：第一波是十五世紀時，隨著鄭和下西洋的引導，開始往南洋通商的移民；第二波是在十九世紀末、二十世紀初，滿清政府腐敗，民不聊生，人民為了逃避戰亂，只好鋌而走險，到海外放手一博的難民。

第一波的移民，大多來自福建與廣東兩省，其中有閩南人，客家人，廣東人，潮州人及海南人。這些移民中有不少的華人落地生根，或與老華僑的兒女結婚，或與馬來姑娘通婚，幾代下來，生活方式馬來化，不會說華語及家鄉話，這批馬來化的漢移民，男的叫巴巴（Baba），女的叫娘惹（Nyonya）。

馬六甲與濱城以「娘惹菜」聞名，那裡有我們全家人最愛吃

的拉薩（Laksa）及米香（Misiam）。「**娘惹菜**」**是手巧的漢移民太太體念著老公的胃口，用當地的肉類、蔬菜、香料煮出來的中國菜餚**。娘惹菜的風格比道地的中國菜多變化，味道也比較重，到馬來西亞或新加坡的遊客，一定要品嚐看看。

令人難以置信的是在娘惹菜食譜中有豬肉的菜肴，原來在漢移民太太中不乏土生土長的馬來夫人，他們深愛漢家郎的情意一定超過了宗教的禁忌，否則信伊斯蘭教的馬來婦女是不煮含有豬肉的菜肴的。

第二波的移民大都在碼頭當苦力，在橡膠、棕櫚園打工，在金礦、錫礦當礦工。他們含辛茹苦地出賣勞力，除了求得一時的溫飽，還要存錢寄回老家，奉養自己的父母與妻兒。

到過星馬的遊客，一定吃過「**肉骨茶**」，**這道佳肴是當年獨身的華工們相信排骨及中藥可以提高體力，將切好的排骨、豆干與中藥，用微火燉，一鍋湯下一碗飯，這種簡易的煮法，卻煮出了南洋這道名菜。**

「肉骨茶」的源始，到底是在新加坡？或是在馬來西亞？兩國人民爭論不休，但它是南洋華工發明的，倒是一件不爭的事實。

雲頂的賭城（Genting Highland Casino）

在穆斯林佔多數的國度裏，竟然容許在離首都開車不到一小時的雲頂高地，蓋設賭場，這是一件令人不可思議的事情，但就像「公司本土化」一般，馬來西亞政府的決策，常是介於或黑或白、可能與不可能之間。

一九六〇年代的末期，馬來西亞政府發了一張興蓋賭場的准

字給 Lim Goh Tong（又叫 Tan Sri），使得雲頂賭場成為東南亞「獨佔枝頭一支春」的賭城，這獨佔的現象，直到公元二○一○年農曆新年新加坡的勝淘沙賭城開幕才告結束。但事實上，勝淘沙賭城的後臺老闆，仍是 Tan Sri 的家族。

雲頂賭城建在高山頂部，溫度比吉隆坡低，是赤道地帶遊客嚮往避暑的好去處。因為常常被雲霧籠罩，開車上山如同「騰雲駕霧」，目前還設有纜車，增添了上下山的方便。

雲頂賭城與澳門的賭城不同，**雲頂賭城具有美國拉斯維加斯鼓吹的「遊戲勝於賭博」的市場觀念，除了賭場之外，常邀請國際性的馬戲團到賭城旅館來表演，附近的兒童遊樂園及高爾夫球場，更使許多遊客舉家到此渡假或渡周末。**

極具華人風味的檳城

住在東南亞的二十多年中，我們全家最喜愛的渡假去處，除了印尼的峇里島外，就是馬來西亞的檳城（又稱檳榔嶼，Penang 或 Pinang）。檳城沒有峇里島神秘的印度教文化，但是有與我們很貼近的福建移民文化。

檳城是馬六甲海峽北邊的一個島嶼，在海權時代，商業地位並不亞於馬六甲及新加坡。早年到此地的華工以福建人居多，**福建話成為這裡通行的方言，不僅華人會講，連馬來人都會講。**大概因為如此，福建人的廟宇還是保存得很良好，福建人喜愛吃小吃的習慣仍然盛行。在離市區不遠的海邊有數不盡的路攤，賣著燒烤、炸蝦、炸螃蟹、福建麵、魚羹、肉羹，花樣眾多的甜點。

甜點中的「莫莫渣渣」椰漿裏放著芋頭、芒果、菠蘿蜜等的水果塊，加上粉圓，味道令人難忘。後來我們在台灣看到有些冰

果室也賣「莫莫渣渣」，馬上點了吃，結果就是找不到檳城海邊吃的那種味道。

檳城有許多傳說，蛇廟就是其中之一，早年曾到蛇廟的人繪聲繪影地說，他們如何用腳把纏在滿地的蛇群撥開，才能進到廟內。我們一九八九年第一次抵達蛇廟時，卻只見到幾只不動的小蛇，被安放在神桌上當點綴。據廟祝說，自從附近的高速公路開鑿後，蛇群聚集的現象已然不再發生，**蛇廟無蛇，就像到肯塔基炸雞買不到炸雞一般，**所以這是我第一次也是最後一次的造訪。除了漂亮的沙灘，檳城高地，極樂寺，植物園，蝴蝶園等，都是值得一遊的地方。

榴槤與臭豆腐

南洋盛產水果，榴槤號稱果王，奇怪的是榴槤味道奇臭，但是愛吃的人認為它的味道鮮美，**我常將榴槤比作臭豆腐，因為兩者都是聞起來奇臭、吃起來奇香的食物。**由於兩者的味道濃烈，喜好者一生都不能忘記其味。

馬來西亞的榴槤比印尼的榴槤可口，原因是榴槤成熟時，在馬國是乾季，在印尼是溼季。印馬兩國因為地處赤道南北的不同，乾濕季的時間也相對地不同。印尼的榴槤雖然甜美但肉質鬆軟，吃起來像是在吃冰淇淋；馬國的榴槤質地較乾，鬆軟適中，甜到發苦。

馬國的榴槤品種良多，有叫 XO 的，有叫 D-24 的，有叫「貓山王」的，講究吃榴槤的人，在季節未成熟之前，就訂購幾棵特別的榴槤樹，專供自己家人全年的享用。

華裔馬人的悲哀

如果以人數計，華裔馬人與華裔印尼人都在八百多萬人左右，但是由於總人口數目的不同，華裔馬人約佔馬來西亞總人口的三分之一，而華裔印尼人則佔印尼總人口的百分之五而已。奇怪的是，華裔馬人在馬來西亞倍受歧視，比華裔印尼人在印尼爲甚。

馬國政府明文規定：

●限制華裔進大學的名額，優先考慮馬裔升學的資格。

●限制上市公司的股權，必須讓馬裔擁有 30%，此即「強制性公司本土化政策」。

以公民平等的觀點來看，上述的政策已接近當年南非的「種族歧視」政策，不同的是，當年的南非百分之十的白種人移民，奴役百分之九十的當地人，而今天馬來西亞百分之三十佔有經濟優勢的華裔，竟受制於本地馬來人。

追究其因，可要歸罪於老式華人「好鐵不打釘，好男不當兵」的怪思想，華僑父執輩只知從商，從來不讓自己的下一代成爲軍人或警察。毛澤東說：「槍桿子出政權」，馬國的華人將軍警這兩種利器拱手讓給馬來人，難怪馬來人控制的政府，有上述不合理的規定。

華裔馬人逆來順受，子女沒能進馬國的大學，就將子女送往英國或澳洲就讀。許多馬國華裔的後代因之滯留國外，造成人才大量的流失，**二十一世紀是注重人才資源的世紀，如是人才流失是馬國華人的損失，抑是馬國政府的損失？**

三寶麟家族本來在新山（Johor Baru）擁有大型的棕櫚園及

碎石廠，馬國政府實施「強制性公司本土化」伊始，他們馬上將公司變賣，轉移資金到國外。如此大量資金的流失，豈不是馬國經濟的損失？最近的「亞洲週刊」報導進馬來西亞的外資銳減，連菲律賓都比不上，看來馬國政府應該深思熟慮了。

　　俗話說，「上有政策，下有對策」，許多在馬來西亞註冊的公司為了擺脫這不合理的規定，買通馬來人當人頭，表面上「公司本土化」，實際上公司的老闆仍然是馬籍華裔。

　　我們在檳城參觀了一家華人的宗廟祠堂，堂內的建築規模比起我祖居新竹的「吳氏家廟」，有過之而無不及。祠堂內有戲臺、中國式的壁畫、古董，南洋華僑對中華傳統的維持令人欽佩。

　　馬籍華人盼望有一個強大的祖國來支持他們在海外的權益及地位，本是無可厚非之事，但是身居海外，應該知道「生於斯、長於斯」的道理，身為馬國公民，應該知道是馬國的土地、人民養育了你，馬籍華人應該恪盡公民的義務，熱愛自己身居的國家，積極參政，對社會改革提出更大的貢獻。

第十四章　由盛而衰的菲律賓

人民力量革命

「人多於事」是開發中國家的通病，爲了社會的安定，印尼政府用低稅率（手捲煙的稅率是機器捲煙的三分之一）鼓勵煙廠採用人工捲煙，以增加人民的就業率。同樣地，菲律賓政府也硬性地規定所有的香煙廠「煙支可以採用機器製造，但是煙盒包裝一律採用手工」。爲了要改進三寶麟手包煙盒的效率，一九八三年八月，我特地到菲律賓的幾家工廠參觀，希望從中學到手工包裝香煙的技巧。

菲律賓由七千多個島嶼組成，是一個道地的「千島之國」，其中呂宋島最大也最進步，首都馬尼拉（Manila）就坐落在呂宋島上。菲律賓原爲西班牙的殖民地，美西戰爭西班牙戰敗，菲律賓才成爲美國的屬地。二戰時，菲律賓曾淪入日本人之手，一九四五年日本無條件投降，菲律賓從而宣告獨立。

六〇年代，菲律賓在馬克仕（Ferdinand Marcos）的領導下，成爲亞洲最進步的國家。記得我念大學時，如要購買高級的洋貨，就要到委託行去買菲律賓的水貨。當時臺灣因爲與大陸的緊張關係，經濟上遙遙落後於菲律賓。

第一次訪問菲律賓時，馬尼拉是一個很進步的城市，從半島旅館俯瞰馬尼拉的瑪卡提（Makati）及巴士海峽，高樓林立，

仿佛身在舊金山眺望太平洋一般。

　　此次訪問馬尼拉，雖然市區生意盎然，社會一片昇平景象，但是住在瑪卡提的人，都在猜測一個禮拜後，尼諾阿奎諾（Ninoy Aquino）回到馬尼拉將會發生的事情。**與我同行的美國人布朗先生，曾經住在馬尼拉數年，告訴我：「阿奎諾一定會被謀殺」**。不出所料，我離開馬尼拉的隔天 —— 八月二十一日，阿奎諾抵達馬尼拉國際機場，一下飛機，便被槍殺於飛機場的跑道邊。

　　阿奎諾原是菲律賓的參議員，他曾經帶頭反對馬可仕的貪腐政權，被捕下獄，三年前被馬可仕政府放逐到美國，此次回國的目的是準備隔年總統的參選。阿奎諾不理輿論界的警告，在台北搭飛機回馬尼拉時說：「If it is my fate to die by an assassin, so be it（如果我命中注定要死在謀殺者之手，我認了）。」沒想到一、兩小時之後，飛機抵達馬尼拉，阿奎諾就被謀殺。

　　由於阿奎諾的死，菲律賓陷入空前的混亂，三年後，馬可仕的政權被「人民力量革命（People's Power Revolution）」所推翻，馬可仕本人逃到夏威夷。

　　因爲阿奎諾的死，阿奎諾夫人（Corazon Aquino，暱稱Cory）雖然沒有半點行政經驗，當選爲菲國總統。Cory 于公元二〇〇九年八月辭世，生前死後，都受菲國人民的愛戴。阿奎諾的兒子也于二〇一〇年，當選爲菲國總統。

　　馬可仕早年原是一位有抱負的革命志士，一九六三年當選總統。當政的前十年，菲律賓在他的治理下蒸蒸日上，但是後來的十年，禁不住黑金的誘惑，貪污舞弊。**夫人伊美達原是馬尼拉選美小姐，卻成爲惡名昭彰的 Mrs. Ten Percent，以擁有一千七百只手提包、三千雙名牌的皮鞋而聞名國際。**菲律賓經過馬可仕政

府貪污腐敗的折騰，從此一蹶不振。

薄荷煙的天下

香煙賣的就是味道，雖然煙草所產生的味道已夠香醇，但是人類的味覺各有不同，有人喜歡酸的，有人喜歡辣的，**所以煙草公司曾在煙草中加入草莓精、香蕉油等等的香料，但是在多種嘗試中，只有薄荷的味道可以被煙民所接受。**

亞洲的煙民咸認薄荷會減低男人的性能力，但是這傳說對菲律賓人來說並不成立，薄荷煙佔有菲國百分之八十的市場，其中華僑陳永栽的幸福煙草公司（Fortune Tobacco Company）佔有壓倒性的市場比例。陳永栽學化學出身，自創幸福煙草公司成為菲國巨富，擁有啤酒廠，並買下了菲律賓航空公司（PAL）。

三寶麟為了國際市場的擴張，買下了樂福門煙草公司旗下位在馬卡蒂附近的史德林煙廠（Sterling Tobacco Company）。這家煙廠的產能不小，但是擁有的品牌是中、低級煙，在菲國境內銷售，幾乎沒利潤可言，最後公司利用它來生產香煙，外銷到國外。

為了國際市場的需要，我常要到史德林煙廠協調，年復一年，只見馬尼拉的交通更為混亂，從馬卡迪到機場，本來三十分鐘的路程，現在要提早兩小時離開旅館。

也許受到西班牙文化與美國人托管的影響，菲律賓人比印尼人熱情開放，喜愛唱歌喝酒，他們的口頭禪是「Yes, Sir!」「No, Sir!」，上上下下的員工，都稱工廠（Factory）為「FUCK-TORY」，讓人笑不出來。二〇〇三年，這家 FUCK-TORY 失火，三寶麟終於失去了在菲國發展的據點。

菲律賓的淪落

在東南亞諸國之中，菲律賓是災難大國，每年夏天，菲國衆島成爲熱帶氣旋所形成的颱風往北必經之道。既沒有地利，又缺少人和，馬可仕爲了自己的貪婪，讓菲律賓淪落，接手的阿奎諾夫人，做過演員的埃斯特拉達（Estrata），剛下臺的哥利亞（Gloria），沒有一個領導人能使菲律賓重現昔日的光彩。

由於經濟沒有進展，國內的就業率降低，許多菲律賓人開始到海外找事打工，我的一位新加坡同事雇用的菲國女傭，竟然是念經濟系的大學畢業生。後來發生了幾起菲律賓傭人在中東被害死的事情，菲國人民以英雄之禮迎喪。前幾年香港政府改變稅法，影響到菲國女傭的收入，菲政府出面爲她們喉舌，向香港政府提出抗議，可見海外打工的菲律賓人，對國家經濟的比重。

一九九八年，我陪著老闆的兒子到馬尼拉訪問史德林煙廠，在馬卡迪的大街上，親眼看到一位失業的父親帶著兩位兒女，從垃圾堆裏撿食物直接放進口中吃的景象。菲律賓從昔日東南亞經濟的楷模，經過十幾年的折騰，竟然淪落如此，實在令人傷心。

菲律賓人既然能用「人民力量革命」推翻馬可仕政權，也應該利用「人民力量革命」選舉一位大公無私的領導人，否則國家與國家之間的競爭，如「逆水行舟，不進則退」，我們局外人看菲律賓，總覺得它的未來堪憂呀！

第十五章　考察中南美、非洲及巴紐

里約熱內盧的科克瓦多山上的基督石像（1999）

左圖：三寶麟在巴西聖保羅推銷丁香煙（1999）
右圖：伊瓜珠瀑布的彩虹（1997）

巴拉圭的邊貿地方（1997）

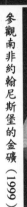

參觀南非約翰尼斯堡的金礦（1999）

桑其巴的海邊（2003）

柳暗花明又一村

到新加坡上班幾年後，三寶麟在東南亞地區的經營已逐漸上了軌道。一九九八年東南亞經濟風暴之後，老闆不惜派他的大兒子與我共事，一心要將丁香煙國際化。

我們努力地嘗試在中國大陸、香港、台灣、日本、南韓等亞洲地方推銷，結果都是碰了壁；在美國，丁香煙市場只局限於大學校園，銷量有限。我們開始相信：「如果用吃東西的方法來區分人類，則人類可分為用手，用筷子及用刀叉吃東西的三種人。丁香煙似乎只為用手吃東西的人所喜愛，用刀叉或用筷子吃東西的人無法接受。」

就在這「山窮水盡疑無路」的當兒，從南美洲傳來了幾張丁香煙的訂單，這「柳暗花明又一村」的好消息，讓我們悲觀的假說不攻自破，巴西人可是用刀叉吃東西的人種。

三寶麟公司上下，對丁香煙在南美洲萌芽的消息，感到非常地興奮。為此，三寶麟僱了一位南美洲的經理，準備在巴西 ── 世界的第五大國生產及銷售丁香煙。為此，公司派我們國際部一行三人，火速飛到南美洲去了解市場的究竟。

未到巴西之前，我對它的了解很有限，只知道它是在南美洲說西班牙話的世界裏唯一講葡萄牙話的國家。巴西的人口大約有一億七千萬，佔南美洲人口總數的一半。聖保羅（Sao Paulo）是巴西的最大城，也是世界第七大的城市，人口有一千一百萬。

在巴西偌大的芸芸眾生之中，是誰將丁香煙帶入了巴西的市場呢？」答案是：「**一群曾到峇里島衝浪的南美雅痞，他們有機會嚐到丁香煙奇異的味道，將丁香煙帶回里約熱內盧，抽丁香煙**

逐成為上層社會的一種時尚。」

從新加坡經法蘭克福直飛巴西的聖保羅，是我人生中最長的航程，單只機上飛行時間就超過二十四小時。抵達聖保羅後，迎接我們的是三寶麟新僱的洛塔迪經理。洛經理本是瑞士人，家住邁阿密，曾經幫一家國際煙草公司負責南美地區的銷售事務，對南美洲的市場甚為熟悉。

洛經理接機時告訴我們：**「就在上個禮拜四下午四點多鐘，我在聖保羅的鬧區十字路口停車，被強盜拿著槍對著頭，要求我將手上的勞力士錶解下給他。後來綠燈亮了，我火速加油門，逃離現場。現在想起，心中仍有餘悸。」**我當時告訴他，「也許那位仁兄的槍沒有子彈，否則你加油門，他可能急了開槍，一支錶與一條命相比，你這樣做似乎不太值得。」當時我對他講的故事半信半疑，大白天，鬧街上，持槍打劫，王法何在？

洛經理帶我們去見一位煙廠的老闆，未來我們在巴西的策略性合作夥伴，想不到這位煙廠老闆竟是一位來自臺灣的巴西移民楊先生，真是「他鄉遇老鄉，兩眼淚汪汪」。**坐進他的賓士牌轎車，我注意到車子裏的玻璃很厚重，楊先生告訴我：「此地治安特別不好，大部分的轎車都裝有防彈玻璃。」**楊先生的話，使我相信洛經理講的故事，原來「巴西的聖保羅並不比柬埔寨的金邊安全」。

三月不敢知肉味？

為了幫我們接風洗塵，楊先生帶我們到一家非常有名「吃到飽」的巴西烤肉店吃午餐。餐館裏除了擺滿了生菜、冷盤，甜點任君自取外，服務生隨時拿著剛烤好的肉串來到我們面前，邀請

我們嚐試。楊先生告訴我：「**無論吃那種肉串，絕對不要把整塊吃完，只要挑精華的部位吃，不要理會剩下的肉片。**」看我一臉驚愕之狀，楊先生又補充說明：「你知道巴西是一個農業大國，產蔗糖、產橡膠、產木材，**巴西南方的畜牧業更是發達，如果我們把整塊肉吃完了，人家以爲我們是餓了幾天才來的，不笑你才怪！**」

聽了楊先生的忠告，我開始檢最精華的部位吃，問題是烤肉中除了通常的牛肉、豬肉、羊肉、雞肉外，還有駱駝肉、鱷魚肉、騾肉，駝鳥肉等我一生從未吃過的肉類，由於好奇，我每一樣吃兩口，加起來數量就很可觀。**信不信由你，自從吃了這頓大餐，我在巴西的整個行程「望肉生畏」，甚至回到新加坡也是「三月不敢知肉味」，談肉色變也。**

依瓜珠瀑布（Iquazu Falls）

市場調查的結果沒錯，聖保羅最忙碌的大街上的每一個報攤，都可以買到丁香煙。晚間，楊先生帶我們到夜總會，在盥洗室的洗手檯上，也放著丁香煙。看來，丁香煙的確已經在巴西上層社會流行了。

楊先生說：「這些香煙都是從巴拉圭及烏拉圭的邊界運過來的，如果你們想多了解丁香煙如何進口到巴西，一定要到依瓜珠瀑布一遊。」懷著半爲公務、半爲旅遊的心情，我們決定到依瓜珠瀑布一走。

依瓜珠瀑布位於巴西南端與阿根廷交界處，是世界佔地最廣的瀑布，大小瀑布有兩百七十多個，其中最大的瀑布叫「魔鬼的喉嚨（Devil's Throat）。依瓜珠瀑布是依瓜珠河流中的斷層，由

於河水帶有泥沙，所以依瓜珠瀑布是黃中帶白，不像尼加拉大瀑布的雪白清澈。**瀑布區中築有瞭望臺，遊客可以看到兩百六十度寬廣的金黃色瀑布從天而降，萬馬奔騰之勢，一如「黃河之水天上來」。**

從巴巴邊貿談香煙走私

既然此行的主要任務是要了解巴拉圭（Paraquay）與巴西邊貿的情形，我們住進離瀑布區不遠巴拉圭的一個小鎮叫 Cindad del Este 後，馬上開車到巴西的邊界考察。

原來巴巴兩國以巴拉納河（Parana River）爲界，河上築有跨國大橋，巴拉納河從巴拉圭流向巴西。同行的洛經理說，「**許多香煙的走私販子，將一箱一箱的香煙從『巴拉圭的上游』丟下，交易伙伴則在『巴西的下游』收貨，如此一來，貨物可以躲過邊界檢查，不必繳交進口稅。」**聽了他的話，我才恍然大悟，原來巴拉圭的訂單，特別要求我們在製造過程中，先用塑膠紙包紮，再放進大外箱，有此「防水」的用途。

巴西有幾家煙草公司，爲了漏稅，先出口香煙，再利用這「上投下拾」的走私管道運回國內銷售。「魔高一尺，道高一丈」，**巴西政府知道後，強徵「香煙出口稅」。在鼓勵外銷的世界裏，巴西政府此舉倒是別出心裁，成爲反走私的手段。**

有關國際香煙走私的故事，倒是層出不窮。台灣盛行的日本七星牌（Mild Seven），就是走私販與檳榔攤攜手打造出來的成功品牌，銷路變大後，**日本專賣局不想賣給走私商人，要親自正式進口，但煙民卻認爲水貨比正式進口的香煙味道好。**

越南的大城小鎮，滿街充斥著走私進口的三五牌及 JET 香

煙，我曾經與越南高層的政府官員開會，討論丁香煙進口事宜，他們個個手拿著三五牌水貨，鄭重地告訴我：「越南政府明訂不准香煙進口」，說完話，不停地抽起三五牌走私煙來，真是「口是心非」，諷刺到極點。

更絕的是在越南與柬埔寨的交界，有一個「合法走私的規定」，即「任何經柬國邊界回國的越南人，不可攜帶超過五十條以上的香煙」（通常一大箱香煙裝有五十條香煙，一條香煙有十包香煙）。**不能帶一大箱五十條，四十九條總可以吧！於是柬越邊界上有一群「職業的旅客」，穿著特製的大衣，來往穿梭於邊界關卡，一天幾趟路夾帶著香煙過關，到了走私販設立的香煙收集處，打開大衣，解下來的準是四十九條香煙。**你說，這不是「掩耳盜鈴的合法走私」，還算是什麼？

我曾到阿拉伯聯合大公國考察香煙市場，聽到一位黎巴嫩商人說，**在阿拉伯香煙走私可由駱駝代理，因為駱駝群都是跟著一支駱駝王帶頭走路，走私販只要訓練一支駱駝王帶對路，走私時自己便不必在場。**如果不幸邊防的官員逮捕到駱駝隊，只能將香煙充公，不能判該群駱駝坐牢。真是「道高一尺，魔高一丈」，連動物都能派上用場參加走私行列，此天才之作也。

為了考察南美的香煙市場，我們還到巴西南部的烏拉圭（Uruguay）的首府 Montevideo 與一位答應用現金購買我們成品的商人碰面。事後我才知道，**這位仁兄是邊貿大王，曾經用棺材運香煙過國境。真希望丁香煙特有的香味，不會使他的生意露出馬腳。**

未曾下過雨的地方

伊科克（Iquique）是智利（Chile）北方的一個小城，人口二十萬，是一個道地的「鳥不生蛋的地方」，為何我們要到此地考察？原來伊科克是南美洲一個很重要的免稅港埠，三寶麟未來銷南美洲的貨物，會先存放在此地的保稅倉庫，再分批運送到其它國家。

智利南北長四千三百公里，東西寬一百七十五公里，是一個非常狹長的國家，有人戲說：「天生智利使得阿根廷無法西靠太平洋。」智利的北部因為地處阿塔卡瑪沙漠（Atacama Desert）的邊緣，氣候乾燥；中部氣候與地中海型氣候相似；南部則時常下雨潮濕。**一個國家同時擁有三種截然不同的天氣，也算罕見。**

抵達伊科克之前，未曾相信世界上竟有「從來不下雨的地方」，現在由於生意的需要，竟然來到**阿塔卡瑪沙漠西邊的伊科克，一個從來不下雨的地方。**

值得一提的是，在這小小的港埠裏，我們下塌的旅館對街，就是颳著五星旗的中國領事館，看來中國的貨物不只行銷到北美洲，還行銷到南美洲了，中國成為「世界的加工廠」是指日可待了。

探戈舞及 Evita 的故鄉

阿根廷的人口約有三千六百萬，是南美洲的第二大國，平均國民所得達一萬四千美元以上，是南美洲較富裕的國家。首都布宜諾塞瑞斯（Buenos Aires，西班牙話「Fresh Air」之意），有許

多西班牙式的建築及廣場，路上行人穿著得體，生活水平可比歐美。

　　鼎鼎有名的探戈舞，原起始于十九世紀末布宜諾塞瑞斯的下層社會，後來漸漸地被上層社會所喜愛。當時阿根廷是世界十大富國之一，阿國的富商大都在倫敦、巴黎等歐洲大城擁有別墅，起先探戈舞在這些阿國富商舉行的派對中流行，接著在整個歐洲大城市如倫敦、巴黎、羅馬的上流社會流行，連紐約也加入陣容。一九一三年，探戈舞達到鼎盛，成為世界上最受歡迎的舞蹈。

　　奉勸各位，如果有機會訪問布宜諾塞瑞斯，一定要看當地的探戈舞表演。一般表演的男士穿著皮鞋，女士穿著高跟鞋，除了天衣無縫的舞步，雙方還真刀真槍地猛力踢腿，如果不是配合良好，被踢到的一方，保證要上救護車到醫院。

　　喜愛看百老匯歌劇的人，一定聽過「Don't cry for me, Argentina!」的歌曲，數年前好萊塢將它演成電影，名叫「Evita」，由紅星麥寶娜（Madonna）飾演伊菲妲。伊菲妲是軍事強人裴榮將軍（Peron）的夫人，裴榮于一九四六年當選為阿根廷總統，伊菲妲統攝政務，為人民所愛戴。伊菲妲于一九五二年病逝，死前唱了「阿根廷，勿為我哭泣！」之歌，愛民之心懇切，歌曲膾炙人口。

墨西哥的阿茲特克（Aztec）文明

　　大墨西哥城（Greater Mexico City）是世界第三大的城市，人口一千九百萬，僅次於大東京與大紐約的人口。墨西哥城讓人的感覺是「超大的城市而沒有超大城市的紛亂」。比起雅加達及

孟買的紛亂，它的確算得上有秩序。

墨西哥食物在美國甚為流行，幾乎在每一個城市都可買到Taco、Tico。**墨西哥菜的特色是用乳酪加上本地的佐料，味道特別可口，難怪乎在美國廣受歡迎**。墨西哥的銀器及珠寶也頗負盛名。

到墨西哥城考察香煙市場之餘，我們到城市東北方四十公里的提歐蒂華坎（Teotihuacán），觀看阿茲特克文明留下的遺址。

根據史學家研究的結論，美洲大陸的原著民原屬亞洲蒙古人種。由於美洲的幅員廣大，原住民雖係同宗，但是在這塊大地上卻孕育了三種不同的文明 —— 墨西哥的阿茲特克文明，中美洲的瑪雅文明，南美洲的印加文明。可惜這些古文明在西班牙人的槍砲下，摧枯拉朽般地相繼滅亡。**除了槍砲，土著們敵不過歐洲人帶來的病菌，大批大批地死於瘟疫，最後整個美洲大地淪為列強的殖民地。**

我們爬上提歐蒂華坎的金字塔頂，鳥瞰整個地區，從斷壁殘垣中，可以看到整個城市的雛形，建築有神廟、宮殿、民家及良好的排水系統。阿茲特克人崇尚「活人祭」，在一些壁畫中，可以隱約看到祭司帶著少女，獻給鬼神的情景。**據說當西班牙人抵達此地時，阿茲特克人雖驍勇善戰，但是打仗的目的是為了活人祭而「獵人」，而西班牙人卻以「殺人滅種」為目的，戰略不同，結果可知矣。**

提歐蒂華坎從公元初開始發展，到公元七百五十年時消亡，時間相當於中國東漢到隋唐的時代，那時中華文明昌盛，而阿茲特克人卻停留在以活人祭祀鬼神的階段，難怪著作「全球通史」的斯塔夫里阿諾斯（L.S. Stavrianois）說，「**美洲大陸的文明在公元 1500 年，才達到西歐公元前 1500 年、中東公元前 3500 年的**

文明階段。」

南非索維多（Soweto）的驚悸

　　非洲一直被世人稱為「黑色大陸」，除了尼羅河平順的河水，五千年前發展出古埃及的文明，其他地區大多受到地質及河川的限制，沒有一個國家可以抗拒歐洲列強的瓜分，南非雖然盛產鑽石和黃金，也不例外地成為英國的殖民地。

　　南非早於一九一〇年就宣告獨立，但是政權被少數的白種人控制。**當世界各地盛行解放黑奴、提倡種族平等之際，南非的白人政府竟於一九四八年實施「種族隔離制度（Apartheid）」，將兩千多萬人口分為三類－白人、黑人、有色人（印度人與亞洲人），公然限制百分之八十的黑人居住在百分之十三的土地內，不許黑人進入白人社區，不許黑人念白人學校。**

　　一九七六年六月十六日，南非的年青黑人不滿政府頒佈的語言教學法令，發動示威，白人政府開槍鎮壓，造成五百多人死亡的慘劇，這就是世人皆知的「索維多事件」。由於這個事件，聯合國於一九七七年開始對南非禁運，逼使南非於一九九四年舉行首度全民參選，被關了二十七年的曼德拉（Nelson Mandela）當選為南非的第一個黑人總統，惡名昭彰的「種族隔離制度」才告結束。

　　從新加坡飛到巴西聖保羅的捷徑是經過南非的約翰尼斯堡（Johannesburg），空中飛行的時間最短。一九九九年，從巴西飛回新加坡，途經約翰尼斯堡，我們特意在那兒停留幾天，以考察當地的香煙市場。

　　老闆的大公子久聞「索維多事件」，想到約翰尼斯堡郊區的

索維多看個究竟。我們在旅館叫了一部計程車，上車後會講英文的黑人司機，一路上介紹約翰尼斯堡的現狀，原來白人政府垮臺後，黑人政府主政，種族問題減少了，可是社會的治安每況愈下，常有白人被搶劫、強姦的案件發生。

我問司機：「難得曼德拉總統當政，何以自己的人民不支持，搞亂社會的治安？」司機說：「**治安變壞不是南非黑人幹的，而是來自奈及尼亞（Nigeria）及波茲哇那（Botswana）的外籍勞工所為。**」司機所說的話可信度滿高，因為我們在調查市場時，注意到本地的黑人有點驚慌，大概是被「種族隔離制度」管制太久，缺乏自信，對白人或外國人心存畏懼之故。如是畏懼守法的本地人應該是不敢犯罪的。

將要抵達索維多之時，司機將車子停下，下車把車頂上的招牌拿下，我當時覺得很緊張，以為他要搞什麼花樣對我們不利，恨不得打道回府。經過了一區貧民窟，看到一家五、六口住在大約十五平方公尺的破屋下，更令我起疑。這時司機告訴我們，「**當年索維多事件發生時，這裡一片火海，屍體遍地。我們現在所看到的房子，都是事件發生後重蓋的。**」

抵達索維多市區，司機帶我們到一間道地的南非菜餐館，不知道是因為中餐時分，還是因為索維多事件的名氣遠播，餐館裏滿滿的外國旅客，我聽到司機跟餐館老闆說，「他們是我兒子的亞洲朋友，你們要好好照顧他們。」這時我才領會司機把計程車招牌拿下之意，原來他是怕本地人看到我們一群老外搭計程車來，狠狠地敲我們一把。

既然司機有這份好心，我們在約翰尼斯堡的幾天就聘他為特約司機，白天帶著我們調查香煙市場，晚上帶我們到市區的中國菜館用餐，隔天帶著我們到一家已經停止生產但改為旅遊景點的

金礦參觀，臨走時我們給他一個大紅包當小費。

桑其巴買丁香

上文提到「林紹良的第一桶金，來自丁香」，當時的丁香就是來自非洲東南部的桑其巴（Zansibar）及馬達加斯加（Madagascar）兩個大島嶼。

自從蘇哈托的三公子托密在印尼推行「丁香私人專賣」後，印尼的丁香農民因利潤被剝削，有的將丁香樹棄置，有的甚或砍伐丁香樹以種植別種作物，丁香的供給似乎又要從自給自足的情況變成從非洲進口了。

有鑒於此，公元二千年，透過一位新加坡商人的介紹，我代表公司到桑其巴去了解丁香供給的新情況，並打算與當地的煙廠探討合作生產丁香煙事宜。

我們訪問了島上的一家煙廠，看到機器老舊、生產及管理雜亂，我心裏琢磨著：「如果三寶麟與這個煙廠合作生產丁香煙，產品應該可以讓本地煙民接受，但是印尼與非洲遙遠相隔，管理上恐會鞭長莫及」。

桑其巴距離坦桑尼亞（Tanzania）本土約 50 公里，是坦國的一個自治州，幅員兩千六百多平方公里，人口約有一百萬，除了出產丁香、荳簆、桂皮、辣椒外，桑其巴也是阿拉伯人喜愛的旅遊景點之一。

桑其巴之所以成為阿拉伯人渡假的最愛，要歸功於十九世紀初阿曼（Oman）的賽義德蘇丹（Sultan Sayyid Said），賽義德將首都從馬斯科特（Muscat）遷到這個土地肥沃、美麗如畫的海島上，直到他一八五六年死亡後，英國人才將帝國分為兩部份：一

為馬斯科特，一為桑其巴。**據「世界文明史」一書的記載，在賽義德統治下的桑其巴，經濟相當繁榮，農業發達固然是一個因素，奴隸販賣更是它的主要原因。**

魚蝦比雞肉便宜的石頭鎮

我們住的旅館距離桑其巴著名的遊覽區「石頭鎮（Stone Town）」不遠。中飯點菜時，我注意到雞肉的價格比魚蝦貴很多，我以為餐館把菜單寫錯，就問他們為什麼？回答是：**「魚到處海邊都可釣到，雞則必須飼養，成本高當然價錢貴了。」**

當天下午，我們到了一個不知名的小島，上面有許多野生的海龜任我們騎坐，還可以看到海龜生下的蛋，這個小島應該算是我平生所見最原始、最自然的地方。相信在這自然生態尚未被破壞的海岸邊一定盛產魚蝦，我親眼看到漁民只用簡陋的漁網就捕到不少的海產，難怪乎在這裡魚蝦比雞肉便宜。

之後的幾天，我們往回鄉近諸島視察丁香生產的情況，看到桑其巴農村的破舊及人民的貧困，讓我聯想起美國南部的黑人小鎮，同是黑人，在美國的黑人生活條件就比非洲的黑人良好，「塞翁失馬，焉知非福」，這是當年被販賣到美國的黑奴始料不及的事情。

晚飯後，我們在市區溜達，注意到遊客中除了阿拉伯人外，還有不少的意大利人，開商店大半是印度人，情形恍如在南非與杜拜所見一班。**如果說東南亞的商店大半由華商所經營，那麼阿拉伯半島與非洲的商店應該是由印僑所壟斷。**

巴紐恐怖之旅

巴佈亞新幾內亞（Papua New Quinea），簡稱「巴紐」，緊鄰著印尼東端的伊利安加亞（Irian Jaya），人口有七百萬。根據市場情報，丁香煙已經越過印巴邊界爲巴紐人所接受。爲了開闢巴紐的市場，我與幾位銷售員從新加坡搭機飛到巴紐的首府——摩瑞斯比港（Port Moresby）。

抵達旅館時，只見門禁森嚴，停車場設有一道門，旅館建築前又設有一道門，警衛或荷著槍或提著警棍，站在大門前，如臨大敵。

放下行李後，我們這群初生之犢中有不怕虎的提議到市區吃中國菜，於是定了一部旅館的專車，興沖沖地離開旅館。**經過旅館大門，警衛問我們：「先生，您們要到哪裏去？」我們回答：「準備到市區吃晚飯。」他用很關心的眼光看著我們說：「祝你們好運！（Good luck to you!）」**我當時想，吃飯何須好運道，一定是本地人英語不道地，他應該講「祝你們玩的好！（Have a good time!）」才對。

摩瑞斯比港的市區，行人稀少，黃昏六點半，商店都已打烊，旅館服務人員推薦的中國餐館玻璃門緊閉，我們看到裏面有燈光，敲了幾下門，一位老中開門讓我們入內，餐館生意清淡，就是我們一桌。吃了乏善可陳的晚飯後，我用中文問老闆這裡晚上有無 Karaoke 或酒吧可去，**他語重心長地說：「這裡治安極爲不好，你們外地人還是回旅館休息吧！」這時我才恍然大悟警衛爲什麼說「祝你們好運」了。**

隔天早上，我們打電話要求本地聯絡人帶我們去考察市場，

對方支支吾吾了半天才說他的人要到下午三點才會到旅館與我們見面，我們只好在旅館等候。到了三點半，一位中年的白人來會見我們，因為素昧平生，先在旅館大堂坐下來自我介紹。

「我是澳洲人，曾在一家國際煙草公司工作，三年前被派到摩瑞斯比海港負責銷售業務。去年九月，司機載著我到市區辦理公務，被兩位巴紐人打搶，我的司機被射身亡，我本人因為有這金屬的香煙盒，子彈沒有穿心，救了一命。」說著說著，他打開襯衫，讓我們看他的傷痕。**真的如他所說，彈痕清楚地從左胸口一直延到右胸，約有十五公分長。他指著彈痕說，「幸好這些搶匪用的是土槍，也幸好我有將香煙盒子放在胸口的習慣，不然我就不會在這裡與你們見面了。」**我們追問：「這是常發生的事，還是意外？」他回答：「搶劫在這裡是家常便飯。明早我帶你們去訪問一些地方，你們就會明白。」

隔天早晨十點鐘，我們跟著這位彈痕先生上陣，拜訪一家香煙進口商，此家進口商的辦公室後面就是存放香煙的倉庫，地方不小，大白天大門緊鎖，警衛是清一色來自中國的年青人，主人是本地原著民。問：「警衛並不是什麼高技能的工作，為何要千里迢迢從中國請來？」答：**「這裡的治安非常不好，本地人都不相信自己人，只好雇用外國人當警衛，外國人之中以中國人最勤奮，又不怕死。」**

聽了這話，心中有無限的感觸。近百年來，先有華工被清廷賣到美國去開鐵路，後有在家鄉無以立足的閩粵人到南洋當苦力。前一陣子，歐洲傳出了數十位偷渡的華人，躲在貨櫃船窒息而死的慘劇。現在在這個人人自危的地方，中國人卻冒死在此當警衛。可憐中國人到處流浪，目的無他，多賺點錢養家，「犧牲這一代，完成下一代」是也。

　　像驚弓之鳥的我們，到一處市集看香煙買賣的情形，注意到巴紐人種與爪哇人種不同，巴紐人比較接近澳州的土著。巴紐只有少數地方開發爲城鎮適合人居住，其他地方均未開發。巴紐有三分之一的人一天收入不到美金一塊二，比印尼人還窮，生活困難只好鋌而走險，難怪乎燒殺搶劫成爲太陽下之常事。一九七五年巴紐對澳洲宣告獨立，但是直到今天，大部分生意仍控制在澳洲人的手中。

　　我們在摩瑞斯比港前後四天，除了抵達當晚不知死活地到旅館外吃飯，第三天到市區看市集兩小時，其餘的時間都在旅館「自我禁足」。**我曾經到過柬埔寨的金邊、南非的索維多、印度的加爾各達、緬甸的仰光等別人不敢去的地方，但這位澳洲人的胸口彈痕，讓我覺得摩瑞斯比港才是我生平到過最恐佈的地方。**

第十六章　城市國家新加坡

Singapore Flyer（2010）

新加坡的保護神 —— 獅頭魚身（2010）

藝術中心的榴槤頭建築（2009）

海南雞飯（2009）

新加坡獨有的辣椒斯里蘭卡螃蟹（2005

華人的天堂

　　華人以漢、滿、蒙、回、藏為主，人口佔世界總人口的四分之一，其中絕大部分的華人住在中國大陸，臺灣，香港，澳門。移居中南半島（越南，泰國等）及東南亞國協（印尼，菲律賓，馬拉西亞，新加坡等）的華僑，人數也相當可觀。相對之下，移民歐美的華裔，算是少之又少。

　　一九八三年，我在新加坡辦理赴印尼工作的手續，時間雖短，但對新加坡井井有條的社會非常嚮往，當時我認為它是「全球華人的天堂」，原因如下：

- ●中國大陸的十多億人口經過「大躍進」及「文化大革命」的摧殘，雖然鄧小平當政後，力主改革開放，但他提出的改革方案還在萌芽階段，大陸人民的生活，仍然窮困。

- ●臺灣有兩千多萬人口，社會富有，但政治地位受到中共的打壓，風雨飄搖，雖然本質上是一個獨立的政權，但是統獨問題未定，總有一天要與中國大陸攤牌。

- ●香港與澳門的社會雖臻繁華，但是它們是列強向清廷強拿的租借地，英國必須於一九九七年歸還香港，葡萄牙也必須於一九九九年歸還澳門。以當時這兩地區的生活水準與大陸的落差，大批港澳人士正積極地移民到加拿大與澳大利亞。

- ●偏佈在中南半島（越南，泰國，柬埔寨，寮國，緬甸）及東南亞（印尼，馬來西亞，菲律賓，泰國及文萊）的中國移民雖控制著當地社會的經濟，但在人數的比

例上卻屬少數，情形很像當年的猶太人在歐洲，隨時面對著當地人民的壓迫與排斥，華僑被迫改姓換名、改國籍，已不是什麼新鮮之事。

●移民到已開發國家如美國、歐洲、澳洲與紐西蘭諸國的華人，雖然享受較高的生活水準，但是身處異邦，是少數民族中的少數，「身在夷狄心在漢」，物質生活雖能得到滿足，但是心靈空虛，總是拋不開「浮萍無根」的無奈。

新加坡人的生活已臻已開發國家的水平，佔絕大多數的華人，不會像在其他東南亞國家遭受歧視。新加坡的社會，不像中國大陸的落後與紛亂，更沒有像臺灣，香港與澳門的政治隱憂，所以我認為「新加坡是世界華人的天堂」。

物換星移，目前中國大陸的經濟已經起飛；港澳地區陸續回歸神州，一國兩制；移居東南亞的華人也較少被排擠；但我對「新加坡是華人天堂」的觀點保持不變，二〇〇六年退休後，決定在新加坡長久居留。

城市國家

經過多年來的努力，三寶麟除了在印尼的總公司之外，在緬甸、越南、菲律賓及馬來西亞，均設有工廠生產香煙及銷售。一九九五年，為了聯絡及管理的方便，老闆決定在新加坡成立「三寶麟國際股份有限公司」，任命我為該公司的執行副總。該年八月，我們全家從泗水搬到新加坡，開始過著住公寓的生活。

殖民地時代，英國東印度公司以企業公司的身份，經營印度、緬甸及大部分的馬來西亞，而新加坡、馬六甲及檳榔嶼則直

屬英國政府的管轄。二戰後英國撤離東南亞，新加坡曾一度與馬來西亞合併，國名叫「Singapura Malaya」。但由於華人與馬來人種族之間的矛盾，一九六五年八月九日，在強人李光耀的領導下，新加坡共和國（Republic of Singapore）宣告獨立。

新加坡又稱星洲，總面積約七百多平方公里，是一個道地的城市國家。**東西長約三十多公里，南北長約二十多公里，如果開車繞新加坡一圈，大概只需要花一個小時。**

新加坡一直標榜自己是一個多種族、多文化的社會。三百五十萬公民中，華裔約佔百分之八十，馬來人約佔百分之十，印度人約佔百分之五，其他的就是一些殖民地時代留下來的英國人及歐洲人。由於經濟起飛，目前新加坡的總人口已破五百萬，流動人口中，以外國的勞工為多數。

新加坡是一個天然資源匱乏的國家，沒有農作，不生產稻米，不生產蔬菜，連水都不足，民生日用品皆仰賴進口。在如此天生不足的情況下，經過了三十多年的努力，新加坡竟從一個老舊的海港，變成國際的大都會、世界上數一數二的大商港。難怪乎，鄧小平訪問新加坡時說，「中國應該向新加坡學習」。

野蠻還是文明？

搬到新加坡後，曾經邀請一對住在美國的華人朋友到新加坡一遊。想不到這位太太說：「新加坡不准人民吃口香糖，還鞭打一位美國青少年，如此野蠻的社會，我們怎麼敢去？」放下了電話，我差點笑掉了大牙。

新加坡的嚴刑峻法是造成社會井然有序、乾淨衛生的主要原因。在新加坡，看不到隨便拋棄的紙屑及塑膠瓶。政府其實沒有

禁止吃口香糖，只是不准口香糖的買賣而已，我同意這個「不准口香糖買賣的規定」是有點「太超過了」。

一九九四年，國際上鬧得沸沸揚揚的麥克菲（Michael Fei）事件，原因是這位十八歲的美國青少年，用油漆去潑灑他人停放的汽車，被法庭判刑，按新加坡的法律要鞭打六下，以示警戒。**想不到美國克林頓總統寫信為麥克菲說情，最後新加坡政府給美國總統面子，少打兩鞭。**

許多美國人為麥克菲抱屈，原因是不知道星洲汽車的天價。星洲地方太小，不宜汽車數量無限制地增加，所以用超高的購車稅來控制汽車的數量。一部同樣的車子，新加坡的買價等於美國買價的三倍，一部賓士牌轎車價值十五萬美元以上，幾乎等於一座美國房子的價錢。設身處地想想，如果你是車主，昨天晚上車子好好地停放在公寓停車處，早上醒來看到汽車無緣無故被人噴灑五顏六色的油漆，你會不會希望那些惡作劇的人被鞭打？

近年來，反對鞭刑的聲音，絡繹不絕，以為鞭刑是野蠻的，**我則認為新加坡能夠如此文明、安全，靠的就是這嚴刑峻法。中國人本來就有不守法的惡習，如果能在所有華人的社會實施鞭刑，風氣一定可以大加改善。**

中國話說「逾淮成枳」，即江南的柑到了江北會變成橘，同為華人，新加坡人奉公守法、中規中矩，按規定向政府購買停車票停車，不亂丟紙屑，這些行為仍拜「嚴刑峻罰」之賜，值得其他華人社會效尤。新加坡政府花大量的經費種植花草樹木，保持公共地區的清潔，井然有序的花園市容，堪稱亞洲第一。

怕輸（Kiasu）的心性

也許長久居住在小島，新加坡人沒有海洋民族冒險的心胸，也沒有大陸民族大而化之的天性。新加坡人很「怕輸（Kiasu）」，幾年前，地產買賣炙手可熱，地產公司推出新的樓房，上市前的四十八小時，就有人排長龍熬夜等待買公寓。百貨公司如有減價特賣，附近的交通一定阻塞，店裏面人山人海，大夥兒一窩蜂搶便宜。

怕輸的心性尤其反映在駕駛的習慣上，**在新加坡開車，如果你打方向燈要求鄰路的人減速讓路，那你一定是在做夢，因為後面的車，除了不讓路，還會按喇叭加速超過你。**在這麼井然有序的社會裏，為了爭分秒把生命當兒戲，真是令人不可思議。

新加坡政府一心要打造一個完美的社會，常常勸導人民要懂得禮讓客氣，但是效果不彰。我常聽到訪問過台灣的新加坡人，盛讚台灣人公車讓座、尊重老年人的修養，可見得有知識的新加坡人，自己也受不了這種怕輸的心性。

新加坡式的英語（Singlish）

東南亞國協十國之中，只有新加坡是已開發國家，因此新加坡人多少有點高傲，人民自創一種奇異的「新加坡式英語」，縱管政府屢次呼籲國人矯正，但人民卻認為標准的英語是國際商用語言，新加坡式英語才是自己日用的語言。新加坡人除了不願意下功夫去改正它，甚至還引以為傲。

所謂新加坡式英語，就是用閩南話的腔調講英文，其荒腔走

板令人聽了很不是味道。英文的「No!」，變成「No lah!」，（「lah」即閩南話的「啦」之意）。**中文的「看我不起」，直譯爲「Look me no up」，中文的「生氣到吐血」，直譯爲「Vomit blood」，此皆大英百科全書找不到的字彙。**

新加坡是一個多種族、多文化的國家，普通的新加坡人都會講數國語言及方言，一句話中常參有三、四國家的語文在內，舉個例：

「I went to 溼 Pasar」，溼（wet）是中文，Pasar（market）是馬來文「市場」之意，其餘是英語。

中文「我受不了！」，新加坡話是「我 bei tahan!」「bei」是閩南話「不能」之意，「tahan」是馬來話「忍受」之意。

博學就會不精，新加坡人會說多樣語文，但有些中文用字非常好玩。第一次在美食中心吃中飯，服務生端著一鍋熱湯，口裏猛喊著「Sao! Sao!」，要客人小心迴避，我問自己：「熱湯與騷有什麼關係？」後來才領悟到她們口喊的「騷」即是閩南語的「燒」，「滾燙」之意也。

吃在新加坡

由於新加坡人的生活緊張忙碌，大部分的人都在外面吃三餐，所以熟食中心林立，遍佈於每一個社區及購物中心。熟食中心所賣的食物，不外乎福建蝦麵、海南雞飯、魚頭米粉、肉骨茶，馬來的娘惹菜、椰漿飯（Nasi Lemak）、露加（Rojak），印度的咖喱魚頭、麵餅（Roti Prata）等。

雖然新加坡的中國菜，花樣不及香港及台灣多，但新加坡人卻引以爲傲地發明了辣椒螃蟹及黑胡椒螃蟹這兩道名菜。螃蟹來

自斯里蘭卡，這種黑色的大螃蟹一年四季都是肉結實而質細膩。奇怪的是，一位曾在斯里蘭卡住了幾年的朋友，從來不知道當地盛產黑色的大螃蟹，原來這些螃蟹一長大就搭機直飛獅城，成為當地的一道美食了。

飲食是日常生活中最難改變的習慣，新加坡人天天吃這些食物，久而久之變成酷愛及講究。曾經參加過新加坡的旅行團到埃及、俄羅斯及澳州旅遊，前後行程超過了一個禮拜，我問他們，「回家的第一件事做什麼？」回答不是「吃一碗海南雞飯」，就是「吃一碗咖喱魚頭」。

新加坡人好吃，原因是地方小，周末除了逛百貨公司就是吃館子，因此對食物的好壞特別講究，比如吃海南雞飯要到威南記，吃魚頭米粉要到香港街，吃肉骨茶要到仰光街等。曾經與我們住在新加坡多年的三女兒，每次從西雅圖回家，就帶著一張「回新加坡必吃的館子名單」，好像沒吃遍這些館子，就不回美國一般。

如果讀者在農曆過年前後到新加坡，一定會注意到幾乎每一個新加坡人聚會都在「撈魚生」。**所謂「撈魚生」，就是一群食客圍在一起，用長筷將一些紅紅綠綠的菜絲、瓜果，切的很薄的生魚片，攪拌在一起，大家一面撈，一面互祝新年，撈的越高，新的一年會越吉祥**，這個習俗只特別在星馬地區流行。我想發明這個玩藝兒的人，一定是從事餐飲業的老闆，因為「撈魚生」的賣價是本錢的好幾倍，食客們為了圖個吉利，再高的價錢都捨得花費。

新加坡政府大公司

　　新加坡雖小，但是有總統及三位總理 —— 資政總理李光耀、資深總理吳作棟（2011 年 5 月大選後聲明下臺）及現任總理李顯龍。比起其它國家，新加坡政府官員的薪俸高得出奇，為此，人民多少有點微詞。我常對發牢騷的新加坡人說：「**為了要有一個高效率、有眼光而且廉明的政府，人民多付一點錢給公僕，是值得的。**」如果人人都能用經營企業的眼光來看，一個私人企業的執行長拿的薪水，還比「新加坡政府大公司」的總理、部長多許多呢？

新加坡的地產

　　投資地產第一考慮要件是「地點」，第二考慮要件也是「地點」，第三考慮要件還是「地點」。遠東建設開發公司大老闆、新加坡的首富黃廷芳先生就曾經說過：「**在人家知道它的名字，但是在地圖上找不到的地方投資地產，絕對不會出錯。**」世人通曉的地名在地圖上只是一個黑點者，新加坡也。新加坡的確是東南亞諸國地產的珠冠，鄰近國家的大商巨賈，都在此地投資置產。

　　一九八三年剛抵東南亞時，新加坡的人口只有兩百五十萬，現在人口已超過五百萬，為了維持經濟的持續發展，政府計劃增加到六百萬。新加坡是一個島國，領土無法擴張，人口卻不斷地增加，以長遠論，地產的價格只有一個方向，就是往上走。

　　由於地價昂貴，百分之八十的新加坡人住在政府建蓋的組屋（即國民住宅，又稱 HDB）。私人公寓（Condominium）大都設

備齊全，有游泳池、網球場、健身設備、會議廳，是外國人的最愛，租金頗高。不少新加坡人，自己住在政府組屋，將投資購買的公寓租給外籍家庭，房租收入足夠償還房子的貸款，一本萬利。

新加坡地產可分為無限期擁有地（Freehold）與有限期租用地（Leasehold）兩種。有限期租用地又分九十九年租用，六十年租用，或三十年租用。無限期擁有地的地價最貴，有限期租用地的地價則隨著租用年限的縮短而遞減。**我曾經問過新加坡人：「九十九年租用的地產期滿後，政府會做什麼事？」回答很妙，「新加坡建國才四十五年，天曉得政府會做什麼？」**

不管無限期擁有地或是有限期租用地，只要百分之八十以上的建物擁有者同意出售，建商會以高出市面價格來購買這整塊地產，購買後，建商將現存的低層公寓打掉，建築較高、較新式的樓房，再以高單價賣出，此即「集體售屋（En bloc Sales）」。我們住過靠近荷蘭路的公寓，是無限期擁有地，才二十多年舊的建築，就以集體售屋的方式賣給地產開發公司重建。

投資者的天堂

新加坡政府非常有遠見，積極地發展交通，整治河流，**一個沒有國內航空、國內海運的國家，飛機場及海港皆名列世界第一，外國人稱新加坡是一個「怪胎」，其實是在稱讚它「把不可能變成可能」。**

新加坡沒有資源，一切民生用品靠進口，連喝的水、吃的米都不例外，但是人民資質優良，能夠說多種語言，是發展服務業──銀行、醫院、學校、賭場的好地方。政府積極發展教育、

醫藥與金融業，目的無他，要使新加坡成為全東南亞的教育、醫藥與金融的中心。二〇一〇年，新加坡學拉斯維加斯開辦賭場，搞娛樂業，進帳非凡。

新加坡政府利用低稅率來鼓勵跨國公司在此設立區域性的管理中心，所得稅的稅率低到可與香港相比。除了免繳遺產稅，銀行的存款、股票的買賣，地產的買賣，稅率也是相當的低。

如果說李光耀把新加坡建設成「世界華人的天堂」，現在第二代領導人李顯龍則是要把新加坡建設成「世界投資者的天堂」。有全球化的「天時」，活絡的政策與廉明的政府，用「人和」來彌補「地利」的不足，新加坡的成就的確非凡。如果新加坡人不自滿，勇於尋找世界性的商機，未來的遠景應是一片大好。

第十七章　印度文明古國

泰姬陵（2010）

騎大象上琥珀城堡（2010）

新德里的 Qutab Minor（2010）　　新德里的吹笛舞蛇者（2010）

新德里甘地聖雄火化地（2009）

人間的煉獄 —— 加爾各達（Calcatta）

印度是世界四大文明古國，與埃及、希臘、中國並列。**我喜愛讀歷史，一直認為古埃及注重「來世」，古希臘注重「造世」，古印度注重「出世」，只有大中華注重「入世」。由於中國人一貫的入世思想，才使中華文明五千年屹立不倒。**

印度古文明早中國將近一千年，我一直希望有機會到印度去了解它的歷史。一九九七年夢想成真，老闆要我陪他到英美煙草公司在印度的總部商討合作事宜。

初次訪問加爾各達時，城市還叫 Calcutta，幾年之後，加爾各達改名為 Kolkata。加爾各達是印度東部的大城，與獨立的孟加拉共和國緊鄰。市區人口有四百五十萬，大加爾各達地區則有一千四百多萬，位居世界第八大城。

加爾各達是殖民地時代（1773-1912），英國東印度公司在亞洲的總部。抵達之前，我以為加爾各達應該是像仰光一樣，有許多英國人留下的宏偉建築，但是一下飛機，我就被印度人口所驚嚇，更為滿街漫步的聖牛所困惑，忘記了英國人留下的足跡。

印度在聖雄甘地領導下于一九四七年宣告獨立，獨立後的印度，並沒有依照甘地的願望成為一個大國，先是巴基斯坦獨立，後是巴基斯坦又分裂為東巴與西巴，東巴就是今天的孟加拉共和國，甘地的理想國一分為三。

以人口計，印度有十一億八千萬，巴基斯坦有一億六千八百萬，孟加拉有一億六千二百萬，分裂之前印度的人口總和遠遠超過中國的十三億，看來地居亞洲南部的恆河與印度河流域遠比地處北地的黃河流域更適合人口的繁衍。

　　英美煙草公司安排我們住在公司的招待所，晚間六點半，地主在招待所開雞尾酒會歡迎我們。酒類多不勝舉，連我在美國時喜愛的啤酒 Stroh 都有，只是它的酒精含量比美國的 Stroh 多兩倍而已。

　　大概八點多，主人帶著我們離開招待所，起先以為是到餐館吃飯，想不到是到另外一家俱樂部喝酒，喝到每一個人都八分醉，十點過後才到餐館。用餐時，大家只點飯菜，不再喝酒。飯後服務生拿出裝有香料的盤子，其中有薄菏、丁香及檳榔，讓我們選擇，印度人吃這些香料，就如歐洲人喝飯後酒、美國人飯後吃甜點一般。當我口嚼著丁香時，深信印度人應該可以接受丁香煙。事實上，在印度幾個大城市，已經有走私丁香煙的蹤跡。

　　我們用餐時間僅三、四十分鐘，飯後大家握手告別。原來印度人的餐飲頗受英國人「先喝後吃」習慣的影響，東南亞的中國人是「吃喝在一起」，吃飯只是娛樂的開始，飯後才帶著客人到酒吧、夜總會或卡拉 OK 去同樂樂，拉近主客的距離。

　　除了第一次陪老闆到加爾各達，我還多次回到這個城市，尋找丁香煙的代理商。有一位同事警告我，「你到了印度，絕對不可給乞丐金錢。有一次我到加爾各達心軟給了，結果有一群乞丐，抱著我的腳不放。」加爾各達的窮人一定很多，名聞世界拿過諾貝爾和平獎的特麗莎修女（Mother Teresa）就住在此地從事濟貧的工作，直到一九九七年過世為止。

　　世界任何大城市的市區，總有幾條擺滿著路攤的街道，但是在加爾各達，地面路攤上面的牆壁上，釘有木架，木架上坐著另外一個商人賣不同的東西，這是我有生以來第一次見過的「**雙層路攤**」街景。

　　加爾各達本是個工業城，有一個黃昏，我正好經過市區，看

到滿街收工的工人，個個衣衫襤褸，滿頭汗水，黑壓壓一片與聖牛爭路奪鬥，難道這地方是「人間的煉獄」？

業務外包（Outsourcing）

為了要了解丁香煙可能的市場，我曾經花了兩個禮拜的時間，訪問印度諸大城，其中包括印度最大的城市孟買（Mumbai）。孟買又稱 Bombay，人口一千九百萬，是世界第四大的都會。孟買與德里的關係，就如美國紐約與華盛頓特區、中國上海與北京，一個是商業、金融的中心，一個是政府、行政的中心。以多產而聞名世界的電影城寶利塢（Bollywood），就在此地。

印度號稱是世界最大的民主國，因為是民主，所以政府行事緩慢，不像中國政府令出必行。二千年初，我們到孟買時，已經隱約感覺到印度的經濟正在往前邁進，孟買的地產相當搶手，辦公室的租金異常昂貴，可與莫斯科一爭高下。那麼，「這經濟發展的原動力從何而來？」答案是：「來自世界經濟的火車頭 —— 美國」。「何種美國行業？」答案是「業務外包（Outsourcing）及電腦軟件的發展」。

由於人工昂貴，七〇年代開始，美國不得不將生產外移，再從日本、台灣、繼則中國大陸進口大量的民生用品。到了二千年初，**因為電腦網路的進步，美國的服務業，（如銀行業務的咨詢，旅行社繁瑣的航線、旅店登記，律師事務所千篇一律的遺囑、信託等業務）也開始發包到國外低工資的印度去執行，這樣，美國的服務業收入的是美金，但是支付的錢是印度路比（Indian Rupee），印美雙方皆大歡喜，此即新興的「業務外**

包」行業。我想讀者諸君打電話質詢美國銀行戶頭的問題時，不會想到接電話的是住在孟買、邦伽若或清奈的印度人吧！

　　印度人因曾受英國人的統治，英文程度比中國人好，所以能接到許多業務外包的生意。印度的白領工人可以住在自己的家裏，出賣時間及智力，換得更高的收入，何樂而不爲？

　　印度人是一個相當聰明的民族，**我們每天用的「阿拉伯數字」，其實是印度人發明，經過阿拉伯生意人傳播的。**當年尼赫魯總理花巨資建立了良好的大學教育制度培育人才，難怪微軟的老闆比爾蓋茲選定印度南部的邦伽若爲他的亞洲軟件發展中心。

　　一個不缺少人才的民主大國，出賣不必用原料製造、產生污染的服務業，情勢顯然大好，難怪乎扎卡瑞亞（Fareed Zakaria）在「後美國世界（The Post-Ameerican World）」一書中，嘶聲力竭地聲稱：「印度將會成爲後美國世界不可忽視的國家」，情勢可能比中國更好。

　　扎卡瑞亞說的並非沒有道理，表面上，巴西（Brazil）、俄羅斯（Russia）、印度（India），中國（China）在經濟上的發展，已經是世界公認的四塊金磚（BRIC）了。唯一讓我質疑的是，印度的社會仍然有著僧侶、貴族、平民、奴隸，天生四種階級的「種姓制度」，**如果這根深蒂固的種姓制度不能打破，套用共產黨宣言所說的，「階級鬥爭」將永遠存在，「貧富不均」將永遠存在，**一個不合理的社會，如何能進步到成爲他國的典範？

　　孟買的商業區已大樓聳起，租金昂貴。記得幾次與印度商人談話，看著他們一面說話，一面不停的搖頭，一個下午下來，我自己說話時也不禁地搖頭擺尾了。

　　有一位印度導遊告訴我們一個笑話：「如果你看到一位熟睡的商人與一條正要咬他的蛇，你一定不要打死那條蛇，因爲醒來

的商人會說那條蛇是他的玩物，你必須賠他錢」。

我認爲孟買最值得遊覽的地方是爲了歡迎英國女王到來而建蓋的「印度之門（Gateway of India）」，市區的鐘樓 The Rajabai Cloak Tower 及 Victoria Terminus 火車站。我們在印度之門附近的 Taj Mahal Palace & Tower，學英國人喝一杯下午茶，晚餐吃 Tandoorie Crab，就是到了今天，我還不能忘記它的好味道。

舊德里的「人，人，人」

要了解一個國家的香煙市場，一定要到那個國家發號施令的地方，基於上述的理由，我們訪問了印度的首府，世界第六大城──德里。

拜訪了爲爲國捐軀的烈士所建的「印度大門（India Gate）」及 Raj Ghat，印度聖雄甘地火化的紀念公園之後，本地商人帶我們到有名的紅堡（Red Fort）參觀。從新德里到紅堡，必須經過舊德里的街道，看到舊德里街道的擁擠，不禁令我咂舌驚嘆，如果有人問我對舊德里的印象如何，我的回答是「人，人，人」。

印度大城市的人口壓力的確嚇人，世界的十大超大城市（megacity），印度就佔有三個：孟買第四，德里第六，加爾各達第八。中國的最大城上海屈居第七。

喜愛歷史的遊客，一定要到十三世紀初穆斯林征服印度後，建蓋的庫達麥諾（Qutab Minor）看印度最高的石塔，壯麗宏偉的紅色大理石塔柱，美侖美奐的雕刻，讓人目不暇給，感嘆印度巧匠的鬼斧神工。後來我們到專事石雕的商店參觀，才知道印度的石雕是將不同的美玉，深深地鑲進大理石中（impregnate），而不是將寶石切塊粘在大理石上面（Mosaic）而已。

外國人到印度旅遊，一定要有當地人帶領，以策安全。二〇〇九年的聖誕節，我們舉家到德里旅遊，一家五口在新德里有名的 Connaught Street 大街上漫步，有三位中年婦人來到我們身邊，其中一位故意彎腰撿路上的石頭，擋住了我的去路，一位用手伸進我的背包摸索，幸好錢及護照放在褲袋內，未遭毒手，我的女兒們眼快，大叫「有人搶劫！」那些婦人才作罷，匆匆離開。印度是一個文明古國，理應有許多遊客，但是治安如此，遊客一定裹足不前。

「愛情之城」的泰姬陵

第一次訪問德里時，印度朋友就一直告訴我一定要抽空到印度北部的金三角一遊。他說：「某年有一位美國總統訪問印度時，問印度總理是否值得參觀泰姬陵，印度總理說：「**世界上有兩種人，一種是參觀過泰姬陵的人，一種是未參觀泰姬陵的人。**」那位美國總統打趣地說：「那麼明天我將要變成另外一個人種。」為了圓此夢想，多年之後我們全家人利用聖誕節涼爽時節，到印度的金三角 —— 德里、阿格拉（Agra）、甲浦（Jaipur）一遊。

阿格拉因為有泰姬陵而成為「愛情之城」，原因是印度最後的一個王朝 —— 莫臥兒王國（Mughal Empire）的皇帝夏甲漢（Shah Jahan），為了紀念愛姬穆塔緻瑪哈（Mumtaz Mahal）的死亡，用了兩萬工人及巧匠，從一六三一年起，花了二十二年，蓋了一個舉世無雙的白色大理石陵墓，夏甲漢的目的無他，就是要讓世人知道他對這位愛姬的深情。你說天下有情人，怎能不到泰姬陵去頂禮膜拜這位夏甲漢大情聖呢？

最諷刺的是，當世人為這位帝王的深情而感動時，他的第二個兒子鰲然賊本（**Aurangzeb**）竟無動於衷地發動政變，將這位情聖父親軟禁，讓他每天從被拘禁的城堡窗口遙望遠方的泰姬陵，直到老死。

騎大象上琥珀城堡（Amber Fort）

印北金三角的遊覽，看到的都是莫臥兒王朝遺留下來的宮殿與城堡，其中最有意思的是騎大象上琥珀城堡的經驗。

當我們騎大象上山時，雖然自帶照相機，但是坐在搖擺不定的象背上，雙手只能抓緊座椅，不能進行拍攝。聰明的印度商人，故意在途中的轉角景點處，拍攝我們騎大象的鏡頭，利用快洗的技術，等到我們下山時，即可用那相片賺我們的錢。

琥珀城堡是建築在叢山峻嶺之上的城池，從城牆的窗戶遠望，可以看到建蓋在遠山的城牆，感覺好像在八達嶺眺望萬里長城一般。琥珀城堡建於一五五八年，因為曾是皇宮，牆壁、密室都是用精工細雕的大理石鑲上寶石製成，有一個展示廳的牆壁採用玻璃及寶石鑲成，更是美侖美奐。宮中設有水道，盛夏時可以帶走暑氣，這一切的一切標示著當年帝王生活的豪奢與舒適。

我們遊完了琥珀城堡，因為早起勞累，全家人不想徒步，搭了一部車子下山。下山後，導遊帶著我們經過 Jal Mahal（又稱「Water Palace」）的地方小停，讓我們與大象照相；又帶我們去一家展示印度人包頭打扮的博物館附近吃午飯；飯後到甲浦市區的 City Palace 參觀。這些活動前後大約折騰了五個小時。再下去的行程是導遊帶我們回旅館，吃晚餐。

我們正要上車之際，突然看到在上琥珀城堡途中為我們拍照

片的兩位年青人，帶著我們騎大象的照片，騎摩托車匆匆地趕到我們的面前。老實說，相片照得不錯，但要的是天價，我告訴他們，「我們馬上要離開，只能用半價購買，要不要隨你們。」結果成了交。**我陳述這個事情的原因，是讓讀者知道印度人有多勤快，這種事情可能會在越南發生，但絕對不會在印尼或泰國發生。**

宗教問題的反思

說來好笑，我在世界最大的穆斯林國度印尼，看到了世界最大的佛塔婆羅浮屠；在世界著名的佛國柬埔寨，參觀了世界最大的印度教廟宇吳哥窟；現在又在世界最大的印度教國度，參觀了世界上最美麗的穆斯林宮殿及陵墓。

令人難以理解的是打開報紙，每天都可看到中東的緊張情勢，為什麼穆斯林人不能與猶太人和平共存？記得有一位學識淵博的印度人告訴我，「印度教不能算是一個宗教，視它為一種哲學也許比較恰當。」我想印度教的教義似乎有點像中國的孔教，比較重視哲學的思想，不像佛教、伊斯蘭教及基督教重視嚴謹的教規與宗教的儀式。會不會因為如此，印度教與儒教反而能容忍其他宗教的不同，而與其他宗教和平共處。

第十八章　阿拉伯世界的驚鴻一瞥

杜拜的七星級大旅館（2006）

大旅館跳躍的噴水（2006）

沙漠盛產的椰棗（2006）

酒精淨空的吉達（Jiddah）

二〇〇一年六月，我到沙烏地阿拉伯（Saudi Arabia）的吉達與一位來自印尼但常住沙烏地的代理商見面，討論丁香煙進口的問題。

從機場到市區的路上，只看見一片白茫茫無邊際的沙漠，**車外溫度高達攝氏四十度以上，雖是乾熱，但是熱度驚人，我下車進旅館或到餐館都是採用「急行軍的步伐」，深怕自己被烤熟，難怪乎商店中午要打烊到下午五點才開門。**

吉達是沙烏地阿拉伯第二大城，為了要了解香煙的市場，我們到市區最大的一個購物中心溜達觀察。這購物中心佔地頗大，外觀新穎，冷氣強勁，因為室外溫度奇熱，我想如果能在這裡喝杯啤酒，一定很有意思，於是問了帶我們來的印尼朋友：「那裏可以買到啤酒？」意想不到的回答是：「**在這個購物中心是買不到啤酒的，這裡的超級市場不賣酒，市區也沒有小酒吧賣酒，其實，整個沙烏地都是酒精淨空。**」原來這裡不像世界最大的穆斯林國家 —— 印尼，處處可以買到啤酒。想不到沙烏地阿拉伯堅守伊斯蘭教的禁酒令達到如此程度，真慶幸只準備訪問這個滴酒不沾的「Dry Country」三天兩夜而已。

回到新加坡，與一位曾經到沙烏地做生意的朋友談起此事，他笑著說：「**我曾經被邀請到阿拉伯人的家裏做客，他們家中的酒吧，倒是什麼酒都有。**」在一個酒精淨空的國度裏，那些酒會不會是用無人帶領的駱駝隊運送進來的呢？

令我印象很深的是，一進購物中心，就看到成千上百個穿著黑衣大袍的女士，黑壓壓地在走動，「他們可以看到你，你卻不

能看到他們」，這種感覺讓我心悸。按照本地人講，如果女士不穿成這樣，「宗教警察」會給予警告，嚴重的還要上宗教法庭。

這些穿著黑袍的女士們在 Givenchy, Sachi, Pierre Cardin 等名牌店大事購買衣飾、時裝，我心想，**「既然出門穿黑袍，買這些名貴的時裝、化妝品何用？」**難不成她們在家裏穿戴著這些名牌貨讓老公獨享？抑或對著鏡子自我陶醉？還是只有在出國時穿戴？這件事直到今天仍讓我費解。

伊斯蘭教的聖地 —— 麥加（Mecca）

著作「影響世界歷史 100 位名人」的麥克哈特（Michael H. Hart）認為穆罕默德應該排名第一，因為他除了創立伊斯蘭教，還成為當時最有力量的政治領袖。伊斯蘭教對世界的影響深遠，可見一斑。

麥加乃穆罕默德的出生地，也是每一個穆斯林一天五次頂禮膜拜所面向的地方。每年有幾百萬穆斯林到此地參拜阿拉真神，伊斯蘭教稱之為哈集（Haji），是今日世界最大型的宗教活動。能夠到麥加朝聖是每一個穆斯林一生中最大的願望與榮耀。

吉達是到麥加哈集的門戶，與麥加相距不遠。心想既然有機會到了吉達，何不到麥加一行，藉以了解伊斯蘭教的真諦，於是我要求：「是否可以利用半天時間到麥加走走？」回問：「你是不是穆斯林？」回答：「我沒受洗，但從來不反對伊斯蘭教。」斬釘截鐵的答案是：**「不是穆斯林，就不能去麥加。」**看來我今生到麥加參拜阿拉的希望是等於零了。

中東的珠冠 —— 杜拜（Dubai）

在噴射客機無法從亞洲直飛歐洲的年代，來往歐亞的大型客機總要在杜拜（Dubai）、巴林（Bahrain）或是阿布扎比（Abu Dhaby）小停加油，這時新上機的女乘客大都是黑袍裹身，只露出兩個眼睛。這些女士都會在飛機起飛之前，到盥洗室換下黑炮，穿上長褲或牛仔褲、長襯衫，面貌全新地回到座位。大部分的中東女人，具有白種人的輪廓，藍、綠的大眼睛，亞洲人細膩的皮膚，他們的美麗是純歐洲白種人或純亞洲黃種人無法比擬的。

我第一次到杜拜，是在一九九九年，除了參觀一家專門製造香煙出口的工廠，還順便到本地市場，考察外銷丁香煙到阿拉伯世界的可能性。當時的杜拜正從完全依靠石油外銷的經濟走向發展地產、銀行的多元經濟，鄰近石油國的熱錢，加上大量歐美外資的湧進，使得杜拜這個「在沙漠中用水澆出來的地產」，嘶嘶作響，異常火熱。

杜拜是阿聯酋（UAE，又稱「阿拉伯大公國」）七國中的第二大國，僅次於阿布扎比。**有人稱杜拜為「中東的新加坡」**，原因是在伊斯蘭教條森嚴的中東，僅有杜拜採取比較開放的政策，沒有酒精淨空的規定，還開放外國銀行的營業，我們可以在旅館、餐廳或酒吧公然地點酒。我曾經跟著當地人士到一間高級的酒吧，裏面不乏來自俄羅斯與東歐的小姐，酒吧的氣氛，小姐的風度，都符合國際的水準，難怪乎杜拜是中東有錢人的銷金窩，購物玩樂的天堂。

因為經濟快速的發展，**在杜拜兩百多萬人口中，土生土長的**

阿拉伯人只佔百分之二十五，其餘的百分之七十五都是外國人。在杜拜，家庭佣人及計程車司機是印尼人，護士是臺灣人或菲律賓人，旅館服務生是菲律賓人，我們訪問的零售商店及百貨公司的主人、店員大抵都是印度人、巴基斯坦人或孟加拉人。不知道為什麼大多數信奉伊斯蘭教的國家都產油？阿拉伯人的確太富有了，富有到不屑做苦工，杜拜的阿拉伯地主讓外地人忙碌，自己坐享其成。

透過我們鍥而不捨的努力，總算在吉達及杜拜找到代理商，願意進口三寶麟的丁香煙。進口之後，銷量鮮有成長，大概只有來自印尼的丁香煙民購買之故。

世界唯一的七星級旅館

二○○六年八月，我們全家搭星航赴莫斯科途中，順道拜訪杜拜，目的無他，要看一看世界唯一的七星級旅館「Arab Sail（阿拉伯船型旅館）」，要了解為什麼有人要花兩千美元到兩萬八千美元在那兒過一晚？為了達到此目的，旅行社安排了我們到該大酒店的頂樓喝下午茶。

從遠方看這個船型的旅館，就像是一個在海上飄浮的建築，事實上，它是建築在海中的一個人造沙灘上。要到這旅館，旅客得搭乘旅館專用的電動車，經過人工鋪成的沙灘道路，才能抵達旅館的大門。

一進旅館的大堂，便有穿著傳統阿拉伯白色服裝的服務生拿著沙漠特產的椰棗歡迎我們。旅館中的設計，採用許多噴泉，一來增加動感，二來讓旅客感覺涼爽。旅館大廳金碧輝煌、富麗堂皇，自不用說，從大堂到喝下午茶的地方，須要搭乘扶手電梯，

電梯兩旁無數水珠、水柱動態的噴躍，讓人目不暇給。

　　在這個旅館的咖啡廳喝四十五分鐘茶或咖啡的代價是每人美金一百元，我們一家四口就是四百塊，如果你問我值不值得，我會硬著頭皮說值得，但是如果你問我會不會再來，我可以保證不會再來。話雖如此說，我們一走開，馬上有人搶著我們的座位，「話同此理，人同此心」，這個百元咖啡還是大有人喝的。

杜拜興旺的地產

　　我們在杜拜整整呆了一天，女兒們本來興沖沖地要看駱駝競跑，卻發現賽馬場因氣溫高達攝氏 40 度以上而歇業。我們乘旅行車繞杜拜一周，沿途可以看到無數的高樓聳起，工程不斷，天空被建築所產生的灰塵所籠罩。或有旅客下車拍照，因受不了炎熱，花不了三分鐘時間便火速回車。

　　我們所住旅館附近的黎巴嫩餐館相當有名，午餐時二女兒帶頭，忍著熱尋找餐館，在路上步行，每三分鐘便要衝進有冷氣的店鋪小停以解熱。店鋪中有一家專賣名貴的蛋糕，店員不知道我們是為避熱而來，以為生意來了，興奮地介紹著他們的糕點，最後還請我們嘗了一下他們冰淇淋蛋糕，讓我們覺得很不好意思。

　　氣溫如是炎熱，地方一片沙漠，杜拜這非人居住的地方，經濟倒是非常活絡，我們訪問時，**杜拜正在大興土木建蓋比帆船旅館更大的地產計劃 —— Palm Jumeirah，據說那些形狀像棕櫚的小島，都是在空無的海中堆沙而成**，這是對傳統土木工程技術的一種挑戰，難度令人無法想象。

　　二〇〇九年終，杜拜地產的無限制發展，終於暴露了空前的經濟危機，所幸阿聯酋富有的石油錢還可彌補這個滔天大洞，天

底下「好大喜功」的人，應知道「物極必反」的道理，**世界有無數的島嶼，何必一定要在波斯灣（Persian Gulf）的沙漠邊緣，興動如此破壞自然的工程？**

第十九章 蛻變中的台灣

香煙進口的戰國時代

在台灣，煙酒公賣局專司香煙與酒類的買賣。八〇年代的台灣已是亞洲四小龍之首，以外銷爲主的貿易賺進許多外匯，自古做生意，沒有你賺我的錢而我不能賺你的錢之理，國際菸酒業拿著這個旗幟，不停地對臺灣政府搖旗吶喊，猛叩台灣公賣局的大門。

一九八七年，台灣政府熬不過這些叫喚聲，只好以「貿易順差與逆差」爲準繩，凡對臺灣貿易逆差的國家，如美國、加拿大、英國、法國、意大利、希臘、土耳其等國，均可進口煙酒到臺灣，至于對臺灣貿易順差的國家如日本與印尼，台灣已經從日本進口了不少家電器材，從印尼進口了大量的天然氣與木材，則不准他們的煙酒進口。

煙酒進口大門打開後的幾年，台灣隨處可以看到美國煙、英國煙、法國煙，連不見經傳的希臘煙、土耳其煙也比比皆是，儼然「香煙的戰國時代」。**好笑的是這些正式進口的洋煙，卻鬥不過走私的日本七星牌，原因是水貨不必付進口稅，可以給「檳榔西施」大幅度的銷售利潤。**後來日本公賣局爲了要改水貨爲正式進口，特地在英國孟徹斯特（Manchester）買了一家煙廠，生產

七星牌，專門提供台灣這塊大市場的需要。

另外的一個奇跡是三商代理的大衛多夫牌（Davidoff），這香煙奇貴，品牌的擁有者沒有自己的煙廠，香煙是委託一家法國工廠製造的。大衛多夫在世界各地行銷，成績平平，唯有在台灣市場成功。由於台灣市場的成功，大衛多夫在國際機場的免稅部也賣得相當不錯。

香煙進口門禁打開後，短短十幾年，公賣局節節敗退，竟將台灣的一半香煙市場拱手讓于外人。記得一九七八年回台為母親作壽，應公賣局的邀請，到該局演講有關香煙設計的課題。當時的公賣局局長吳伯雄要我給點建議，我率直地告訴他：**「公賣局雖然有很強的農業研究，但對成品的研發不夠重視，有關美式低焦油香煙的設計，香精處方及煙草處理的水平，還落後美國一大截。公賣局應該加強這方面的研究，以免他日門戶開放，抵擋不住外國香煙的競爭。」**

記得當時吳伯雄說了一句話：「別看公賣局賺大錢，其實我們也是心有餘而力不足，政府不管公賣局賺不賺錢，每年要上繳的金額是一分也少不了的。」聽說臺灣實行九年國民教育的預算，都是由公賣局提供的。公賣局在我訪問之後，顯然沒有注重產品的研發，十多年後失去市場江山半壁，多麼可惜呀！

奇異的社會百態

住慣新加坡的人如果看到台灣交通的混亂，一定會搖頭嘆息，**本來六米寬的道路，只容一部車身通過，市政府卻不明訂其為單行道**。以我新竹家門口的巷子為例，常見到兩部汽車開到面對面，狹路相逢。「衣食住行」乃是民生的基本，如此「不良於

行」的生活品質，台灣人卻忍氣吞聲地承受。我曾經寫信給市政府建議改善這種交通情況，但是號稱全省最有效率的新竹市政府，卻對我這位小市民的投訴，置之不理。

台灣的都市計劃原是日本人鑿定的，政府蓋了四綫道的道路，卻讓左右兩綫道停滿了車，**政府「蓋路停車」，交通還有救嗎？**在台灣市區開車，如同在印尼泗水開車一般，只能用一檔或二檔低速慢行。

無奇不有的是「檳榔西施」的流行，五步一崗、十步一哨的檳榔攤，販賣的不只是檳榔，還有走私進口的香煙。檳榔攤的販賣小姐，個個打扮得花枝招展，坐在室內的玻璃攤位，穿著低胸的上衣，短得不能再短的褲子，攤著大腿對著大街，以招徠顧客。檳榔西施是台灣獨有的行業，西施們的收入一定不錯，值得犧牲色相。幾次回台，見西施踩著高跟鞋，穿著透明的衣裳在戶外穿梭，「世風日下，人心不古」，不知道為什麼台灣政府視而不見，不加取締？

同是說中國話，中國大陸的用字與臺灣有些不同，大陸人說，「行了！」，台灣人說，「可以了！」；大陸人說，「公交車」，台灣人說，「公共汽車」。有一次，我從香港直飛上海，中午前在一家國際級的酒店辦理登記，漂亮的櫃檯小姐一面手打著電腦的鍵盤，一面問我：「先生，要不要來一個口膠？」小時在台灣素聞上海的女人了得，但不敢相信她們會如此的直接，我一時嚇呆了，看了一下手錶：「現在口交，會不會太早？」「先生，口膠隨時都可以，不會太早。」說著說著，這位親切的櫃檯小姐遞了一顆臺灣人稱之為「口香糖」的口膠給我。

與中華開發的來往

　　一九九四年初，老闆不知從那裏聽到「中華開發信托股份有限公司」的名詞，要我回台時與該公司接觸。我問了幾位台灣商界的朋友，誰都知道中華開發的董事長叫劉泰英，昔日李登輝康大的室友，紅得發紫的金融界名人，執掌國民黨八大信托基金，但是朋友中沒有一位可以幫我引見中華開發的任何一位經理。

　　思索再三，我想到東周時「毛遂自薦」的故事，直截了當地拿著名片到中華開發大樓的第十一樓海外部叩門。接待小姐問，「先生，您找哪位？」我的回答是：「任何一位經辦海外投資的經理。」

　　在候客室等不到十分鐘，一位負責海外投資的劉經理出現了，劉先生是台大數學系畢業的高材生，他的直屬上司就是胡定吾。劉經理對我開門見山式的求見並不引以為怪，相反地，他還表示：「政府正在鼓吹南進政策，開發也許還要借重三寶麟公司介紹一些印尼的大商賈與臺灣的商人合作。」這次見面，開始了三寶麟與中華開發多年的友誼。

　　中華開發是個投資銀行，經營國民黨的黨產。大陸淪陷前，國民黨自稱「黨國」，黨國之意，就是國庫通黨庫，整個國家的資產都歸國民黨所控制。大陸淪陷後，國民黨將能夠帶走的資產都帶走。在逃亡戰亂的歲月裏，不少黨產落在有權力的元老名下，流向海外，當年身為財政部長的宋子文，在美國擁有無以數計的存款，即為一例。

　　蔣介石在台灣復行視事後，一些有良心的黨國元勳，將黨產歸還風雨飄搖的國民黨，國民政府才有在台灣喘口氣的機會。後

來台灣經濟起飛了，許多國營企業開放民營，國民黨的黨產也隨之水漲船高，中華開發因之擁有許多台灣大企業的股份，難怪乎劉泰英被視為商業界及金融界的龍頭，一時叱剎風雲，走路鏗鏘有聲。

為了響應李登輝戒急用忍的南進政策，九〇年代中期，劉泰英以中華開發董事長的身份，帶領一個台灣大商團到東南亞尋找商機，隨行的都是台灣商界有頭有臉的大老闆。

三寶麟在雅加達的凱悅大酒店舉辦了歡迎酒會，飯後，林老闆邀請與會者到椰城最豪華的夜總會卡拉 OK，希望在比較輕鬆的情況下，增進彼此的了解。到了夜總會，劉泰英一曲「金綾情」未唱完，人就被幾位印尼商人劫走，原來他仁兄「國民黨金主」的名氣太大，那些需要融資的印尼商人，顧不了商業的禮節與道德，在沒有通告宴客主人的情況下，就先下手為強地將劉泰英帶走。世事多變化，數年之後，從報章雜誌上看到當年不可一世的劉董竟然銀鐺入獄，直到最近才出獄。

與統一合作的商機

透過中華開發的介紹，三寶麟認識了不少台灣大企業，其中有統一，三商，奈斯，東帝士，台糖與陽明海運等企業。在諸多來往中，值得一提的是三寶麟與統一的接觸。

提到統一，大家一定會想到高清愿這位商業界的傳奇人物。高清愿年輕時父親早亡，生活困苦，受僱於台南紡織。當他本人準備自行創業時，慧眼識英雄的老闆挽留他，使他成為台南大商團的經營夥伴。

在高清愿的經營下，統一食品，統一麵包，統一罐頭，統一

超商，樣樣都成功，但最成功的應該是統一代理的「Seven Eleven 連鎖店」。我們與統一商談合作時，7-11 有兩千多家的連鎖店，目前則有四千多家，普遍所及，幾乎可以說臺灣的任何街道，沒有一條沒有 7-11。

有一次，我代表老闆到統一台南總部議事，與統一高層的領導們吃中飯，同桌的是高清愿，林蒼生與顏博明。高清愿和藹可親，的確是一位精明的企業家；林蒼生喜愛手拿著一串佛珠，是一位虔誠的佛教徒；執行副總顏博明則是統一的一代殺將。

大概是常常各忙各的，較少機會一起吃飯，統一的三位大老當著我的面談起經營 7-11 的往事：當年顏博明提議讓 7-11 賣避孕套，但大老闆林蒼生反對，高清愿覺得不妨一試，結果避孕套試賣成功，成為 7-11 的賣點，幫統一賺進了不少利潤。聽了他們的笑聲，才體會到一個大企業的成功，除了天時、地利，「人和」至為重要。

對一個生產民生日用品的公司來說，物流管道是決定成敗的最大因素。7-11 的普及讓統一的產品可以透過這四千多家的零售店，銷售到社會的大眾，這對新產品的試銷，尤為重要。

7-11 有職業化的經營，保證品質與服務，除了賣統一生產的食品，也賣其他競爭者的品牌。生意不怕大，7-11 除了基本上取代了我們小時候買東西的雜貨店，還賣台灣人喜愛吃的滷蛋、方便午餐，經營郵遞宅急便，代理水電的繳費，幾乎天下能做的生意，都被 7-11 包光了。

統一與三寶麟都是生產民生日用品的公司，雙方都了解物流的重要性。在多次生意交談中，**高清愿很羨慕三寶麟經營的香煙業，曾經打趣地說：「三寶麟只有一種產品的利潤，就可以比得上統一數十種產品利潤的總和。」**

　　三寶麟在印尼的丁香煙生意興隆，一直想擴展入食品工業，同時進軍中國大陸，統一正好是一個理想的「策略性夥伴」。對統一來說，印尼是世界第四大國，市場潛能非同小可，借重三寶麟在印尼的物流機制，發展統一超商，不失為一良策。這跨國合作的美事，在林老闆及高清愿一九九七年會面時握手決定，雙方同意各出五億美元，在新加坡設立一家投資公司，開始進行印尼及中國大陸的投資。

　　「天有不測風雲，人有旦夕禍福」，正當我們在新加坡找律師註冊投資公司的當兒，亞洲經濟風暴在泰國發生了，一夜之間，馬來西亞、印尼、菲律賓、南韓，均被席捲進去。印尼幣對美元的匯率從兩千五百盾貶值到一萬五千盾，如以美元計，三寶麟的資產只值風暴前的六分之一，雪上加霜的是三寶麟股票更大跌，面值只剩下風暴前的十分之一。

　　時局所迫，三寶麟無法履行與統一的合作。可惜我們忙了近三年，一心想打通三寶麟與臺灣商界合作的努力，只好束之高閣，無疾而終。

第二十章　中國的崛起

下左圖：立射秦俑（2004）

上右圖：華清池楊貴妃的白玉雕像（2004）

上左圖：西安黃帝陵的蔣介石題字（2004）

奉化縣的蔣氏故居（2009）

蔣經國母親被日軍炸死地（2009）

福建湄洲島的媽祖石像（2003）

進軍中國香煙市場

三寶麟以製造高級丁香煙聞名東南亞，但是沒有名牌的白煙可與跨國煙草公司競爭。經過幾年的掙扎，鑒於（S.T. Dupont）昂貴的打火機在亞洲深受煙民歡迎的形象（抽煙的人一定記得杜邦牌打火機關閉時所發出的獨特「卡噠」聲），老闆決定租用杜邦之名，作為三寶麟白煙的品牌。

為了發展杜邦牌名煙，三寶麟公司將煙盒包裝交給一家芝加哥的公司設計，煙草、香料採用一家國際煙草貿易公司的處方，成品則委託英國的一家煙草公司製造，三寶麟公司只是擁有品牌（十年租用，可以再延），出資購買原料及銷售。這種經營方式與在台發展成功的大衛多夫相似。

有了杜邦牌名煙後，外銷到中國香煙市場成為三寶麟公司的首選。問題是中國的香煙工業提供了國家極為重要的稅收，名義上，中國已加入了世貿（WTO），但是政府仍釐定相當高的進口稅，以防止外國名煙與本地的香煙競爭。如以超高的製造成本加上超高的進口稅，三寶麟杜邦牌香煙要正式進口入中國，幾乎是不可能的。

在商言商，要在中國發展杜邦牌香煙的不二法門就是與當地的煙廠合作，採「來牌加工」的方式在境內生產與銷售，減少了進口稅這一塊，才有生意可做、有利可圖。公司批准了我的這個建議，剩下的問題是如何在遍佈各地的兩、三百家煙廠中，找到理想的策略夥伴。

為此，我們花了幾年的時間，訪問了上海，浙江寧波，河南鄭州、駐馬店，安徽合肥、蚌埠，湖南長沙、常德，福建龍岩、

廈門，湖北武昌等煙廠，足跡遍及全國。

最後，生產「芙蓉王」名煙的湖南常德煙願意與三寶麟合作生產「杜邦牌香煙」。二〇〇四年年底，我們邀請常德煙廠的副廠長到泗水訪問，我也陪著林老闆坐著他的私人飛機到北京，拜望中國煙草總公司的一把手，北京的批准似乎很有可能。

眼見多年來的努力，就快要有成果，哪知道三個月後，晴天霹靂，林老闆決定將三寶麟公司，以五十億美元的價格，售予菲摩國際，我們在中國的努力，功敗垂成，真是可惜呀！

就在無數次與各地菸草業的交誼中，我們樂見中國社會日新月異的成長及經濟快速的起飛，有人說，「中國像一頭沉睡的獅子，現在睡醒了。」我則認為**「中國就像是一塊大石頭，要它開始翻滾需要很大的力量，但是當它開始滾動後，若要停止它，擋都擋不住。」**

以下所述，就是我在中國各地穿梭旅行的見聞⋯⋯

黃帝的傳奇

美國歷史學家斯塔夫里阿諾斯，在「全球通史」中說，「祖先崇拜，從最古代起就一直是中國宗教的一個特徵。」其實，祖先崇拜並不是一種宗教，而是一種社會習俗。為了慎終追遠，河南新鄭的市區建有「炎黃二帝廣場」。炎帝就是教人民種植五穀的神農氏；黃帝姓公孫，名軒轅，曾經打敗蚩尤，中華文化的雛形就是他建立的。炎黃二帝被公認為中華民族的祖先。

黃帝出生地「軒轅丘」，距離新鄭約八公里，早建于漢魏，歷代修復纔有今日的規模。相傳農曆三月三日是黃帝的生日誕辰，每年這一天，穿著黃紅兩色服裝的政要、名人、華僑、藝

人，先要到軒轅丘「迎祖」，然後在「二帝廣場」舉辦大型的「祭祖」大典，為中華民族乞福。

此時報章雜誌、電視電臺都會大事渲染海外華人，尤其是台灣人歸國祭祖的活動。我常想海峽兩岸既是同祖同文，何必飛彈對峙？中國如果要台灣真心地回歸它的懷抱，第一步就應該撤離瞄準台灣的上百個飛彈，用行動來證明兩岸三地都是同祖同宗，統一絕對不用武力。

帶我們到二帝廣場參觀的煙廠響導說：「每年來祭祖的人，除了國內海外的中國人，還有日本人及朝鮮人，他們也承認自己是黃帝的子孫。」姑妄言之妄聽之，這話有點太扯了，我不敢隨意置評！

除了新鄭的「二帝廣場」與「軒轅丘」，距離西安約一百六十五公里的橋山「黃帝陵」及「軒轅廟」也是中國人祭祖的勝地。在「中國帝王龍脈探索」一書中，作者黃振偉稱橋山黃帝陵為「天下第一龍穴」，凡是到此祭祖的人士都要燒著高香對著「黃帝衣冠塚」三跪九叩，塚後有刻著「黃帝龍馭」的石牌。

為什麼世人相信「黃帝衣冠塚」及「黃帝龍馭」的故事？傳說公元前十一年，漢武帝北巡朔方，勒兵十餘萬還祭黃帝家橋山，修祭臺于黃帝陵前（此即至今尚存的「漢武仙臺」）。這位揚盡大漢聲威的皇帝問左右道：「**我聽說黃帝乃眞龍降世，長生不老，現在這裡怎麼有他的墳墓呢？**」大小臣子從來沒有想過這個問題，一時鴉雀無聲，幸好方士公孫卿急中生智地答曰：「**黃帝的確是眞龍降世，不過已經騎龍登天了，百姓懷念他的賢德，在這裡埋下了他的衣冠。**」武帝聽了大樂，「黃帝衣冠塚」及「黃帝龍馭」的故事遂不脛而走，廣為流傳。

黃帝陵入口處書有「中華世紀柏」五個大字，橋山有古柏八

萬餘株，「黃橋古柏茂穹蒼」屬「黃橋八景」之一。軒轅廟裏有一株「黃帝手植柏」，巨大高聳爲眾柏之冠。

　　黃帝陵有一些古物諸如「文武百官至此下馬」，「橋陵勝境」的石碑，發出懷古之情；又有近代國家領導人毛澤東、鄧小平、蔣介石手寫的碑文，統列一處，甚爲難得。但是有一些號稱古物諸如「誇父追日石」與「黃帝的腳印」就有「畫蛇添足、牽強附會」之嫌。留在大石上的兩個巨大的腳印，絕非常人能有，既爲國家重點文物保護單位，沒有將之考證，就說它是「黃帝的腳印」，公諸於世，是神話？還是歷史？難道黃帝是巨人？中華民族是巨人之後？

漢唐盛世的故都 — 長安

　　如果你是坐飛機到西安，也許不能了解爲什麼當年張良勸劉邦在西安建都的理由。退休那年我參加「絲路之旅」，火車從烏魯木齊經過戈壁大沙漠，穿越漢武帝鑿空的河西四郡，到達黃河流經的蘭州，一路行來總覺得西北一片荒涼，只有在黃河兩岸才有一小塊蔥綠。**但接近西安時，可以感受到西安「八百里秦川」的富庶，東北邊有「潼關」守護，易守難攻，西安的確是帝王之都。**

　　許多人問我：「中國這麼大，應該從何遊覽起？」我的建議是：**「如果你喜愛歷史文化，第一次應到北京遊覽，第二次再到西安古都遊覽。」** 到北京近都，你可以完整地看到紫禁城、八達嶺長城、明十三陵、頤和園，吃「全聚德的北京烤鴨」及「涮羊肉」；到西安，你可以遊覽秦陵、華清池、碑林、法門寺、乾陵等勝地，更可以嚐到回民有名的「賈三湯包」及「羊肉泡饃」。

　　我這「先到北京再到西安」的建議，並不適用於政治上的訪

問。美國總統克林頓於一九九八年訪問中國時，特意安排第一站抵達西安——中國盛世秦、漢、隋、唐的古都，他的選擇表示著美國人對中國古文明的敬重。訪問驪山的秦陵時，政府特許克林頓全家人與兵馬俑拍近照，克林頓題下「只有偉大的民族，才能遺留如此偉大的古跡」的佳句。

華清池是西安必遊之地，除了可以在池邊看到的楊貴妃白玉雕像，還可以看到扭轉國共乾坤的「西安事變」現場——老蔣下榻的房間，書桌，半山上的「兵諫亭」，據說事變發生的晚上，老蔣穿著睡衣，爬到此亭，才躲過張學良及楊虎城軍隊的追殺。事件發生之後，老蔣只得改變「先安內後攘外」的政策，國共一起抗日。西安事變破壞了老蔣的棋局，難怪老蔣于事件之後，槍斃了楊虎城，軟禁張學良一輩子。

乾陵與碑林的故事

乾縣離西安七十六公里，距乾縣北六公里的梁山**「乾陵」**，埋葬著中國歷史中唯一的大周女皇武則天與他的夫君大唐高宗李治，人稱**「一塚埋二帝」**。

不說武則天如何與兒子爭奪帝位，使她的兒子不知如何下筆寫她的一生事跡，結果成爲「無字碑」，只說武則天選了乾陵這塊神奇的風水寶地。**我幾次到乾陵，總覺得那兒特別寧靜，心曠神怡。**據說這整個梁山的山勢，就像一個躺在山坡的女人，我們從坐北的墓園山坡往南下望，可以俯瞰不遠的兩個小山，樣子極像是女人的兩個乳房。

中國歷代帝王的陵墓，大都已被盜墓賊光顧，連赫赫有名的漢武帝「茂陵」，唐太宗「昭陵」，皆難逃魔手，奇怪的是武則天

的「乾陵」，迄今無人得手。**盜墓賊中最有名的五代耀州節度使溫韜，三次親自監督挖掘，三次雷雨大作，嚇得他只好作罷，「死武曌嚇壞活溫韜」，你說奇怪不奇怪？**

喜愛中國文化的人，一定會到「碑林」欣賞石碑上的刻畫文物。一到「碑林」，我就注意到「碑林」匾額的「卑」字上頭少了一撇，問導遊它是不是古字的寫法？導遊說，**這匾額乃是虎門燒鴉片的林則徐所書寫。林公因為鴉片戰爭失利，被貶到西北當差，上任時路經西安，士人爭著要他為碑林題字，他感慨自己丟官，頭上花翎被摘，故意在「碑」字上頭少寫了一撇。**

弔古戰場威海衛

梁啟超說：「喚起我國千年之大夢，實自甲午一役始也」。甲午戰役對臺灣的影響甚大，身為台灣人的我，有夙願到當年北洋總部劉公島去了解大中國敗給小日本的原由。

幾次到青島煙廠談生意，聽到可以從青島僱計程車直開劉公島，心中早已躍躍欲試。幾年後，與一對新加坡夫婦到山東半島旅遊，僱了一部旅館專車，從青島出發，先遊覽煙臺北面古稱「登州」的「蓬萊仙島」，再直奔威海市，隔天一大早，搭乘渡輪到劉公島弔古戰場。

劉公島上有兩個景點，一個是當年北洋海軍的司令部「海軍公所」，另一個就是「中國甲午戰爭博物館」。「海軍公所」乃北洋艦隊丁汝昌統帥的行轅，靠山面海，平時北洋艦隊的船隻就停靠在這天然的海灣內。

甲午戰爭前，北洋艦隊的經費拮据，艦號缺乏火藥彈炮，中日戰爭一爆發，北洋就呈頹勢，丁汝昌決定將戰船集結於威海灣

內以保存實力。誰料到主持這戰役的日本司令是一個軍事天才，他派陸軍從山東半島的東端登陸，兵分二路打到威海衛，然後在那裏用北洋安放在陸地保護船隻的大炮，悉數擊沉了停靠在海灣內的北洋船隻。一八九五年二月十二日凌晨，六十歲的丁汝昌見大勢已去，服毒自殺。

劉公島上的「中國甲午戰爭博物館」，可說是一個國恥紀念館，館內收藏的文物甚豐。我在館中看到一張五顏六色的「列強瓜分中國圖」，每個列強用不同顏色表示，日本佔東北，德國佔山東，英國佔長江流域，法國佔雲南等等。我想每一個中國人看了此圖，一定會義憤填胸，心悸髮指，如果不是帝國主義新秀美國的姍姍來遲，分不到一杯羹，提出了「不瓜分中國」的建議，如今的中國一定更加沉淪。

外國人常說：「中國人很排外、仇外。」說話的人如果了解近百年來帝國主義在中國的作為，一定會同情中國人的舉止，俗話說：「一朝被蛇咬，十年怕草繩」，不同種族的互信是需要雙方的努力與時間來證明的。

詩文的力量

「學而優則仕」，當權者可以一言興邦、一言喪邦，雖說「宰相有權能割地」，在野的文人雅士也不是「無力可回天」，他們可以以一首詩詞、一篇文章，深入民心，讓後人永世傳頌。

沒有白居易的「長恨歌」，西安的「華清池」只不過是一個破舊的皇家浴池，那來楊貴妃的「侍兒扶起嬌無力，回頭一笑百媚生」？沒有張繼的「楓橋夜泊」，哪來「姑蘇城外寒山寺」的香火？目前的寒山寺可是日本人到中國必去的景點。起先我以為

日本人喜愛大唐詩文的風雅，後來才知道寒山寺的兩位開山祖，一位名叫「寒山」，一位名叫「拾得」，拾得是日本人也。

　　武漢三鎮的「黃鶴樓」，起先我以為是因為崔顥的一首詩「黃鶴一去不復還，白雲千載空悠悠」，使得歷朝歷代大事翻修。到了黃鶴樓，才知道此樓除了有關黃鶴的傳說，還可作長江天險的瞭望臺，軍事用途極大。黃鶴樓中有李白的「擱筆亭」，起先我以為詩仙在這裡喝醉了，無法繼續寫詩，只好擱筆，後來讀唐詩三百首，才知道李白曾在黃鶴樓寫詩送別孟浩然。

　　二〇〇四年我們到湖南常德煙廠訪問，廠長說：「常德附近有一個地方叫『桃花源』，值得一遊。」我好奇地問：「是不是東晉的文學大師陶陽明所寫的『桃花源記』中的桃花源？」我當時心理想「桃花源記乃陶淵明筆下『採菊東籬下，悠然見南山』所創的意境而已。中國人讀書不求甚解，連宋朝蘇東坡所寫的『赤壁賦』，到今天赤壁真正在那裏，都未成定論。陶淵明生在東晉，距今一千幾百年，哪有可能保留桃花源至今？」

　　既然廠長很熱忱地安排汽車，我就抱著眼見為信的態度上了汽車。到了目的地，導遊告訴我們這裡有沅江流經，陶淵明筆下的「晉太元中，武陵人，捕魚為業」就發生在這裡。至於「桃花源記」中的「有良田、美池、桑、竹之屬」，這裡也應有就有。不管此桃花源是真是假，修築此園的人，為了招徠遊客，倒是匠心別具，費煞苦心，陶淵明地下有知，應當不會反對這些人「為五斗米折腰」所做的努力。

昆明的煙草

　　如果懂得煙草的人，一定知道雲南的煙草品質佔全國之冠，

玉溪煙廠生產的「紅塔山」、昆明煙廠生產的「雲煙」，上海煙廠生產的「買的人不抽，抽的人不買」奇貴的「中華煙」，常德煙廠生產的「芙蓉王」名煙，都採用了高比例的雲南煙草於配方中，可以說，**「無雲南煙草不成名煙」**。

　　眾多煙廠之中，以玉溪煙廠的褚時健最爲傑出，外號「中國煙草大王」。褚時健花了十八年的時光，把紅塔山打造成中國第一名煙，價格好，產量大，除了上繳稅金一千四百個億，整個玉溪的道路、發電都仰仗玉溪煙廠的財力。

　　褚時健本是農人出生，一九七九年任玉溪煙廠廠長，他利用雲南特出的煙草，實行「生產、銷售、管理三合一」的領導方式，集玉溪捲煙廠，玉溪市煙草銷售公司，玉溪煙草專賣局的經營大權於一身，有效率地進口設備，增加產能，將紅塔山推銷到全國市場，成爲中國第一名煙。

　　如果香煙界多出了幾位褚時健這種英雄人物，中煙就有了競爭力，大可開放門戶讓外煙進口。如果玉溪煙廠不是屬於國企的經營管理系列，早就位列世界五百強的企業中。誰都知道世界五百強企業的執行長，哪個年薪不是上百萬，上千萬美元？褚時健十八年的薪水加起來，少於一百萬人民幣，天地懸殊呀！

　　一九九五年，褚時健涉嫌貪污入獄，隔年女兒褚應群在洛陽監獄自殺，一位雄霸菸草界、有功於全國稅收的企業人才，竟因爲區區美金一百多萬賬目不明，鋃鐺入獄，家破人亡，真是生不逢辰呀！二○○二年，褚時健獲准保外就醫，在哀牢山買下兩千公畝荒地，種植橙子。

　　記得多年前有位煙廠的老總告訴我：**「全國煙草大會開會時，大家不關心北京派來的代表，卻個個仰望褚老大座機的到來。」「爲什麼？」**我問。回答很簡單：**「每個省級的煙草銷售公**

司都想從他那兒拿到紅塔山的銷售配額。」

　　去年我到昆明打球，與當地司機談起此事，師傅說：「褚時健的問題不在貪污，而是在自己不知道自己的定位。」功高震主，本是官場大忌，連司機都懂得的道理，聰明如褚時健爲何不懂？據說，褚時健造就了不少百萬富翁，他自己的案子也成爲國家企改的一面鏡子，接手的廠長年薪已上百萬人民幣了。

春城的石林與金殿

　　除了煙草有名，昆明四季如春，人稱「春城」，「春城無處不飛花」之意也。精明的新加坡建築商早在此地投資興蓋三十六個球洞的「春城高爾夫球場」，許多新加坡人禮拜五從新加坡搭機中午抵達昆明，連著三天在天高氣爽的昆明打球，吃昆明藥膳，享受廉價的腳底按摩，費用是新加坡的三分之一，你說划算不划算？

　　除了打球，昆明附近有兩個遊客必去的地方，一是石林，一是金殿。石林，顧名思義乃是石頭森林，石多似林，一種「喀斯特岩溶地貌」。石林有劍形的石柱、石峰，穿越劍池的曲折小道，有磅礡氣勢的黑松岩，有「珠江第一瀑」的飛龍瀑，還有一個動人的「阿詩瑪大石像」 —— 阿詩瑪者，彝族的一位姑娘也，她深愛著情人阿黑，終日背著採茶的籃子，翹頭遠望，等待著阿黑的歸來。

　　離昆明約八公里的鳴鳳山麓，建有一座用全銅打造的殿宇，在太陽下閃閃發亮，人稱「金殿」，重兩百五十噸，是中國最大的銅殿。想當年，吳三桂打開中國的門戶「山海關」，請清兵入關幫他搶回陳圓圓，事成之後被封爲「平西王」。吳三桂，就在

康熙十年重建此金殿。由於金殿與吳三桂的關係極為密切，金殿裏展示著許多吳三桂的遺物。當我看到吳三桂的大刀又重又長時，想到要提起那刀已不容易，何能拿它騎在馬上又揮又砍，吳三桂一定是一名虎將。

「自古紅顏多薄命」，金殿展示的故事中寫著，「因為吳三桂君子一怒為紅顏，成就一世罵名的陳圓圓，早已自覺羞愧、青燈木魚地出了家，沒有成為平西王妃」。**後來「三藩之亂」，吳三桂愚笨至極地「扛著清旗反清旗」時，陳圓圓已是無牽無挂的化外之人了。**

驚世的飲食習慣

子曰：「食色性也」，中國菜有蒸有炒、有煎有炸，天上的飛禽，地上的走獸，只要背朝天（唯有人類起坐背部不朝天），都拿來食用，所以菜色極多，中國人也自然而然地成了一個注重飲食的民族。

中國人中以廣東人最好吃，住在肯塔基州時，有位朋友邀請我到他家後院吃烤肉，他的廣東岳父指著爬在樹上的松鼠，告訴我說：「如是肥胖，一定好吃。」

住在香港的一位朋友，經常與他的一群老饕成群結隊到珠海或蛇口吃野味，蛇羹、鱉湯自不用說，貓頭鷹、地鼠、狸貓也不在話下。二十一世紀初驚動世界的「非典（SARS）」，聽說是吃狸貓所引起的。

記得一九八八年第一次到北京旅遊，吃不到道地的北京鴨。十二年後，中國煙草進出口公司請我們到北京最有名的「全聚德」吃全鴨大餐，此時烤鴨的味道奇佳，鴨舌、鴨肝也蠻可口，

一切的一切，已不可與當年呼喚你「自己去拿飯」的服務態度可同日而語了。**全聚德的「全鴨大餐」中，除了鴨肉，還有一道別開生面的炸毒蠍，我吃了一支炸熟的紅蠍，味道有如蝦米。**

中國的飯局主人喜歡在吃飯前講兩句話，有一次在東北被邀，主人告訴我們：**「這天堂鳥一生只吃松子，從來不站在地面上，是國家一級保護動物。今天有幸可以點到這山珍，大家不用客氣，吃吧！」** 說完特別夾了一塊放在我的盤內。我心中想，「如是吃法，也許不久的將來，天堂鳥會變得只應天上有，人間難得幾回聞了。」

東北的山珍宴，除了可以吃到熊掌外，還可以吃到一種叫「四不像 —— 不像牛、不像羊、不像馬，不像鹿」的動物，肉味比熊掌鮮美。 吃了這麼多稀奇古怪的食物，其實好吃的仍是牛羊雞魚，其他的總歸是滿足好奇心罷了。

中國地大物博，各地方有不同的菜系，潮州菜以鵝肉有名，福州菜以燕皮、紅糟有名，廣東菜菜色多端、川菜麻辣、湖南菜以蜜汁火腿聞名，有次到湖北的武昌訪問，當地人說：**「川菜是辣不怕，湖南菜是不怕辣，湖北菜才是怕不辣。」** 顯然同樣是辣，「怕不辣」才是辣的極致。

第一次吃大閘蟹是在一九八五年的香港，當時不知道為什麼一支小小的毛蟹比一盤上等的美國牛排還貴？有一年秋天到了昆山，看見車水馬龍，不遠千里而來的食客在陽澄湖附近大吃大閘蟹、喝陳年紹興，才知道秋天吃大閘蟹是江浙老饕們的一件大事。

現在中國社會富足了，吃陽澄湖大閘蟹成為時尚，**偌大的陽澄湖焉能生產那麼多的大閘蟹供市面之需？於是有人將別地養殖的毛蟹放在陽澄湖泡個幾天，算是「過了水、放過洋」，有的不打自招地在螃蟹背上刻「陽澄」二字，以示「此地無銀三百**

兩」，如是全國毛蟹總動員，真真假假都上了陣，讓人「見蟹生畏」！

　　我是一位喜愛地方小吃的人，雲南的過橋米線、閩南的麵線糊、周庄的烤豬蹄、無錫排骨、西安羊肉泡饃、山西烤糍糍、北京涮羊肉、河南駐馬店的乾拌麵等，對我來說比吃大魚大肉來的特別。**有一年拜訪天津保稅區，招商引資的主人問我晚餐想吃什麼，我回答：「狗不理包子。」隨行的人都搖頭，埋怨我好吃的東西不吃，專撿那「打狗的肉包子」！**

駭俗的飲酒習俗

　　說到飲酒的習慣，中原人的酒文化非常特別，**主人先走到客人面前倒酒，連敬三杯，客人要全喝，喝完後客人要幫主人倒滿杯酒，回敬主人，主人才回座位。**中原人認為酒乃五穀之精華，主人請客以上等酒食，客人應該比主人多喝，所以客人喝四杯，主人只喝一杯。有一次河南進出口公司請客，地主有六位，如果個個來一下「中原酒文化」，我們三位客人一定大醉而歸。

　　東北人也許天冷喜愛喝烈酒，有一次哈爾濱煙廠為我們送行，中飯在「老都一處」吃餃子，喝到主客皆醉，差點誤了下午的班機。

　　有幾次，我們到大陸拜訪，特地從機場免稅店買了上好的威士忌及 XO，請內地的客人品嘗，開罐之後，只見客人悶悶不樂、如喪考妣，後來我們改換為本地的白乾，他們才興高采烈地頻頻敬酒。中國人特別喜愛喝烈酒，四川的五糧液、貴州的茅臺酒、山西的汾酒，山東的孔府家酒、安徽的老窖，河北的二鍋頭都屬此類，烈酒之中以五梁液價錢最貴，也最受歡迎。

　　有一次，一位政府高官請客，點了五糧液，主人要餐館服務生先開瓶讓他試，他佬像嘗紅酒般喝了一口，笑著說：「這一瓶不是真正的四川五糧液，但也算假貨中的佼佼者，喝了不會變瞎。」我正在驚愕他的話語，他接著說：**「想想一年四川生產多少五穀雜糧，吃食之外，剩下的能有多少用來醞釀五糧液，供全國的需要？市面上所賣的五糧液，八成是假的，但假貨中還分好壞呢！」**說完話，大家舉杯互敬，忘卻品牌之真偽。

　　中國人眼中「司空見慣」的假煙假酒，是生意人只求快速致富的產物，消費者本應抵制假貨的製造與販賣，卻無奈地默默接受，政府更是姑息養奸未加取締。如是一來，爆發了傷天害理的「毒奶事件」，銷美國玩具的「含鉛事件」。如今外國人談中國製造的貨物而色變，希望政府、廠商、消費者能夠痛下決心，改變此種弊端。

　　近年來，中國人開始流行喝紅酒，有一次參加一位大陸商人在香港請客，席中有明星捧場，他老大訂了一打法國高級紅酒，一打雪碧，在「葡萄美酒夜光杯」裏，紅酒與雪碧一對一調配。調配完，他仁兄不知道葡萄酒深飲淺嚐的道理，不停地邀請客人乾杯牛飲，直到自己到盥洗室大吐特吐為止。

　　與我同行的李先生是品嘗紅酒的高手，看著這位暴發戶將一瓶上三百美元的法國紅酒，加上雪碧，糟蹋了多年醞釀而成的美味，差點離席而走。**據說這紅酒加雪碧配方的始作俑者是臺灣人，現在大陸廣為流行。**

昆山台灣人的投資

　　有人說：「不到上海不知道自己錢少，不到北京不知道自己

官小」，我說：「不到昆山不知道自己投資小」。二〇〇四年有幸
地到了素有「小臺北」之稱的昆山，才知道台灣人在大陸投資的
巨大。單只昆山一地，就有五千多家台灣投資的公司與工廠，其
中有一家電子工廠佔地四平方公里，可以說，臺灣的高科技沒有
一家不在大陸投資設廠了。

　　為什麼台灣政府一直強調「戒急用忍」，鼓勵「南進政策」，
結果台灣的高科技工業仍大幅到大陸設廠？理由很簡單，大陸地
方大，人口多，員工素質高又苦幹實幹，語言、文化與臺灣相
同，管理起來沒有隔閡。在商言商，台灣工業界到大陸投資是大
勢所趨。透過海峽兩岸經濟合作的努力，雙方才能在一九九七年
亞洲發生的經濟風暴中屹立不倒。

南京的中山陵

　　從昆山出發，三、四小時的車程，就可以遊覽江南眾多的名
勝地 —— 周庄的「小橋流水」，揚州的「瘦西湖」，蘇州的「拙
政園」與「虎丘」，無錫的「東林學院」，太湖的「西施泛舟」，
南京的「中山陵」等等。

　　南京曾是中華民國的首都，小學課本曾讀到南京有明孝陵、
中山陵、玄武湖、莫愁湖與雨花臺等名勝。真正抵達南京，才知
道雨花臺已成為共產烈士的紀念地，玄武湖與莫愁湖也成為遊樂
園。位於鐘山（又名「紫金山」）的明孝陵埋葬著明朝的開代祖
朱元璋，因為還未挖掘，只看見石馬、石象、石人排列在陵前，
規模比北京的「明十三陵」小很多（到底朱元璋是農民出身，比
不上他的後代子孫會花錢），只有位於鐘山南麓的「中山陵」值
得一遊。

　　中山陵的建築氣勢磅礡，依階梯步行而上，可以看到**陵墓進口藍色屋瓦的廟堂**，上面書寫著「天下為公」四大字，旁有「**民族、民權、民生**」的三個匾額，裏面有「**中國國民黨葬總理孫先生於此，中華民國十八年六月一日**」，及一九六一年，中共政府樹立的石碑，上面寫著「中山陵，國家重點文物保護單位」。據說中山陵的墓地是國父親自選定的，國父於一九二五年三月十二日逝世（台灣訂此日為「植樹節」），遺體到了一九二九年六月一日才行「奉安大典」。

　　在中山陵的廣場，可以看到國父紀念碑與一支斷了腿的石獅，這斷腿石獅會不會是文革時被破壞的？看來國民黨也好，共產黨也好，雙方都尊重孫中山為中華民國的國父，倒是一點不假。

溪口鎮的蔣氏故居

　　公元二千年春，訪問寧波煙廠，工作之餘，花了半天時間，到奉化縣溪口鎮的「蔣氏故居」探訪。起先我以為國共兩黨積了不少恩怨，蔣氏故居如能屋瓦尚存，已是難得，想不到抵達時，看到中國政府為之整修，列入國家重點文物保護的單位。

　　蔣氏故居又名「玉泰鹽鋪」，王太夫人就是在這裡生下了老蔣。我們小學時讀過「蔣總統小時候看到門前小溪的游魚，領悟到」學如逆水行舟，不進則退「的大道理」。我一到蔣氏故居，急著找那條小溪，沒錯，隔著一條道路，就有一條河水清澈的小溪。看來當年為老蔣執筆的文膽，不是「睜著眼睛說瞎話」。

　　對風水略有研究的人，從玉泰鹽鋪的正門遠望，可以看見遠處的兩座高山，左高右低，左青龍右白虎，符合好風水的標準。

兩山中間有一個小山，更呈「二龍搶珠」之勢。近處有小溪流經，有山有水，此絕佳的風水，不出帝王，也要生將相。美中不足的是，從平面地圖看，玉泰鹽鋪的建地缺少了左前方八分之一的一角，換句話說，建地不夠方正，以堪輿學來說是要扣分的。

有人說蔣介石霸氣不夠，想當年赫赫風雲的委員長，竟然不強迫鄰人出讓這小塊地產，致使整片房子風水帶有瑕疵，落得未登大寶便流亡台灣的下場。也有人說蔣介石心存善良，尊重鄰人的權益，這一念之慈導致他後來成就北伐抗日的豐功偉業，名留千古。

蔣氏故居中，有一塊蔣經國親筆書寫的紀念碑，上面刻著「以血洗血」四個血紅的大字，紀念一九三九年十二月十二日母親毛福梅在這裡被日機炸死的慘劇。日本佔領浙江後，擔心與中國人結仇，毀壞了蔣經國親筆書寫的石碑。抗戰勝利後，蔣經國讓人重立石碑，永記此恨。

離蔣氏故居幾公里的高山上，有一塊風景秀麗的地方，山上有一間禪室，可以俯瞰山腳下一望無際的蒼松翠柏及平靜宜人的瀑布，老蔣題之爲「妙高臺」。這個地方曾經是老蔣幾次退隱、復出的避難所，也是他思索軍國大事，遙控全國政局的指揮總部。到過台灣慈湖的人，一定知道慈湖的風景與妙高臺甚爲相似，這應該是地理師，多年來在台灣幫老蔣尋找出來的思鄉寶地。

紅樓依舊在，只是……

爲了與中國煙草合作，三寶麟的白煙「瑞福（Rave）」以「來牌加工」的形式，委託廈門煙廠生產外銷。廈煙帶著我們到

廈門的東海邊，遙看小金門的大膽、二膽。**廈門這邊的海邊挂著「一國兩制，統一中國」，小金門那邊則挂著「三民主義，統一中國」，似乎這裏就是「一個中國，各自表述」的擂臺。**

除了兩邊的自說自話，廈門還出了一位了不起的人物賴昌星，在他的事業頂峰時，廈門的夜生活多彩多姿，歌舞廳「夜不閉戶」，遊樂場「路不拾遺」。

原來中國政府怕外煙進口搶掉中國市場，對外煙施加極高的進口稅，高稅率一直是走私的溫床，中國沿海走私猖獗，市場上充斥著無數來路不明的世界名煙。在走私圈子裏，廈門的賴昌星是其中的翹楚，傳說他的走私大船是由軍警帶隊、海關護航，大搖大擺地開進廈門港的。

賴昌星於案發後逃到加拿大，諷刺的是，他用來招待軍警政要的湖邊紅樓，竟成為刑警大隊偵查此案的辦事處，被買通的上百位政要、海軍、警察、海關人員，就監禁在這個曾經是他們夜夜笙歌、「不知東方之既白」的紅樓內，接受審訊。

如今紅樓依舊在，只是上百個犯案份子該槍斃的槍斃，該監禁的監禁，該釋放的釋放了，天理恢恢，疏而不漏，唯賴昌星本人在加拿大渡過了十二個寒冷的冬天，直到最近，才被引渡回國。

湄州媽祖廟

如果你經過廈門機場，常會看到來自臺灣的媽祖進香團，尤其是在媽祖生日前後，進香團的善男信女，每個人胸口挂著從湄州請來的媽祖神像，興高采烈地帶回台灣去膜拜。

媽祖林默娘是宋時福建莆田湄州人，媽祖的靈異是時常出現

在海難的地方救人，本人未成婚就羽化登仙，民間稱她爲「天上聖母」。

　　元朝在北京建都，爲了大量運輸江南物產到大都，運輸的方式從運河漕運改成海運，爲了祈求海運的安全，元朝帝王尊媽祖爲「天妃」，香火更加鼎盛。明成祖派鄭和下西洋，每次出海前，三寶公都要虔誠地祭拜海神媽祖，以求旅途平安。台灣本是一個海島，拜媽祖的香火經年不斷，幾乎可以說：「沒有一個城鎮沒有媽祖廟」。

　　小時候，母親曾經參加旅行團，帶我到北港媽祖廟進香，至今印象深刻。爲了滿足小時候拜媽祖虔誠的記憶，我們利用一個周末從廈門租了一部車，往莆田湄州拜媽祖一日遊。

　　從廈門到莆田一路高速公路，我們在莆田吃了午餐小停，就搭渡輪往湄州島進發，秋末多初海風極大，海上往回三十分鐘有驚濤駭浪的感覺。**上了岸，看到的寺廟規模，絕非台灣任何一間媽祖廟可與倫比，除了正殿，偏殿，祭拜的地方還有媽祖文物收藏室。整個媽祖廟的建地遠勝臺北故宮博物院的大小，導遊告訴我們，「這個媽祖廟是由政府出地，台灣人出錢興蓋的。」**同行的馬裔華僑林姓夫婦，一定不知道爲什麼台灣人要在大陸如此大手筆地捐錢蓋廟宇。

　　在廟宇不遠的山峰上，有一尊石刻媽祖巨像，媽祖的面相慈祥，氣宇不亞於巴西里約熱內盧科克瓦多山上的基督石像。

　　我站在媽祖巨相底下，遙望太平洋彼岸，心想台灣人一面出資在湄州島興蓋如此宏大的媽祖廟，一面大聲疾呼「去中國化」，台灣人的心底一定很矛盾，對大陸又恨又愛的舉止，真令人莫衷一是。

仁者樂山，智者樂水

古人說：「山水沒有主人，得閒便是主人」，台灣人自從與大陸直航，便興沖沖地以為台灣的風景名勝可以賺到大陸人（阿陸仔）大把、大把的鈔票，這真是「一廂情願」的看法。「仁者樂山，智者樂水」，湖南「張家界」的山勢，四川「九寨溝」的水色，台灣阿里山及日月潭哪能望其項背？

若論物價及住宿，台灣比大陸昂貴許多，大陸遊客沒有理由在台灣購物？旅遊之事，只有「台灣腳逛大陸」，焉有「大陸腳逛台灣」之理？

大陸遊客來台灣旅遊的真正目的，一方面是為了好奇，另方面是想從台灣看到與大陸不同的一面。同為炎黃子孫，台灣的媒體可以自由報導時事，民選的立法委員可以在國會打架，民選的總統可以被逮捕等等，這些才是大陸旅客「百聞不如一見」的要事。

事實證明，大陸遊客最喜歡的活動是呆在旅館看電視，看陳文茜的「文茜小妹大」，李濤的「2001 全民開講」，李艷秋的「新聞夜總會」，還有「全民最大黨」、「國民大會」等節目。

突飛猛進的中國

從二十一世界開始，中國社會發生急速的改變，沿海地區成為「世界的工廠」，產品不再局限于手工業，高科技的電子業也開始在國際上佔了一席之地。幣值從美金一元兌換十元人民幣升值到今天的六點五，大都市房價不斷地上漲，社會上貧富不均的

距離也越拉越遠了。胡錦濤政府爲了建造「以人爲本的和諧社會」，更加注重農民生活的改善及鼓勵工廠向內陸遷移，「**有中國特色的社會主義市場經濟」正在摸索著自己前進的方向，經濟如此，政治也該如此。**

由於中產階級的產生，人民對文化及衛生的要求提高了，每個大城市都有現代化的博物館，西安的陝西博物館、上海的文物博物館、武漢湖北省博物館陳列的曾侯乙墓、長沙湖南省博物館陳列的馬王堆，成都的三星堆博物館等，都是值得參觀的好地方。這些新建的博物館，衛生設備良好，一點也沒有當年臭聞數里的問題。

近年來，美國的銀行界出現「次貸的大問題」，歐洲共同市場的四隻豬儸（PIGS）危在旦夕，中國已取代日本躍升爲世界經濟第二大國，國際所發生的一切，暗指著中國將成爲世界經濟復蘇的火車頭。

中國既是世界上擁有核子武器的會員，近年來又不停地發射衛星到月亮及太空，「中國威脅論」已廣在世界流傳，亞洲諸國憂心忡忡，美國更把中國看成是「假想敵」，二戰後的「圍堵政策」似乎又要死灰復燃。

幾千年來，中國人一直標榜著「世界大同」的政治理想，世界如此之大，絕對容得下中美兩大國、東西兩大集團。既然以「泱泱大國」自許，中國人應該摒棄爭強鬥勝的心理，以世界和平爲己任。